10대라면 반드시 알아야 할

논리적 글쓰기를 위한
인문 고전 100

10대라면 반드시 알아야 할
논리적 글쓰기를 위한 인문 고전 100

초판 1쇄 인쇄 2024년 5월 20일
초판 1쇄 발행 2024년 5월 27일

지은이 이시연 · 함영대

펴낸이 박세현
펴낸곳 팬덤북스

기획 편집 곽병완
디자인 김민주
마케팅 전창열
SNS 홍보 신현아

주소 (우)14557 경기도 부천시 조마루로 385번길 92 부천테크노밸리유1센터 1110호

전화 070-8821-4312 | **팩스** 02-6008-4318
이메일 fandombooks@naver.com
블로그 http://blog.naver.com/fandombooks

출판등록 2009년 7월 9일(제386-251002009000081호)

ISBN 979-11-6169-292-0 03100

10대라면 반드시 알아야 할

논리적 글쓰기를 위한

인문고전

100

팬덤북스

프롤로그

논술은 자기 생각을 글로 표현하는 것이다. 글은 재료가 있어야 쓴다. 세상의 삼라만상이 모두 재료이다. 보고 느끼고 생각하는 것은 모두 글로 쓸 수 있다. 물론 모든 글이 좋은 글은 아니다. 좀 더 정리되고 체계적이며 설득력 있는 글이 좋은 글이다. 좋은 글이 공감을 얻는다. 고전은 오랜 시간 사람들에게 읽혔다. 공감받을 만한 사연이 담겨 있다. 공감받는 글쓰기에 고전은 좋은 양식이 된다. 고전은 논술의 좋은 양식이다.

논술을 처음 시작하는 이들을 위해 《10대라면 반드시 알아야 할 논리적 글쓰기를 위한 인문 고전 100》은 기획되었다. 주제별로 다양한 생각을 담은 고전을 배치하여 조금씩 읽어 나가면서 자기의 생각을 정리하는 데 도움을 주려 한다. 고전은 글쓰기의 양식이 될 뿐 아니라, 논점에 대한 생각을 키우기에도 요긴하다.

논술에 자신감을 보이는 이들도 자신의 주장을 뒷받침하는 논거에서 허약함을 드러낼 때가 종종 있다. 논리를 전개할 근원적인 힘, 곧 논리에 내재된 철학이 부족하기 때문이다. 고전은 그 철학의 기초 체력을 길러 준다.

그렇다면 과연 무슨 책을 읽어야 하는가? 고전으로 지목된 책들은 적지 않고, 논술의 주제는 인간의 현재 삶과 관련된 모든 것이다. 주제 범위가 무척 넓다. 주요한 주제별로 논제의 쟁점을 확인하고 논리를 전개할 단서를 얻을 수 있다면 논술에 입문하는 입장에서는 요긴할 것이다. 《10대라면 반드시 알아야 할 논리적 글쓰기를 위한 인문 고전 100》은 바로 그런 필요에 의해 쓰였다.

먼저 현재의 논술에서 거듭 관심받는 쟁점을 20개의 주제로 분류했다. 주제별로 평균 5권의 고전을 소개했으며, 각 편마다 해당 고전의 쟁점을 제기하고 전체의 줄거리를 요약했다. 아울러 해당 고전에서 '한 구절 경구'와 '문답 하나', 저자를 소개하여 이해를 심화시켰다. 해당 저자나 주제와 관련된 한 권의 책을 부록한 것은 보너스다.

이 책은 화장실에서 5~6분 정도면 한 권을 이해할 수 있게 엮어졌다. 하루에 한 편이면 100일 후면 모두 읽는다. 그동안 적지 않은 생각의 진전과 논리의 개발을 경험할 것이다. 책은 마음의 양식이다. 좋은 음식이 육신을 살찌우듯 좋은 책은 마음을 풍요롭게 한다. 고전은 '영양이 많은' 마음의 양식이다. 조금씩 소화하면서 먹는 것이 건강에 좋다.

《논술 잡는 백서》라는 제목으로 초간본이 출간된 지 5년이 지났고, 《논리적 글쓰기를 위한 인문 고전 100》이라는 개정본도 다시 10년이 지났다. 《유시민의 논술 특강》에 소개되어 과분한 사랑도 받았다. 시간이 흐르고 고전의 개념이나 수록하고 싶은 고전의 종류도 다소 달라졌다.

가급적 단편 글이 아니라 하나의 완성된 단행본을 반영한다는 심정으로 부분적으로 개정했다. 부디 지금 이 시대를 살아가는 십대들에게 또는 이십대들에게 조금이나마 삶을 살아가는 데 힘을 되길 바란다. 개정된 고전을 작성한 이시연 선생님은 철학과 동아시아학을 전공한 정예한 연구자로 성균관대에서 동서양의 고전을 강의하고 있다. 논점에 대한 그 날카로운 눈빛과 사람에 대한 따뜻한 시선이 고전을 읽은 이들에게 선한 안내가 되어줄 것이다. 새삼 고전을 읽고 글쓰기의 재미에 심취했던 지난 시절은 정녕 행복했음을 깨닫는다. 다시 그 시간을 추억하며 원고를 다듬었다.

이천이십사년 봄이 다가오는 사월에 공동 저자
이시연 · 함영대 삼가 쓰다.

차례

1부 삶의 자세

2부 인간 소외

3부 정보화 사회

4부 과학기술과 과학철학

5부 환경

6부 생명 윤리

7부 개인과 사회

8부 갈등과 합리적 의사 결정

9부 법과 도덕

10부 여성

11부 학문과 진리 탐구

12부 교육

13부 인간과 경제

14부 문화

15부 역사

16부 근대 이성비판

17부 예술

18부 소수자와 인권

19부 국제관계

20부 언어와 언론

1부

삶의 자세

현대 정보화 사회의 환경은 전문화·분업화되어 있다. 사회는 전반적으로 개인주의에 기반해 다원화의 길을 가고 있다. 개개인의 가치관 정립은 더욱 절실해졌다. 사회적 존재로서 다른 사람과도 더불어 살아가야 한다. 인간미 역시 요구된다.

서구 선진국 국민들은 후진국이나 개발도상국 국민들에 비해 높은 물질적 부와 문명 생활을 자부한다. 그런데도 그들은 보다 행복해하지 않는다. 행복 지수가 낮다. 무엇이 문제인가? 분명한 점은 물질적 성취와 정신적 행복이 반드시 비례하지는 않는다는 것이다.

삶의 궁극적인 목표 가운데 하나가 행복한 삶을 추구하고 향유하는 것이라고 한다면, 시대나 사회의 상황을 떠나 진정한 행복의 조건이 무엇인지는 검토할 필요가 있다. 삶의 가치관과 세계관의 정립은 현대인들에게 꼭 필요하다. 주체의 문제이기 때문이다. 그런데 가치관에는 정해진 기준이 없다. 저마다 세운 가치관을 정당화하기 위해서는 왜 그러한 가치관이 가치 있는지 스스로 답해야 한다.

물론 사람들마다의 자유로운 선택은 존중되어야 하지만, 그러한 저마다의 가치가 모두 받아들여지는 것은 아니라는 점도 인정해야 한다. 지금까지 받아들여졌던 보편적 질서와 도덕 감정 역시 격변하는 현대 사회에서 언제든지 바뀔 수 있다. 따라서 자신의 삶을 견고한 가치 지향의 반석 위에 자리 잡게 하려면 변화하는 사회 가운데서도 변화하지 않는 삶의 근본을 세우려는 시도가 필요하다. 여러 시대를 통해 당대와 호흡하면서 고유한 가치를 잃지 않은 고전을 살펴보는 작업은 그래서 의미가 있다.

변화와 가치관의 혼란은 생활의 형편에서 드러나는 것이고, 그 때문에 발생하는 인간의 부정적인 모습은 하나의 사회 현상으로 나타난다. 사회 현상에 의미를 부여하고, 문제점을 살피며, 원인과 대안을 모색하여 삶의 태도를 분명히 하려는 것은 사회적 삶을 살아가는 현대인들이 보다 나은 삶을 살아가기 위해 꼭 필요하고 의미 있는 일이다. 또한 현대 사회에서 살아가는 인간의 바람직한 삶을 논제로 삼는 논술에서 학생들에게 확인하고자 하는 문제 인식이기도 하다. 삶의 자세와 관련한 문제는 삶에 대한 자세를 기초로 물질과 정신, 개인과 사회에서 우선시되어야 할 가치 등 찬반 논란의 여지가 있는 사회적 쟁점들이 주로 핵심 이슈가 된다.

1

삶의 자세에 대한 뱃사공의 충고

권근 《주옹설》

문제 제기

삶을 규정하고 행복을 느끼게 하는 것은 무엇일까? 현대 사회에서 우리들 인간의 삶은 더욱 각박해지고 황폐해져 간다. 경쟁을 통해 성취한 사회적 위치를 확인하려 하지만, 성취의 보람도 잠시뿐이다. 다시 상위의 경쟁이 기다리고 있다. 경쟁은 또 다른 경쟁을 낳는다. 그렇게 경쟁과 성취가 반복되며 끊임없는 욕망의 고리로 이어진다. 마치 난파당한 배의 선원이 망망한 바닷가에서 바닷물로 갈증을 달래다 점점 더 목말라하며 죽어 가듯이 결국은 채워지지 않는 욕망에 발버둥 치는 것은 아닌가.

한정된 재화와 무한한 욕망 사이에서 번민하고 경쟁하기보다는 물질에 대한 욕망을 지혜롭게 다스리고 조절하는 것이 현명하지 않을까? 그러려면 욕심을 줄이고 적절한 정도에서 만족하는 균형 감각이 필요하다. 끊임없이 마음을 가다듬고 수양하는 삶의 태도는 어느 나라, 어느 사회보다 경쟁이 치열하고 우승열패優勝劣敗의 신화가 깊게 뿌리박힌 현대 한국 사회에서 절실히 필요한 덕목이다.

여기에서 소개하는 〈주옹설舟翁說〉은 바로 이러한 사람의 자세와 관련한 뱃사공의 충고이다. '설說'이란 어떤 사실이나 사건에 대한 작가의 주장을 담고 있는 논설적 경향의 글쓰기이다. 설로는 당나라 때의 문장가인 한유의 〈사설師說〉이 가장 유명하다. 우리나라의 작품으로는 이규보의 〈슬견설蝨犬說〉이나 〈경설鏡說〉, 강희맹의 〈도자설盜子說〉 등이 대표적이다. 모두 어떠한 견해를 제출하려는 글이다.

내용 개괄

〈주옹설〉에는 글의 주제인 '삶의 자세'에 대한 작가 권근의 생각이 잘 나타나 있다. 손님이 묻고 사공이 답하는 방식으로 글이 이루어져 있는데, 손님의 물음은 지극히 세속적이다.

"당신에게는 그럴듯한 직업이 없고 직장도 없다. 엄청 위험한 일에 종사하고 있으면서도 달갑게 여겨 계속 사공의 일을 하는 이유는 무엇인가?"

그러자 사공이 훈수한다.

"편안하고 안락함에서 화禍가 생기고, 일신의 행복과 불행은 스스로를 지키는 데에 달렸으니, 손님은 오히려 스스로를 조심하라."

현대인들의 삶의 가치가 물질 지향적이고 눈앞의 성과에 급급한 것에 비추어 보면 사공이 삶을 바라보는 인식은 건실하고 근본적이다. 내면의 가치만으로 세상을 살아간다고 마냥 행복할 수는 없지만, 삶의 자세는 그 사람의 삶의 방식과 가치를 결정한다. 사공의 건실함에 만만찮은 무게가 있다.

성리학자였으나 문장에도 관심을 기울인 권근의 작품답게 오가는 단 한 번의 대화를 통해 삶의 자세에서 진정 가치 있는 것을 짚어 주고 있다. 역시 한 시대를 풍미한 대가의 솜씨다.

한 구절 경구

아, 그대는 생각하지 못하는가? 대개 사람의 마음이란 잡고 놓음이 무상하여 평탄한 육지를 밟으면 태연하여 방자하게 되고, 험한 지경에 처하면 전율하여 두려워하나니, 전율하고 두려워하면 가히 조심하여 굳게 지키려니와, 태연히 여겨 방자하면 반드시 방탕하여 위태하게 되리니, 내 차라리 위태한 곳에 처하여 항상 조심할지언정, 안일한 곳에 살아 스스로 위험하게 만들지는 않으리라.

문답 하나

사공의 답변은 인생을 달관한 처사의 삶을 여실히 말해준다. 모든 사람들이 달관자나 구도자의 삶을 살 수 없는 것은 현실에서 살아가야 하는 인간의 실존과 무관하지 않다. 이러한 관점에서 보아 주옹의 말에 허위의식은 없는지 비판해 보라. 만일 주옹의 삶의 자세에서 배울 만한 점이 있다면 무엇이며, 그 근거는 무엇이라 하겠는가?

답변의 길잡이

주옹은 은둔하고 있는 처사적 삶의 전형적인 모습이다. 이미 세상에 대한 미련과 욕심을 많이 버렸기 때문에 한결 여유 있고 편안하게 관조의 눈으로 인생을 바라보는 안목을 가졌다. 일상적 삶을 살아가는 평범한 소시민들이 주옹 같은 삶이나 안목을 가지기는 쉽지 않다. 하지만 삶에서 기대하는 것이 살아가는 나날들을 의미 있고 보람차게 향유하기라면 주옹의 달관한 시선은 일상의 삶에 겨운 이들에게 반성의 잣대로서 거울의 역할을 할 것이다.

지은이

권근 1352~1409

고려 말에서 조선 초기를 살다간 문신 학자. 호는 양촌陽村이다. 문집으로《양촌집陽村集》이 전한다. 성리학이 고려에 전래되고 얼마 되지 않은 시기에 스승 이색을 모시고 일찍이 정몽주, 김구용, 이숭인, 정도전 등 당대의 석학들과 교류하면서 학문을 깊이 연구했다. 고려 말의 학풍을 새롭게 진작하여 새 왕조 조선의 유학계에 지대한 영향을 끼쳤다.

저술로는 성리학에 입문하는 사람들을 위한 그림으로 된 개설서《입학도설入學圖說》과 유교 경전인《시경》,《서경》등에 자신의 견해를 덧붙인《오경천견록五經淺見錄》이 있다. 특히《입학도설》은 훗날 이황, 장현광 등 여러 학자들에게 크게 영향을 끼쳤다.《오경천견록》중《예기천견록禮記淺見錄》은 조선 태종이 국가의 재정으로 편찬을 도와 금속 활자로 간행하게 했고, 권근이 경연經筵에서 강의기도 했다. 권근은 정도전이 쓴 불교 비판 논문《불씨잡변佛氏雜辨》에 해설을 달기도 했다.

또 다른 인문 고전

<어부사漁父辭>

굴원. 어부와 굴원의 대화를 통해 인생의 묘리를 이야기한 글. 문답의 형식이 주옹설과 흡사하다. 혼탁한 세상에서 살아가야 하는 정갈한 선비의 자세에 대한 암시가 담겨 있다. 굴원이 보여 주는 초탈한 삶의 자세는 자신의 양심에 따라 살아가는 조선 시대 선비들에게 매우 많은 영향을 끼쳤다.

2

소유와 무소유의 가치
법정 《무소유》

문제 제기

소유는 자본주의 사회 원리와도 매우 밀접한 관련성이 있다. 사람들은 소유한 것을 지키기 위해, 또는 더 많은 것을 소유하기 위해 경제 활동을 한다. 각자의 이익 증대를 위한 경제 활동이 궁극적으로 자본주의 사회의 합리적인 효율성을 낳는다는 주장은 애덤 스미스의 《국부론》 이후로 자본주의의 시장 경제를 지탱하고 있는 이론이다.

좋은 것을 더 많이 가지려는 시도가 종종 소유를 통한 자기 속박을 낳는다는 점은 삶의 모순이다. 법정의 《무소유》는 그러한 인간 삶의 근원적인 문제를 '난蘭의 소유'와 연관하여 간결하면서도 잔잔하게 들려준다. 법정이 난을 가지게 된 후 느끼는 심리의 흐름이 자연스러우면서 품격과 깊이 있게 진행된다. 특히 가장 마지막에 서술하고 있는 '무소유의 역리逆理'는 결국 우리 삶에서 진정한 부를 가져다주는 것은 많은 소유가 아니며, 오히려 아무것도 소유하지 않음으로써 생기는 '여유'라는 역설적 진리이다. 《무소유》의 날카로운 교훈은 많이 소유하고 과다하게 소비하는 현대인들의 소비 지향적 삶에 커다란 깨우침을 준다.

내용 개괄

《무소유》는 35편의 수필을 엮어 1976년에 출간한 수필집이다. 맑고 서늘한 바람결과 같은 글들이 수록되어 있다. 〈무소유〉는 그 수필집에 실린 글이다.

법정은 소유에 얽힌 간디의 일화를 들려주고 그에 비해 자신은 너무 많이 가지지 않았나 하고 반성한다. 그러다 지인에게서 받은 난초 화분을 기억한다. 애지중지 키우던 어느 날 누군가를 만나러 나간다. 난초 화분을 제대로 간수하지 않고 나온 법정은 마음이 조급해지고 불안해진다. 다시 산방으로 돌아온 법정은 불안의 정체가 소유에서 말미암은 집착이라는 사실을 깨닫고 난초 화분을 다른 사람에게 주고 만다. 작은 일화에 불과한 내용이지만, 소유의 본질에 대한 가장 설득력 있는 글로 애독되고 있다.

한 구절 경구

크게 버리는 사람만이 크게 얻을 수 있다는 말이 있다. 물건으로 인해 마음을 상하고 있는 사람들에게는 한 번쯤 생각해 볼 말씀이다. 아무것도 갖지 않을 때 비로소 온 세상을 갖게 된다는 것은 무소유의 역리이니까.

문답 하나

법정의 최종적인 깨달음인 '무소유의 역리'는 소유에 집착하고 있는 현대인들에게 커다란 경종을 울리는 가르침이다. 그렇다면 그 가르침이 주는 의미는 무엇일까? 자본주의의 현실 세계를 경제적 기반으로 하는 현대인의 삶에 비추어 자신의 견해를 말해 보라.

답변의 길잡이

소유를 통한 삶의 체계가 구축된 자본주의 체제의 시민들이 무소유를 전적으로 실현하려면 각자 그만한 도덕적 수양과 합의가 있어야 한다. 분명 간단하게 이룰 수 있는 것이 아니다. 소유에 집착하여 발생하는 많은 문제들을 해소할 대안의 기초는 소유의 문제에 좀 더 비판적이고 여유로운 시각을 갖는 일일 것이다. 소규모 공동체의 삶이나 가진 것을 나누며 행복을 느끼는 사람들의 모습에서 작은 실천의 일면이 확인된다.

지은이

법정 1932~2010

스님. 효봉 선사를 은사로 입산 출가하여 가르침을 전했다. 문학평론가 김병익 선생은 그의 수필을 일컬어 "법정의 에세이 정신은 심산유곡의 불심, 고색창연한 불교 신앙을 오늘의 이 현실, 끊임없이 사랑과 증오의 사상으로 갈등을 일으키는 이 세계로 끌어내 왔다."고 평가하였다. 참여하는 불교인으로, 불교를 대표하는 저항적 지식인으로 살아온 삶은 불자들은 물론 많은 시민들에게 청량한 종교인의 자세를 보여 주었다.

또 다른 인문 고전

《버리고 떠나기》

법정 스님의 수상집. "별밤을 가까이하라. 한낮에 닳아지고 상처받은 우리들의 심성을 별밤은 부드러운 눈짓으로 다스려 줄 것이다." 같은 잠언과 수상록으로 채워진 수필집이다. 잔잔한 서정적 문체에 녹아들다 보면 어느새 선사의 큰 깨우침을 얻게 된다.

3

하늘에서 잠시 빌린 인생
이곡 〈차마설〉

문제 제기

인생에 대한 자각은 예전부터 많다. 그 가운데 하나는 '나의 삶은 온전히 나의 것이 아니라 잠시 빌린 것'이라는 성찰이다. '잠시 빌린 것'이라는 동양적 삶의 자세는 소동파의 명작 〈적벽부赤壁賦〉에도 잘 나타난다. '나의 삶은 잠시 빌린 것'이라는 인식으로 자신의 인생을 바라보면 주위의 모든 것을 소중히 여기고 아낄 수밖에 없다. 천년만년 나의 소유로 남아 있을 것이 아닌데 어떻게 함부로 다루고 위세를 부리겠는가. 오롯이 스스로의 의지로 이루어진 것이 아니라면 잠시 빌린 세상은 하나하나 모두 소중하다.

이곡은 이웃에게 잠시 말을 빌려 쓴 경험을 바탕으로 〈차마설借馬說〉을 썼다. 말을 주인에게 빌려 쓰듯 인생 역시 하늘에서 잠시 빌려 쓰는 것이다.

내용 개괄

전반부는 자신의 실제 경험이고 후반부는 그 경험에서 미루어 본 '빌려 씀'에 대한 성찰이다. 느리고 둔한 말을 빌려 탈 때는 무척 조심스럽게 탔으나, 날래고 호쾌한 준마를 빌려 탈 때는 의기양양하게 몰다가 오히려 후회로 남을 때가 많았다는 내용이다. 빌려 쓰는 것을 항상 조심스럽게 삼가며 대하지 않으면 낭패를 보게 된다는 교훈이 담겨 있다. 백성에게서 힘을 빌려 쓰는 임금, 임금에게서 권세를 빌리는 신하, 아비와 지아비에게서 힘과 권세를 빌리는 아들이나 지어미가 그러하다. 돌려줄 책임을 모르고 자신의 소유로 여긴다면 이후의 낭패가 크게 돌아온다. 중세적 세계관이 투영되어 있지만, 빌려씀에 대한 비판적 성찰은 여전히 생기를 잃지 않고 있다.

한 구절 경구

사람이 가지고 있는 것이 어느 것이나 빌리지 아니한 것이 없다. 임금은 백성에게서 힘을 빌려서 높고 부귀한 자리를 가졌고, 신하는 임금에게서 권세를 빌려 은총과 귀함을 누리며, 아들은 아비에게서, 지어미는 지아비에게서, 비복婢僕은 상전에게서 힘과 권세를 빌려서 가지고 있다. 그 빌린 바가 또한 깊고 많아서 대개는 자기 소유로 하고 끝내 반성할 줄 모르고 있으니, 어찌 미혹한 일이 아니겠는가? 그러다가도 혹 잠깐 사이에 그 빌린 것이 도로 돌아가게 되면, 만방萬邦의 임금도 외톨이가 되고, 백승百乘을 가졌던 집도 외로운 신하가 되니, 하물며 그보다 더 미약한 자야 말할 것이 있겠는가?

문답 하나

자기 것과 자기 것이 아니라는 차이는 대상을 다룸에 있어 상당히 중요한 영향을 끼친다. 자기 것이라 더욱 아끼고 소중히 하는 태도는 우리 주변에서 쉽게 찾아볼 수 있다. 이곡이 〈차마설〉에서 말하고 있는 빌려씀에 대한 태도는 이러한 태도와 방향이 달라 보인다. 이곡이 말한 빌려씀의 바른 자세는 무엇일까?

답변의 길잡이

'빌려쓴다'는 인식은 자신이 진정 소유한 것이 아닌데도 본분을 잊고 자기 것인 양 허세를 부려 이후에 닥칠 어려움을 감당하지 못하는 결과를 막아 준다. 다시 말해 호가호위狐假虎威하지 않게 해준다. 이곡의 관점에서 보면 온전한 자기 것이 사람에게는 별로 많지 않다.

지은이

이곡 1298~1351

고려의 학자이며 문신이자 이색의 아버지. 《역옹패설.翁稗說》을 쓴 이제현의 제자로, 원나라의 과거에 급제하여 벼슬에 오르기도 했다. 원 황제에게 건의하여 고려에서의 처녀 징발을 중지하도록 한 공이 있다. 문장에 매우 능하여 중국 사람도 그를 외국인으로 보지 않았다고 한다. 이제현과 함께 《편년강목編年綱目》을 증보하고, 충렬 · 충선 · 충숙에 이르는 3대 왕의 실록 편찬에 참여하였다. 가전체 작품인 〈죽부인전竹夫人傳〉이 《동문선東文選》에 전한다.

또 다른 인문 고전

<사설증전정부별 師說贈田正夫別>

스승 된 자의 자세에 대한 추상같은 가르침이 담긴 이곡의 글이다. '남의 스승이 되려면 반드시 먼저 자기 자신이 바르게 변해야 한다. 자기가 바르지 못하면서 남을 바르게 할 수는 없다.'는 교훈은 지금도 의미를 잃지 않고 있다. 중국의 유명한 문인 한유의 <사설師說>과 비교해 보아도 손색없는 명문이다.

4

극한 상황에서 발휘되는 인간의 휴머니즘
알베르 카뮈 《페스트》

문제 제기

극심한 위기 상황에서 개인의 삶의 자세를 결정짓는 것은 무엇일까? 또한 각자의 가치관에 따라 행한 선택들은 어떻게 평가되어야 할까? 인간이 가지는 저마다의 가장 분명하고 틀림없는 모습은 전쟁이나 기아, 질병으로 삶이 경각에 놓여 있을 때 더욱 선명하게 드러나는 법이다. 《페스트》는 바로 그런 상황에 인물들을 몰아넣어 인간의 삶에서 진정으로 가치 있는 것이 무엇인지 묻고 있다.

의사 리외는 페스트로 인해 도시가 폐쇄된 위험한 상황에서는 사회적 공익을 위해 개인의 이익은 유보될 수밖에 없으므로 예외적인 행정 조치를 시행할 수는 없다는 입장을 취한다. 반면 신문기자 랑베르는 어떠한 상황이라도 개인의 행복 추구와 선택의 자유는 보장되어야 하며, 행정 조치의 시행에 있어 보다 합리적이고 유연한 자세를 가져야 한다고 주장한다.
인간다움의 원칙적 측면과 현실 상황의 생존 논리는 어느 것 하나라도 우선할 수 없는 중요한 문제다. 선택의 문제는 응당 삶의 자세나 신념과 연관되기 마련이다. 어느 쪽을 택하더라도 자신의 입장에 대한 타당한 근거를 제시하지 못한다면 반대편의 비난을 면하기 어렵다. 이렇듯 삶의 근본적인 문제를 살피는 성찰은 논술에 대한 대응으로만 요긴한 것이 아니다.

내용 개괄

알제리의 오랑 시에 페스트가 만연하여 외부와 완전히 차단된다. 모든 것이 봉쇄된 한계 상황 속에서 역병은 더욱 기승을 부리고, 시내는 커다란 혼란에 빠진다. 한편 혼란을 틈타 돈을 벌려는 무리도 날뛴다. 의사 리외와 지식인 타루는 혼란에도 불구하고 질병과 싸움을 벌이며 묵묵히 자신의 임무를 수행한다. 파리에 아내를 남겨 둔 채 아랍인의 생활상을 취재하러 오랑 시에 들렀던 신문사 특파원 랑베르는 탈출을 시도하다가 포기하고 리외와 함께 페스트 퇴치 작업을 벌인다.
파늘루 신부는 페스트를 신의 형벌로 생각하고 기도에 전념하지만, 결국 페스트에 감염되어 사망한다. 타루도 페스트에 희생된다. 리외는 아내가 병사했다는 전보를 받는다. 드디어 목숨을 걸고 페스트와 싸운 사람들의 노력으로 페스트는 완전히 퇴치되고, 오랑 시는 해방의 기쁨에 휩싸인다. 열차는 다시 들어오고 랑베르의 아내도 오랑 시를 찾아와 플랫폼에서 감격의 재회를 한다.

한 구절 경구

이를테면 공익을 위한 직무라는 걸 말씀하시는 것이겠지요. 그러나 공공의 복지라는 것도 한 사람 한 사람의 행복에 의해 이루어지거든요.

문답 하나

자신의 생명과 관련된 문제에서 일반적인 도덕 원리를 그대로 적용하기는 어렵다. 그렇다고 모두가 스스로의 처지에만 집중해서 보편적인 도덕 원리를 외면한다면 인간다움의 가치는 줄어든다. 극한의 상황 속에서 행동을 결정할 때 염두에 두어야 할 준칙은 무엇이 되어야 하는가?

답변의 길잡이

삶과 죽음의 문제는 모든 사람이 스스로 해결해야 하는

숙명적인 문제이다. 그러나 사회적 조직 속에서 타인과 더불어 살아가는 인간의 현실적 여건을 고려하면, 타인에 대한 인간다움의 실현은 결국 나를 인간답게 대해 주기를 요구하는 사회적 행동이자, 인간 스스로의 존엄한 가치를 실천하는 행위이다. 궁극적으로 인간의 가치를 사회적으로 승화하는 방식이며, 더불어 보다 나은 삶을 기대하는 의미 있는 방식이다.

지은이

알베르 카뮈 1913~1960

알제리 태생의 프랑스 소설가이자 극작가, 평론가, 철학자. 1935년 알제리의 알제 대학교 철학과를 졸업하였다. 인간의 위엄은 자기 숙명의 부조리를 끊임없이 의식하면서 희망, 영원, 신을 부정함에 있다고 생각했다. 연극과 저널리즘 활동을 하였으며, 제2차 세계대전 때는 반독일 운동에 참가하여 지하신문을 발간하기도 하였다. 1942년 《이방인》을 통해 고독하게 살아가는 인간의 반항을 표현하여 많은 반향과 공감을 불러일으켰다. 1957년 노벨문학상을 수상했다.

《시지프 신화》

《이방인》에 이은 카뮈의 문제작. 인생은 무의미하고 부조리한가에 대한 성찰이 돋보인다. 신들의 권위에 도전했던 시지프는 산 정상까지 끊임없이 바위를 굴려 올려야 하는 형벌을 받는다. 정상에 올린 바위는 곧 아래로 굴러떨어진다. 시지프는 다시 바위를 올려야 한다. 끝없이 바위를 올리며 같은 일을 되풀이하는 시지프의 행위는 인간의 어쩔 수 없는 숙명을 비유한다. 숙명에 최선을 다하는 것이 인간의 존엄성이요, 위대함이라는 작가의 결론이 흥미롭다. 이러한 각성이 《페스트》에서는 인간에 대한 연대 의식으로 나타났다.

5

가치 있는 비행
리처드 바크 《갈매기의 꿈》

문제 제기

인간은 생존을 위해 경제적 활동에 많은 시간을 보낸다. 삶을 영위하는 기본적인 조건이 경제적 토대 위에서 이루어지기 때문이다. 하지만 인간의 정신세계는 물질적인 충만함으로 온전히 채워지지 않는 신령한 면이 있다. 어떤 사람은 경제적 토대에도 불구하고 자신의 가치를 실현하려고 하기도 한다. 인간의 정신에는 분명 삶에서 가치 있다고 여기는 것을 현실적 토대를 딛고 추구하려는 현실 초월적인 요소가 있다.

'멀리 나는 새가 멀리 본다'는 말로 널리 알려진 《갈매기의 꿈》의 원제는 주인공 갈매기의 이름을 딴 《조나단 리빙스턴 시걸》이다. 갈매기의 비상을 박진감 넘치게 표현한 것은 작가의 공군 비행사 경력과 무관하지 않다. 특히 청소년들에게 꿈의 소중함을 일깨우는 도서로 널리 알려져 있다. 갈매기 '조나단'은 자아와 삶의 가치를 소중하게 여기며 비행 연습을 게을리하지 않는다. 당장의 먹을 것과 하루하루의 삶에 급급한 다른 갈매기들의 삶과 대비되어 커다란 인상을 남긴다.

내용 개괄

먹이를 위해 비행하는 보통의 갈매기들과는 달리 주인공 갈매기인 조나단 리빙스턴 시걸의 관심은 비행 자체에 있다. 결국 동료 갈매기들에게 이단자로 지목되어 추방당하지만, 날기 위한 의지를 굽히지 않는다. 치앙이라는 갈매기에서 시간과 공간을 초월하여 나는 법을 배워 갈매기가 날 수 있는 최고의 경지에 이른 조나단은 비행을 배우려는 갈매기들을 가르치기 시작한다. 자기처럼 날기를 좋아하다가 쫓겨 난 플래처를 만나 비행을 가르치던 조나단은 따르는 무리가 많아지자 고향으로 돌아가기로 결심한다. 추방당한 갈매기는 다시 원래 집단으로 돌아갈 수 없지만, 조나단은 더 많은 갈매기들에게 비행의 참뜻을 가르치는 일에만 열중한다. 제자 플래처가 어느 정도의 수준에 이른 것을 확인한 조나단은 다른 세계로 날아간다. 플래처는 갈매기들을 가르치면서 스승이 말한 "갈매기는 자유로우며, 우리가 도달할 수 있는 곳에는 한계가 없다."의 참뜻을 깨닫는다.

한 구절 경구

"존, 왜 그러니?"
그의 어머니가 물었다.
"너는 왜 다른 갈매기 떼처럼 그렇게 행동하지 못하니? 저공비행 따위는 펠리컨이나 앨버트로스에게 맡길 수 없니? 그리고 너는 왜 잘 먹지를 않니. 너무 말라서 이제는 뼈와 깃털뿐이잖니?"
"뼈와 깃털만 남아 있어도 상관없어요, 어머니. 저는 단지 창공에서 제가 할 수 있는 것은 무엇이고, 할 수 없는 것은 무엇인지 알고 싶어요. 저는 단지 알고 싶을 뿐입니다."

문답 하나

현실을 살아가는 인간은 생존을 위해 먹을 것을 다툰다. 먹이를 위해 나는 보통의 갈매기들 모습과 크게 다르지 않다. 그런 모습은 비난받을 대상이 아니라 오히려 하루하루 삶을 살아가는 성실함일 수도 있다. 만약 조나단처럼 창공을 더욱 자유롭게 날기 위한 비행 연습이 가치 있다고 여겨진다면 인간의 삶의 의미에 비추어 이유를 말해 보자.

답변의 길잡이

인간의 삶이 단순히 이어지는 나날들의 생존에만 의미를 두지는 않을 것이다. 삶은 단지 존재함에서 의미를 다한다기보다 존재의 의미를 탐색하고 가치를 추구하는 것에 더욱 숭고한 가치가 있다. 조나단의 비행이 아름다운 이유는 살아 있는 의미에 대한 성찰과 그 결과에 따르는 실천이 합당하기 때문이다.

지은이

리처드 바크 1936~

미국 일리노이 태생. 공군 비행기 조종사로 근무했고, 제대 후에는 항공 잡지에 투고하는 자유 기고가로 활동했다.《지상의 떠돌이》등의 소설이 있으나, 1970년에 출간한《갈매기의 꿈》이 대표작이다. 새가 주인공으로 등장하는 우화 형식의 소설을 통해 그는 모든 인간에게는 제각각의 무한한 잠재력이 있으며, 영혼을 통해 위대한 능력을 불러일으키기만 하면 누구나 초월의 경지에 도달할 수 있다고 갈파한다. 인간들의 꿈에 대한 생각과 고민을 잘 표현한 작품으로 평가받는다. 많은 비평가들은《갈매기의 꿈》을《어린 왕자》《예언자》와 함께 영원히 남을 명작으로 손꼽는다.

또 다른 인문 고전

《나무를 심은 사람》

장 지오노의 짧은 소설. 단 한 사람의 외로운 노력으로 프로방스의 황무지가 거대한 숲이 우거진 옥토로 바뀐다. 나무를 심은 사람, 엘제아르 부피에 이야기이다. 세상의 공동선을 위해 가장 앞선 실천을 했던 사람에 대한 위인전이기도 하다. 자신만을 위해 살아가는 현대인들에게 자신의 삶보다 더욱 큰 삶을 꿈꾸고 묵묵하게 살아갔던 인물의 이야기를 들려준다. 삶을 살아가는 자세와 관련하여 특별한 가르침을 주는 작품이다.

2부

인간 소외

현대인들은 종종 소외감을 느낀다. 소외감을 느끼게 하는 대상을 향해 곧잘 분노를 보이기도 한다. 흥미로운 점은 그 대상이 전혀 알지 못하는 낯선 사람일 경우는 거의 없다는 것이다. 소속감과 유대감을 가지고 있거나, 또는 가져야 한다는 의식이 있는 집단 내에서 소외감이 발생하기 때문이다.

과거 농경 사회에서는 온 집안 식구들이 함께 생활하고 움직였다. 각자 외따로 떨어질 기회가 거의 없었다. 당연히 소외감을 느낄 겨를도 없었다. 도시화와 산업화가 진행되고 삶의 방식이 다양화되면서 한 가족일지라도 개개인의 삶의 패턴이 다양화되었다. 전통적인 유대감은 축소되고 있으며, 개인화되고 파편화된 일상은 점점 사람들 사이의 소외감을 가중시키고 있다.

이웃집에 사는 사람들이 누구인지 모르는 경우가 적지 않다. 한 아파트의 주민이 괴한의 공격을 받아도 보복이 두려워 모른 척 현관문을 닫고 마는 현실은 삶의 토대가 구조적으로 소외감을 느낄 수밖에 없게 되어 있음을 확인시켜 준다. 가족 간 유대의 단절과 왜곡은 각종 패륜 범죄로 표출되며, 사회적 유대의 단절은 왕따 같은 사회 병리 현상으로 나타난다. 이런 문제에 대한 근본 방안은 유대를 회복할 토대와 여건을 마련하는 것이다. 그것마저 여의치 않은 현실이라면 정서적으로나마 유대감을 회복하려는 노력이 최소한 필요하다.

소외는 기본적으로 철학적 용어이다. 철학 사전에서는 소외를 '인간의 활동을 통해 만들어 낸 생산물, 관계들 및 제도가 오히려 인간 위에 군림하는 낯선 힘이 되어 인간을 지배하거나, 맹목적이고 제멋대로인 힘의 작용에 인간이 내맡겨지는 사회적 관계'로 정의한다. 다시 말해 인간의 편의를 위해 만들어 낸 산물이나 제도가 오히려 인간의 삶을 옥죄면 소외가 된다는 것이다. 소외가 인간 사이의 관계에서 작용하면 인간 소외가 된다. 마르크스가 말한 노동과 생산물에서의 소외, 관료제에 의한 인간 소외 등이 소외를 설명하는 대표적인 현상이다.

핸드폰 중독은 인간과 상품의 관계가 바르게 정립되지 않아서 발생하는 상품으로부터의 소외이다. '얼짱'과 '몸짱'이라는 말로 대변되는 외모 지상주의 풍조는 대중문화 전반에서 유행을 선도하면서 지극히 평균치의 사람들이 자신의 몸에 부정적인 인식을 갖게 만든다. 대중문화가 대중을 소외시키는 전형적인 사례이다.

미국의 저명한 소외 이론가인 시맨M. Seeman은 마르크스의 소외 이론을 발전시켜 자신의 소외 이론을 만들었다. 그는 자본주의 사회의 노동자관에서 기원한 사회심리적 무력감이나, 사회적 움직임의 상황을 파악하지 못하고 미래 진행마저 예측 못 하는 무력한 심리적 현상을 모두 소외의 한 전형으로 판단했다. 뒤르켐의 아노미anomie에서 유래된 무규범감이나, 대중 사회의 집단에서 격리 고립된 것도 소외의 한 측면으로 이해된다. 그리하여 결국 자신을 타인으로 느끼는 자기 소원疎遠이나, 자기가 아닌 이방인으로 느끼는 경험도 모두 소외의 현상으로 볼 수 있다.

유대감과 소속감에 안정을 느끼던 인간의 원형적인 감정은 근대 산업 사회를 거치며 분절화·고립화되면서 심리적인 박탈감을 주었다. 정보화 사회를 지향하는 오늘날의 사회 흐름은 소외의 측면을 더욱 강화하는 방향으로 전개되고 있다. 결코 작지 않은 사회 문제이다. 고도로 발전하는 산업 기술이나 개인주의화되는 삶의 양식을 모두 전환하여 농업 사회의 공동체 문화로 전환할 수는 없다. 다만 정서적 유대감의 회복은 하나의 대안이라 하겠다. 바람직한 관계 정립을 통한 자기 각성은 제도와 상품으로부터의 소외에서 자신을 정립시키는 가장 실현 가능한 대안이다.

6

우정은 상점에서 팔지 않는다
생텍쥐페리 《어린 왕자》

문제 제기

현대 사회에서 개인은 거대한 조직에 속해 있으면서 대부분 익명의 존재로 살아간다. 함께 관계를 맺으며 살아가는 것이 필연적인 삶의 현실이지만, 인간적이고 깊은 유대감으로 관계가 이어져 있다기보다는 어느 정도 타산적이고 건조하다. 필요에 의해 관계를 형성하고, 필요가 다하는 순간 관계의 의미는 사그라진다. 바쁜 현대인들의 일상은 필요에 의한 관계의 아쉬움을 정당화해 준다.

어른을 위한 동화라는 또 다른 이름이 붙여지기도 했던 생텍쥐페리의 《어린 왕자》는 '길들이다'는 말로 대표되는 개인과 개인의 관계 맺음에 대한 깊은 성찰을 보여 준다. 개인과 개인 사이의 참다운 정서적 유대 관계의 형성은 티 없이 맑은 '어린 왕자'와 세상에 익숙하면서도 현명함을 잃지 않는 여우의 대화를 통해 암시된다. 〈무소유〉의 저자이기도 했던 법정은《어린 왕자》에 대해 다음과 같이 썼다.

"《어린 왕자》라는 책을 처음으로 내게 소개해 준 벗은 이 한 가지 사실만으로도 한평생 잊을 수 없는 고마운 벗이다. 너를 대할 때마다 거듭거듭 감사하지 않을 수 없다. 그 벗은 나에게 하나의 운명 같은 것을 만나게 해주었다. 지금까지 읽은 책도 적지 않지만, 너에게서처럼 커다란 감동을 받은 책은 많지 않았다. 그러기 때문에 네가 나한테는 단순한 책이 아니라 하나의 경전이라고 한대도 조금도 과장이 아닐 것 같다. 누가 나더러 지묵紙墨으로 된 한두 권의 책을 선택하라면《화엄경華嚴經》과 함께 선뜻 너를 고르겠다."

작가 자신이 직접 그려 책에 넣은 아름다운 삽화는 독특한 시적 세계를 이루고 있다. 어린 왕자와 삽화의 사랑스러운 분위기는 지금까지도 꾸준히 애독자를 낳는 비결 중 하나이다.

내용 개괄

사막에 불시착한 비행사인 '나'는 이상한 소년을 만나 양을 그려달라는 부탁을 받는다. 여러 별을 순례하다 지구에 온 소년은 사랑하는 장미꽃을 살던 별에 남겨 두고 여행길에 오른 왕자이다. 외로운 왕자에게 한 마리의 여우가 나타나 '본질적인 것은 눈에 보이지 않는다.', '다른 존재를 길들여 인연을 맺어 두는 일이 중요하다.' 등을 가르친다. 왕자는 자기가 책임을 져야만 하는 장미꽃이 이 세계 속에 존재한다는 사실에 깊은 뜻이 있음을 깨닫게 된다.

한 구절 경구

그렇지만 네가 나를 길들이면 우리는 서로 아쉬워질 거야. 내게는 네가 세상에서 하나밖에 없는 존재가 될 것이고, 네게도 내가 이 세상에 하나밖에 없는 여우가 될 거야. 사람들은 이 진리를 잊어버렸어. 하지만 너는 잊어버리면 안 돼. 네가 길들인 것에 대해서는 영원히 네가 책임을 지게 되는 거야. 너는 네 장미꽃에 대하여 책임이 있어.

문답 하나

친구를 찾아야 해서 여우를 길들일 시간이 없다는 어린 왕자에게 여우는 말한다.
"사람들은 이제 무얼 알 시간조차 없어지고 말았어. 사람들은 다 만들어 놓은 물건을 상점에서 산단 말이야. 그렇지만 친구는 파는 데가 없으니까 사람들은 이제 친구가 없게 되었단다. 친구가 필요하거든 나를 길들여."
여우의 말이 오늘날 사람들의 관계 맺음에 시사하는 점이 무엇인지 생각해 보자.

답변의 길잡이

자기 앞에 있는 여우를 길들이는 것이 가장 확실하게 친구를 사귀는 방법인데도 어린 왕자는 마치 어딘가에서 찾아야 하는 것으로 알고 서두른다. 가장 인간다운 교제, 가족 간의 존중과 배려를 통한 풍요로움, 칭찬을 통한 보람 등 중요한 가치는 항상 가까이 있다. 그럼에도 비싸고 좋은 물건을 사주거나 무언가를 해줘야만 상대가 행복해한다고 오해하는 물질 지향의 현대인들과 어린 왕자는 상당히 닮아 있다.
여우의 말처럼 친구는 상점에서 팔지 않는다. 정말 소중한 것은 마음으로 느껴야지, 물질에 좌우되지 않는다. 관계 맺기는 기다림과 여유와 배려가 필요하고, 보이지 않는 감정과 가치에 대한 사려 깊은 시선이 있어야 가능하다.

지은이

앙투안 드 생텍쥐페리 1900~1944

프랑스 작가. 1943년, 실종되기 1년 전에 《어린 왕자》를 저술했다. 흥미롭게도 그의 소설 대부분은 고독한 조종사에 관한 얘기들이다. 《야간 비행》《전시 조종사》《남방 우편기》《인간의 대지》 등의 작품을 통해 작가는 고립된 개별의 인간을 넘어서는 '인간과 인간 사이의 상호 관계'와 '유대감' 속에서 진정한 삶의 의미를 찾으려는 시도를 했다. 작가는 2차 세계대전 말기에 정찰 비행을 나갔다가 실종되었다.

또 다른 인문 고전

《전시 조종사》

1942년에 출간되어 격찬을 받았으나 나치에 의해 판금된 책. 목숨을 걸고 초저공비행에 나선 생텍쥐페리 대위는 묻는다. '우리는 누구를 위해 죽어 가는가?' 긴박한 상황 속에서도 묵묵히 임무를 수행하는 비행 대원들을 통해 개별적인 존재의 한계를 극복하는 과정을 보여준다.

7

벌레가 되어버린 인간
프란츠 카프카《변신》

문제 제기

사랑도 이해도 없는 현대인의 삶은 상대적으로 소속과 인간적 유대가 분명했던 과거 농경 사회와 비교해 보면 비극적이라고도 할 만하다. 느슨한 유대로 연결되어 있는 가족은 개개인에게 진실한 소속감과 존재감을 주지 못하는 경우가 많다. 카프카에 있어 존재는 곧 소속을 의미한다.

《변신》은 카프카가 29세이던 1912년에 쓰였다. 대부분의 소설들이 미완성인 카프카 작품들에서 드물게 완성된 작품 중 하나다. 작가의 독자적인 세계를 잘 나타내고 있는 걸작이자 카프카 문학의 입문서이다. 직업이나 기계의 도구가 되지 않고 인간의 자아에 머물러 있는 사람은 세일즈맨 그레고르처럼 소속을 잃고 존재감을 상실한다는 현대 사회의 기본적인 부조리를 역설하고 있다. 우화와 풍자를 통한 초현실적 상황의 비장한 현실감은 심각한 사회 문제를 그로테스크하면서도 날카롭게 짚어 주고 있다. 인간 소외가 만연한 현대 산업 사회를 상징적으로 표현한 초현실주의 소설이다.

영혼을 비인격적인 사회에 팔아 버린 그레고르는 꿈속에서 본래의 자아로 돌아온다. 본래의 자아는 자신과 가족의 생계를 위협하는 벌레에 불과하다. 죄를 의식하는 자는 구원의 지름길에서 있으며, 죄를 의식하지 못한 여러 사람은 권력에 예속되어 있다는 것을 벌레로 변해 파멸한 그레고르를 통해 보여 준다. 자아로 돌아간 상태가 벌레라는 점을 그레고르가 의식하지 못하는 것은 현대인의 비극과 공포의 심연을 상징한다.

내용 개괄

상점의 판매원으로 일하는 그레고르는 어느 날 잠에서 깨어나자 자신이 벌레가 되어 있음을 알게 된다. 벌레로 변한 그의 모습을 보고 가족들은 경악한다. 이제 벌레로 변해서 더 이상 생계를 책임지지 못하는 그레고르는 가족들에게는 없어져야 할 골칫거리일 뿐이다. 어머니에게 모습을 드러낸 그레고르는 어머니가 실신하는 바람에 아버지에게 사과로 얻어맞아 상처를 입는다. 며칠 뒤 누이동생이 하숙생들 앞에서 연주하는 음악을 들으러 나갔다가 벌레로 변한 그레고르의 존재를 감추고 싶어 하는 가족들에 의해 방에 감금된다. 이튿날 청소를 하러 온 가정부는 그레고르가 죽었음을 가족들에게 알린다. 가족들은 모처럼 홀가분한 마음으로 외출을 한다.

한 구절 경구

그레고르는 조금 더 앞으로 기어 나갔다. 그리고 혹시나 누이동생의 시선과 마주칠 수 있을까 기대하면서 고개를 마루 위에 바짝 대다시피 수그리고 있었다. 이처럼 음악 소리에 감동을 느끼는데도 그는 역시 동물이란 말인가? 그는 마치 자기도 모르게 그리던 마음의 양식을 얻는 길이 열리는 것처럼 느껴졌다.

문답 하나

그레고르는 왜 잠자는 사이에 벌레로 변신했을까? 변신이 상징하는 의미는 무엇일까? 벌레로 변신하고도 인간보다 더 고뇌하는 그레고르의 모습을 그린 카프카의 의도는 무엇인지 상상력을 발휘하여 말해 보자.

답변의 길잡이

참으로 인간적이면서 자아에 대한 확고한 의식이 있는

그레고르는 인간이 아닌 벌레로 형상화되었다. 벌레 모습을 가진 그레고르만이 스스로의 가치와 문제를 인지하고 있다. 지극히 정상적인 인간의 모습을 하고 있는 가족들은 오히려 인간미와 유대의 가치를 저버리고 있다.

지은이

프란츠 카프카 1883~1924

현대 문학을 대표하는 작가. 체코의 프라하가 고향이며, 독일어를 사용하는 유태계 상인의 여섯 아이들 중 맏아들로 태어났다. 소년기부터 스피노자, 다윈, 헤겔, 니체의 열렬한 옹호자였고, 무신론과 사회주의를 신봉하였다.

기괴하고 수수께끼 같은 작품 세계는 독자로 하여금 끊임없는 상상력의 나래를 펴게 한다. 신비하고 난해하다는 지적은 그의 소설 전반에 걸친 일반적인 평가다. 섬광처럼 짧지만 강렬한 빛을 발하는 뛰어난 단편들은 정체성을 상실한 인간의 불안과 소외와 좌절을 앞서 예견하고 있다. 세계의 불확실성과 인간의 불안한 내면 심리에 대한 묘사는 지금 보아도 섬뜩하다. 그의 문체에 놀라다 보면 어느새 인간을 억압하고 소외시키는 현대 사회의 메커니즘과 제도의 부조리에 분노하게 된다.

《성城》

카프카. 주인공 K는 성의 부름을 받고 왔으나 살아 있는 동안 끝내 성에 받아들여지지 않는다. 측량 기사인 그는 살아 있는 동안 자신의 터를 끝내 측량하지 못한다. 죽고 나서야 성에서 부름이 온다는 구상이었다고 전해지는데, 미완성 작품으로 남았다. 끝없는 기다림으로 무익하게 헤매는 K는 삶의 의미를 끊임없이 추구하지만 궁극적인 답을 찾지 못하는 현대인들의 실존에 대한 고민을 보여 주는 상징적 인물이다.

8

부조리한 사회와의 동행
알베르 까뮈 《이방인》

문제 제기

상대를 진정으로 이해한다는 것은 무엇일까. 우리는 인간이라면 당연히 부모의 죽음에는 슬퍼해야 하고, 누군가를 우발적으로나마 죽이게 된다면 충분한 살해 동기가 있어야 하며, 그에 대한 죄의식을 느껴야 한다고 생각한다. 또 '우정', '사랑'과 같은 단어는 당연히 소중한 가치를 가지는 것이라 생각한다. 그런데 만약 그렇지 않은 인간이 있다면 우리는 그를 어떻게 이해해야 할까?
알베르 카뮈의 소설 《이방인》에서 소설의 주인공 메르소는 이처럼 주변 세계와 감정적으로 분리되어 있으며, 사회적 규범과 기대에 무관심한 채 살아가는 메마른 인간이다. 메르소의 삶과 행동들은 자신의 존재와 주변 세계에 대한 근본적인 연결을 상실

할 때 겪을 수 있는 인간소외의 극단적인 형태를 보여준다. 그러나 카뮈는 이러한 '비인간적'으로 보이는 메르소의 태도가 역설적이게도 그 스스로에게는 가장 솔직하고 자유로운 상태일 수 있다는 '부조리'함을 지적하고 있다.

내용 개괄

알베르 카뮈의 소설 《이방인》은 1942년에 출간된 작품으로, 무의미한 세계에서 인간 존재의 부조리를 탐구한다. 이 소설은 주인공 메르소의 시점을 통해 그의 삶과 사고방식을 드러낸다. 소설은 메르소가 어머니의 장례식에 참석하는 것으로 시작한다. 그는 어머니의 죽음에 대해 별다른 감정을 드러내지 않으며, 장례식 이후에도 일상생활로 빠르게 돌아간다. 메르소는 감정에 무감각하고, 사회적 규범이나 관계에 무관심한 인물로 그려진다. 소설의 전환점은 메르소가 해변에서 아랍인을 살해하는 장면이다.

이 사건은 우발적이며, 메르소는 자신의 행동에 대해 깊이 있는 설명이나 동기를 제공하지 않는다. 살인 후 메르소는 체포되어 재판을 받게 되며, 재판 과정에서 그의 무관심과 감정의 부재가 중심적인 이슈로 부각된다. 재판에서 메르소는 사회적 규범과 가치에 도전하는 태도로 인해 사형 판결을 받는다. 그러나 그는 죽음을 직면하면서 인생의 무의미함과 부조리를 받아들이며, 사회와 자신의 존재에 대한 깊은 성찰에 이른다. 소설의 결말은 메르소가 죽음을 앞두고 마침내 진정한 자유와 평화를 찾는 것으로 마무리된다.

한 구절 경구

죽음 가까이에서 엄마는 해방감을 느꼈고, 모든 것을 다시 살아볼 마음이 내켰을 것임에 틀림없다. 아무도 엄마의 죽음을 슬퍼할 권리는 없는 것이다. 그리고 나도 또한 모든 것을 다시 살아볼 수 있을 것 같은 생각이 들었다. 마치 커다란 분노가 나의 고뇌를 씻어주고 희망을 가시게 해준 것처럼, 신호들과 별들이 가득한 밤을 앞에 두고, 나는 처음으로 세계의 정다운 무관심에 마음을 열고 있었던 것이다.

문답 하나

주인공 메르소는 감정적·사회적 소외를 경험하는 인물로 그려진다. 그의 무관심과 감정의 부재는 그가 주변 세계와의 연결을 상실한 상태를 나타낸다. 현대 사회에서, 인공지능AI 기술의 발전은 인간의 일자리를 대체하고, 인간 간의 상호작용을 감소시키며, 결정 과정에서 인간의 참여를 줄이는 등으로 인간소외의 새로운 형태를 초래할 수 있다. 이러한 현상은 기술이 인간의 삶에서 차지하는 역할이 커지면서 인간이 자신의 존재와 사회 내에서의 역할에 대해 느끼는 소외감을 심화시킬 수 있음을 시사한다. AI 기술의 발달과정에서 인간소외 현상을 최소화하기 위한 방안에는 어떤 것들이 있을까 고민해 보자.

답변의 길잡이

AI에 의한 일자리 대체는 일부 직업군에서 실업률을 증가시킬 수 있으며, 이는 경제적 불안정성과 사회적 고립감을 증대시킬 수 있다. 또한 AI 시스템이 인간의 일상생활과 결정을 지배함에 따라, 개인의 자율성과 결정권이 축소될 수 있으며, 이는 개인의 삶에 대한 통제력 상실로 이어질 수 있다. 《이방인》의 주인공 메르소의 경험은 현대 사회에서 AI로 인한 인간 소외를 이해하는 데 중요한 통찰을 제공한다. 메르소는 감정이나 사회적 연결에 대한 전통적인 가치를 거부하며, 자신만의 진실과 자유를 추구하는 인물로 그려진다. 우리는 메르소를 통해 인간이 부조리한 상황에 직면했을 때, 자신의 삶에 의미를 부여하고, 인간적인 연결을 재구성하는 방법을 모색할 수 있음을 배울 수 있다.

지은이

알베르 카뮈 1913-1960

프랑스의 소설가, 극작가, 철학자, 저널리스트로, 실존주의와 밀접하게 연관되어 있으나 스스로는 그 꼬리표를 거부했다. 그의 작품은 인간 조건과 세상의 부조리에 대한 탐구로 유명하며, 대표작으로는《이방인》《페스트》《시지프 신화》가 있다. 카뮈는 인생의 본질적인 의미 부재를 인정하면서도, 부조리에 대한 개인의 반항이 삶에 가치를 부여한다고 주장했다. 그의 철학적 사상과 문학적 업적으로 1957년 노벨 문학상을 수상했으며, 그의 사상은 현대 사회와 인간 조건에 대한 이해에 지속적으로 기여하고 있다.

또 다른 인문 고전

<무진기행>

김승옥의 출세작. 1960년대 이후 근대화 · 산업화가 본격적으로 진행되어 가는 한국 사회에서 사회적으로 성공한 인물의 내면 풍경이 그려져 있다. 한 개인의 귀향과 현실 복귀를 통해 현대화된 사회에서 살아남기 위해서는 낭만적 일탈 충동을 억제할 수밖에 없음을 형상화하였다.

9

소유 양식에서 존재 양식으로

에리히 프롬 《소유냐 존재냐》

문제 제기

우리의 삶은 무엇으로 행복해질 수 있을까? 산업 사회 이래 물질적 부의 증대가 급속히 이루어진 이후, 현대인들은 소유를 통한 만족감의 확대가 행복을 가져다줄 가장 중요한 원천이라고 생각했다. 이러한 생각은 자본주의가 발달한 오늘날에 이르기까지 여전히 의미 있는 지적 가운데 하나로 받아들여지고 있다. 아파트 평수를 늘려 가며 경제적 안정을 마련하는 것이 행복한 가정이라는 생각은 텔레비전 광고를 통해서도 익히 표현되는 일반적인 인식이다. 대리에서 과장, 부장을 거치는 승진 역시 성취감 확대를 통한 행복의 실현이다. 모두 소유의 확대를 추구하는 방식이다.

경쟁을 통한 사회의 효율을 도모한다는 측면에서 위 방식은 효과적이지만, 경쟁에는 반드시 패배자가 나온다. 한정된 재화를 누군가가 소유했다는 의미는 소유하지 못한 계층이 존재한다는 암시이다. 구조적으로 모든 이들이 경쟁에서 이길 수 없는 현실을 고려할 때, 소유를 통한 방식은 분명히 사회구조적 문제를 가져온다. 낙오하고 소유하지 못한 개인의 박탈감은 적지 않은 문제를 초래한다는 점에서도 주의가 필요하다.

에리히 프롬이 《소유냐 존재냐》에서 삶의 방식 전환을 역설한 이유도 경쟁과 소유를 통한 사회 메커니즘의 문제점을 통찰했기 때문이다. 모두가 소유의 양식으로 살아가는 현실에서 자신만의 방식 전환은 역시 만만치 않은 철학과 의지가 필요함을 예상할 수 있다.

내용 개괄

지속적인 발전에 대한 기대는 산업 사회의 시작과 함께 인류가 가진 부푼 꿈이었으나, 이미 그것은 삶의 질이나 행복감과는 거리가 멀다는 점이 밝혀지고 있다. 왜 인류의 기대는 이루어지지 못했는가? 자기중심적이고 이기적이며 탐욕에 휩싸인 본질적인 삶의 자세가 원인이다. 모든 것을 소유하고자 하는 인간의 욕구가 행복감을 앞질러 버린 것이다.

'소유한다'는 현대 산업 사회의 기본적인 삶의 양식이다. 사물의 소유를 통해 자신의 가치를 확인하려는 태도는 인간관계를 악화시켰고, 무한한 생산과 무한한 소비의 악순환을 초래하여 만성적인 기아 상태를 만들었다. 우리는 소유를 통한 충족에서 전환하여 '존재' 자체에서 삶의 의미를 찾을 필요가 있다. 경쟁을 통한 소유에 집착하지 않음으로써 속박되지 않고 변화를 두려워할 필요도 없는 것이다. 사람과의 관계 역시 존재 자체에 관심을 가지면 더욱 인간적인 관계로 회복할 수 있다. 그러한 양식적 전환이 인간 스스로의 삶을 윤택하게 하고, 사회를 더욱 정겹게 한다.

한 구절 경구

인간의 행복은 소유적 삶보다는 존재적 삶이 우위에 있을 때만 가능하다. 사유 재산, 권력, 이윤 추구를 지상의 최고 목표로 삼는 산업 사회에서는 소유 지향적 사고방식과 삶이 존재 양식의 삶을 병적으로 압도한다.

문답 하나

존재 양식의 삶은 인간적 가치나 본질적 의미에 더욱 유의한다는 점에서 주목할 만하다. 하지만 소유 양식을 대부분의 삶의 방식으로 채택하고 있는 현대인들의 현실을 고려할 때 쉽게 실천하기 어려운 점이 있다. 존재 양식의 삶을 추구할 만한 가치로 여겨야 한다면 그 이유는 무엇인가?

답변의 길잡이

사적인 소유를 법적으로 허용하고 있는 현대 자본주의 사회에서 소유를 통한 삶의 행복 추구는 상당히 필연적인 측면이 있다. 더 좋은 직장을 가지기 위해, 더 쾌적한 환경에 살기 위해, 더 멋진 옷을 입기 위해 기울이는 노력은 다른 사람에 비해 상대적으로 나은 삶을 살아가고 싶은 인간의 당연한 욕구이다. 치열한 경쟁을 감당하지 못해 존재 지향적 삶을 살아가야 한다는 견해는 오히려 현실 도피적 주장이라는 반론도 무조건 무시할 수 없다. 삶의 궁극적인 목표가 영혼 깊은 곳에서부터 느끼는 행복감과 충만감이라고 한다면, 또한 그러한 감정들이 경쟁을 통한 획득과 소유의 확대가 아니라 지닌 것에 대한 가치의 재발견이나 음미에 있다고 한다면, 존재 양식 역시 추구할 만한 가치가 있다. 모든 경쟁에서 이길 수도 없고, 모든 것을 소유할 수도 없는 현실은 존재 지향의 삶이 패배자와 도피자들의 철학만이 아님을 확인시켜 주고 있다.

지은이

에리히 프롬 1900~1980

독일 프랑크푸르트의 유태인 가정에서 태어나 사회학과 정신분석학을 공부했다. 나치에 의해 추방되어 미국으로 망명한 바 있다. 그의 저술들은 현대 사회의 인간학적 접근을 통해 많은 시사점을 던져 준다. 그는 인간 행동의 심리적 요인이 인간적 상황에 기인한다고 보았으며, 사회 성격을 사회 변동의 심리적 측면에서 해명하였다. 건전한 사회의 정립을 위해 인간주의적 윤리를 제시하고자 현대 대중 사회의 본질을 정신분석과 사회심리학적 관점에서 예리하게 분석하여 내놓은 그의 글들은 현대의 고전으로 인정받고 있다.

또 다른 인문 고전

《사랑의 기술》

사랑에 대한 기술적인 접근이 아니라 현대 문명에 처해 있는 인간의 실존적 상황과 연관시켜 사랑의 의미를 탐색한 책이다. 에리히 프롬은 '사랑은 인간적 성숙의 정도에 관련 없이 쉽게 탐닉할 수 있는 따위의 감정적인 것이 아니며, 전체로서의 자신의 개성을 발달시켜 생산적인 방향을 취하도록 하는 일을 적극적으로 꾀하는 것'이라고 설파한다. 사랑에 대한 본질적인 탐색에 많은 도움이 되는 책이다.

10

대중문화의 대중 소외

데이비드 리스먼 《고독한 군중》

문제 제기

온 사회가 '얼짱', '몸짱' 운운하며 외모 지상주의 열풍에 휩싸여 있다. 지극히 정상적인 체형을 가진 여고생들이 과소 체중의 표본인 모델들의 신체 치수와 비교해 오히려 스스로를 비만이라고 생각한다. 매우 비정상적인 소수의 체형이 지극히 건강하고 평균적인 다수의 체형 위에 군림하고 있다. 그 결과 취직, 결혼을 위해 많은 청소년들이 성형외과로 달려간다. '성형에도 트랜드가 있다. 성형외과별로 수술 스타일도 달라 수술한 곳만 봐도 어느 병원에서 했는지 안다.'고 한다. 외모 지상주의의 폐해는 여기까지 이르렀다.

'예쁘고 착하고 잘생겨야' 성공한다는 사회의 현실은 여전히 성형을 권하는 분위기를 확대, 재생산하고 있다. 외모 지상주의는 결국 가공의 이미지를 강요하여 각자의 개성을 무시하는 결과를 낳고, 외모의 이면에 숨겨진 진면목을 가린다는 심각한 문제가 있다. 그럼에도 연예인 등이 선도하는 유행과 대중 매체의 영향은 점점 더 많은 외모 지상주의의 피해자들을 낳고 있다.

외모 지상주의 현상은 개개인의 주체성과 다양성을 바탕으로 발전하는 대중문화의 건강성을 해칠 것이 분명하다. 개성은 무시되고 연예인과 상업성에 물든 대중문화가 인간을 억압하는 바람직하지 않은 상황은 대중이 대중문화로부터 소외되는 전형적인 현상이다.

사회학자 데이비드 리스먼은 외모 지상주의 현상을 두고 '현대인은 모두 타인 지향의 인간'이라고 지적한다. 그는 외모 지상주의의 근간에 자기 스스로의 주체성을 잃고 타인 지향적 삶을 살아가는 현대인의 공허한 자화상이 있다고 설파했다. 인간의 주체 의식과 자아 정체성에 의한 삶의 영위가 시대의 변화에 앞서는 중요한 문제라는 것을 깨달아야 한다. 그 깨달음은 내실에 충실하려는 노력보다 타인의 시선을 유난히 의식하며 외모 성형에 치중하는 현대인의 삶을 반성하는 계기가 될 것이다.

내용 개괄

현대인들은 낮 시간 동안 타인에게 둘러싸여 온갖 문제와 접촉한다. 그렇다면 왜 개인적 시간을 누릴 수 있는 저녁에도 동료,

혹은 그 대용품으로 대중문화를 찾는 것일까? 고독에서 벗어나기 위해서이다. 대중문화는 현실 생활의 대용품이다.

고독을 참지 못하는 타인 지향형 인간은 고독감에서 벗어나고자 군중 속으로 파고든다. 온갖 의미에서 자신에게 엄격한 사람들이며, 소비자 훈련을 받는 아이들로서, 부모로서, 노동자로서, 또는 레저를 즐기는 인간으로서 매우 커다란 불안에 휩싸여 있다.

《고독한 군중》은 소설가 노먼 베일러에게서 '사회과학의 모습을 빌린 문학'이라는 평가를 받았다. 사회의 단면에 대한 날카롭고 인간적인 분석은 매우 흥미진진하게 읽히게 하는 원동력이다. 매우 학문적인 내용임에도 초판 7만 부가 매진되었고, 보급판도 50만 부가 팔릴 정도로 일반 독자들 사이에 놀라운 반향을 불러일으켰다. 1950년대 미국 사회를 대상으로 하지만, 21세기 인간 사회를 그려 내는 현대의 고전으로 여전히 영향력을 잃지 않고 있다.

한 구절 경구

타인 지향형 인간이 추구하는 인생 목표는 향도역嚮導役의 방향 여하에 따라 바뀐다. 다만 일생토록 변하지 않는 것이 있다면, 그 개인이 어떤 목표를 달성하기 위해 열심히 노력한다는 사실과 그것을 위해 타인들로부터 발해지는 신호에 주의를 기울인다는 사실 뿐이다. 이렇듯 타인과의 접촉을 줄곧 유지하는 행위는 철저한 행동상의 순응성을 낳게 하는데, 그것은 전통 지향적인 경우처럼 그러한 행동을 거듭 연습함으로써 얻어지는 것이라기보다는 타인의 행동과 요구에 극도로 민감하게 반응함으로써 습득되는 것이다.

문답 하나

오늘날 현대인들에게는 이미 대중문화에서 제시하는 이상적인 현대인의 모습이 머릿속 깊이 박혀 있다. 기준에 부합하지 않으면 정신적인 고통이 수반된다. 유행은 또 어떤가. 대중문화의 획일화는 나만의 개성을 존중하지 않는다. 문화를 형성하고 있는 대중들에게 대중문화가 미치는 소외의 문제점은 무엇인지 생각해 보자.

답변의 길잡이

대중문화는 대중들이 모여서 자신들에게 행복과 즐거움을 줄 수 있는 문화여야 한다. 인간이 자유롭고 자신만의 개성을 가진 존재라는 점을 감안할 때, 대중문화의 유행은 인간을 획일화시켜 버리는 문제점이 있다. 몇몇 연예인들의 몸매와 이미지가 대중 매체와 사회적 분위기를 타고 다수들에게 퍼진다면, 대중들은 자신들의 문화를 즐기는 것이 아니라 소수에 의해 만들어진 이미지를 강요받게 된다. 바로 이 점이 외모 지상주의를 대중문화의 대중 소외로 판단하는 이유이고, 동시에 비판해야 하는 까닭이다.

지은이

데이비드 리스먼 1909~2002

미국 필라델피아에서 태어나 1946년 시카고 대학 객원 교수가 되었다. '현대 미국 사회'의 구조적 특징을 파악하고 내면의 모습을 탐구하는 학자로, 매우 정력적인 활동을 하며 다양한 저술을 펴내었다. 1950년에 《고독한 군중》의 초판이 나오면서 미국 중산층을 날카롭게 분석한 것이 호평을 받아 명성을 떨쳤다. 이후 미국인의 성격이나 문화에 대한 세부적인 저작을 내었다.

또 다른 인문 고전

《세일즈맨의 죽음》

아서 밀러의 희곡. 자고 나면 산업화와 정보화의 문제점이 불거져 나오는 현대 사회에서 연대감을 가지지 못하고 소외당하는 인간의 내적 갈등과 파멸을 보여 주는 작품이다. 한 개인의 삶이 산업 사회의 구조 속에서 얼마나 소외당할 수 있는가를 보려면 외판원 윌리 로먼의 방문을 두드려 보는 것도 좋은 방법이다.

3부

정보화 사회

정보화 사회는 정보 사회로 완전하게 이행하기 전 단계의 사회이다. 산업화 과정을 지나 산업 사회로 이행한 것과 마찬가지로 정보화 단계가 완전하게 진행되면 정보 사회로 가게 된다. 정보화 사회는 농업 사회, 산업 사회가 공존하지만 이전 시기에 비해 지식과 정보의 가치가 상대적으로 높아져 사회의 핵심 역할을 담당하는 사회이다. 많은 양의 지식 정보가 신속하게 처리, 전달, 공급되며 대부분의 고용이 정보 산업에 집중되는 양상도 정보화 사회의 중요한 현상이다. 특히 IT 강국 한국은 정보화 사회의 견본이다. 세계 최고 수준의 인터넷 보급과 활용 및 IT 산업의 비중으로 보면 관련 이슈는 이후로도 지속적으로 제기될 가능성이 높다.

정보화 사회에서는 네이버, 다음, 구글 등 컴퓨터 네트워크를 이용한 산업이 부가가치 창출의 원천이 되고 주요한 산업의 모델이 된다. 전문 지식을 활용한 최신 산업의 창출에 유리해지는 측면이 있으나, 한편으로는 소수의 전문 인력을 필요로 하는 산업 구조상 실업자 양산과 기계 의존의 심화 같은 부정적인 측면도 존재한다. 정보화 사회에서 풀어 가야 할 새로운 숙제이다.

정보화 사회로 들어서면서 삶의 질이 상당히 향상된 것은 사실이다. 육체노동이 감소하고 재택근무가 늘어감에 따라 여성 인력의 활용이 신장되었다. 경제 활동에서 남녀가 균형 잡힌 발전을 하는 모습은 눈여겨볼 측면이다. 통신 발달로 집합의 필요성이 감소되면서 여가를 선용할 환경이 조성된 점 역시 정보화 사회의 선물이다. 과거 산업 사회의 공장에서 근무하던 노동자들은 쾌적한 근무 환경을 구비한 인터넷 사업장에서 일하게 되었다. 근로 여건의 향상도 의미 있는 변화 가운데 하나이다. 유비쿼터스 환경이나 전자 민주주의의 발전도 정보화 환경이 구비되었기에 가능한 일이다.

반면 개인 신상을 무작위로 파악하는 사생활 침해와 온갖 자료의 홍수에 휩싸인 데이터 스모그 등과 같은 부정적인 측면은 정보화 사회의 그늘이다. 개인의 신상 정보 데이터를 관리하는 조직의 존재는 우리들이 정보 권력에 의해 얼마든지 통제당할 우려가 있다는 점에서 상당히 심각한 사회 문제로 떠오르고 있다. 컴퓨터 게임에 탐닉하는 게임 중독, 그로 인해 발생하는 현실 유리 현상은 현실감을 잃고 살아가는 현대인을 낳고 있다. 모두 심각한 사회 문제의 하나로 대두되고 있다.

아울러 바쁜 일상에서 불붙은 속도 경쟁은 과정을 소홀히 하고 결과에만 집착하게 하는 부작용을 낳고 있다. 삶의 여유와 정성의 가치를 잃어버리는 상황을 부르기도 한다. 정보화 사회도 궁극적으로 삶의 질을 높이고 행복감을 향상시키는 방향으로 진전되는 것이 합당하다면, 반드시 근본부터 많은 문제점들을 살펴볼 필요가 있다.

11

정보화 사회의 전망과 실현

앨빈 토플러 《제3의 물결》

문제 제기

정보화 사회는 산업 사회와 정보 사회를 이어 주는 가교와 같은 역할을 한다. 완전한 정보 사회로 진입한다면 '화化'라고 하는 변화형의 단어를 떼어낼 것이다. 정보화 사회는 농경 사회에서 산업 사회로 변화하는 만큼이나 많은 변화를 불러오고 있다. 기계를 이용하기는 해도 사람이 실제로 움직여 무엇인가를 만들어 내고 부가가치를 창출하던 산업 사회에 비하여, 인터넷 네트워크 환경을 이용한 부가가치의 창출이 보다 큰 비중을 차지한다. 지식과 정보 환경에 대한 활용의 폭도 넓어진다. 기본적으로 삶의 편리를 가져다주지만, 사람이 움직여 체득해야 하는 많은 것들을 디지털 기기에 맡겨 놓으면서 디지털 치매나 존재감 하락

등 인간의 가치와 존엄에 관련된 문제점들이 생기기도 한다.

앨빈 토플러의 《제3의 물결》은 정보화 사회의 도래를 예견한 미래서로 집필되었다. 지금은 이미 실현된 정보화 사회의 현상을 확인하는 용도로 활용되고 있다. 그가 예견한 내용은 거의 현실이 되어 일상생활에 적용되고 있다. 물론 아직 실현되지 않은 내용도 있다. 어느 쪽이든 이제 《제3의 물결》의 내용을 의심하는 사람은 없다. '제3의 물결'은 미래의 상상이 아니라 현실의 물결로 우리 앞에 밀려와 있으며, 그 파도의 중심부에서는 미처 예견하지 못했던 다양한 일들이 벌어지고 있다.

내용 개괄

농경 사회인 제1의 물결과 산업화 단계인 제2의 물결을 지나 도래하고 있는 문명인 정보화 단계를 제3의 물결로 제시하고 있다. 지난 시절의 공식이나 이데올로기가 과거에 아무리 소중하고 유용했다고 하더라도 다가오는 현실과는 맞지 않다. 새로운 가치관과 기술, 새로운 지정학적 관계, 새로운 생활 양식과 커뮤니케이션 방식 등의 충돌에서 급속히 나타나는 새로운 아이디어와 지식은 새로운 분류와 개념을 요구하고 있다. 제3의 물결은 분명 지금까지의 어떤 문명보다 건전하고 현명하고 지속적일 뿐만 아니라, 보다 품위 있고 민주적인 문명으로 만들어질 수 있다.

한 구절 경구

커뮤니케이션 기술의 눈부신 발전은 정책의 의사 결정에 직접 시민이 참가할 수 있는 온갖 가능성을 열어 놓았다. 고성능 컴퓨터, 인공위성, 전화, 유선 TV, 새로운 투표 기술, 그 밖의 수단을 사용하여 역사상 처음으로 교양 있는 시민이 스스로 많은 정책 결정에 참가할 수 있게 되었다.

문답 하나

앨빈 토플러의 예상은 거의 현실로 실현되었고, 위에서 열거한 내용들은 더욱 발전적인 형태로 적용되었다. 첨단 기술의 성격이 그러하듯, 정보화 사회의 첨단 정보화 네트워크는 신기술과 문화에 접근하지 못하는 계층의 소외를 이전 시대보다 극명하게 초래할 수 있다. 이러한 문제점에 대한 대안은 무엇인지 생각해 보자.

답변의 길잡이

정보화 시설이나 기술 활용의 측면에서 격차가 발생할 가능성은 매우 높다. 50대 이상의 평범한 기성세대, 인터넷이 보급되지 않은 시골에 사는 젊은이 등이 인터넷을 활용하기란 쉬운 일이 아니다. 정보 격차는 사회 통합을 저해하는 중요한 사회 구조적 문제가 될 수 있다. 지역 간의 격차를 해소하기 위해서는 동네 단위의 정보화 센터 같은 사회 인프라 구축을 통한 보완이 요구된다. 활용에 따른 격차를 줄이려면 인터넷 교육과 오프라인에 의한 정보 전달을 병행하는 방안이 매우 의미 있는 보완책이 될 것이다. 문화의 변동기에는 변화에 대응하지 못하는 계층을 위한 배려가 필요하다.

지은이

앨빈 토플러 1928~2016

미래학자. 뉴욕 대학을 졸업하고 5년간 공장 노동자로 일했으며, 〈포춘〉 부편집장을 역임했다. 《미래 쇼크》《제3의 물결》《권력 이동》이라는 미래서 3부작을 냈다. 그의 저술은 50개국 이상에 번역되어 1천만 부 이상이 팔려 당대의 고전으로 자리 잡았다. 독창적인 신조어와 미래 예측은 미래에 대한 생각을 근본적으로 바꾸어 놓은 것으로 평가받고 있다.

《미래는 어떻게 오는가》

영국 케임브리지 대학의 '다윈 칼리지 강좌'에서 '예측'이라는 주제로 이루어진 강연 기록이다. 천문학, 경제학, 의학, 종교학 등 각 분야의 권위 있는 세계 석학들이 미래를 예측한 내용들이 수록되어 있다. 1996년에 출판된 내용임에도 불구하고 여전히 현재에도 의미를 잃지 않고 있다. 예언가로서의 미래 예측이 아니라, 각 분야의 전문가들이 경험과 관찰, 과학 이론에 의해 예견한 내용인 만큼 고민의 깊이가 예사롭지 않다.

12

정보 통제의 어두운 전망
조지 오웰 《1984》

문제 제기

정보화 시대의 도래와 함께 가장 많이 우려되는 문제점 중 하나가 정보 유출과 정보 통제이다. 정보화 사회에서는 개인의 신상 정보가 끊임없이 만들어지고 유통되며 관리된다. 포털 사이트나 어떤 커뮤니티에 접속하기 위해서는 가장 먼저 회원 가입을 해야 한다. 이때부터 나의 신상 정보는 노출되기 시작한다. 개인적으로는 신상 정보의 노출로 피해를 받을 수 있고, 사회적으로는 개인의 신상 정보를 활용해 사생활 통제를 할 수 있다. 오용의 문제는 더욱 심각하다. 교통 카드를 통해 누군가의 이동 경로를 추적한다는 사실은 개개인의 사생활이 얼마나 쉽게 노출되어 있는지, 얼마나 자연스럽게 통제당할 수 있는지를 보여 주는 쉬운 사레이다.
《1984》는 영국의 소설가 조지 오웰의 디스토피아 소설이다. 《1984》의 배경은 오세아니아, 유라시아, 동아시아 3대 초강대 국가군으로 정립한 무한 전쟁의 세계이다. 이곳에는 두 가지 정치 철학만 존재한다. 사상 통제와 과거 통제. 사상 통제는 거리, 방, 화장실에까지 설치된 스크린으로 이루어진다.
비록 1984년이 지난 지금도 조지 오웰의 예언이 완벽하게 실현되지는 않았지만, 그의 비전은 현대 문명사회의 문제들을 적나라하게 끄집어낸다는 점에서 여전히 인류의 미래에 어두운 예언이 되고 있다. 일찍이 비평가들은 책의 전체적인 내용을 고려하여 '이처럼 전체주의의 본질을 적나라하게 그린 소설은 없다.'고 평가했다. 텔레스크린을 통한 통제가 점차 현실화되는 요즘에는 '이처럼 정보화 사회의 어두운 미래상을 경고하는 책은 없다.'고 바꾸어야 할 것이다.

내용 개괄

'1984'의 세계는 세 나라로 나뉘어 지속적인 전쟁을 벌이고 있다. 모든 국가 전력은 전쟁 수행을 위해 동원되고, 사람들은 당의 명령에 무조건 복종해야만 한다. 주인공 윈스턴 스미스는 남다른 의식으로 일기를 쓰며 기록을 남기려고 한다. 또한 은밀하게 줄리아와 금지된 사랑을 나눈다. 결국 모든 사실이 사상경찰에게 발각되고 만다. 당은 줄리아와 윈스턴을 당이 원하는 인간상으로 만들기 위해 고문을 가한다. 거기에 세뇌된 윈스턴은 결국 '빅 브라더'를 사랑하게 되고 죽음을 맞는다.

한 구절 경구

건물에는 전혀 창문이 없었다. 윈스턴은 애정성에 들어가 보기는커녕 그 근처에 가본 적도 없다. 거기는 공용으로만 들어갈 수 있는데 그나마 가시 철망과 철문, 그리고 기관총이 잠복해 있는 무장 미로를 뚫고 가야 했다. 외곽으로 가는 길조차 검은 제복에 곤봉을 찬 고릴라처럼 무시무시한 위병이 지키고 있다. 윈스턴은 갑자기 돌아섰다. 그는 즐겁다는 표정을 짓고 있었다. 텔레스크린을 마주 대할 때는 이런 표정이 유리하다.

문답 하나

감시받는 삶은 개인적인 공간을 잃어버리는 것과 같다. 인간이기 때문에 필요로 하는 개인적인 사색과 고민의 시간을 낱낱이 공개당한다는 것은 실질적인 삶의 질과도 관련된다. 《1984》만큼은 아니어도 정보화 사회에서는 개인 정보가 거대한 네트워크의 일부로 존재하여 누군가에 의해 통제당할지도 모를 문제점이 있다. 이러한 예의 구체적인 사례를 들고 대안을 생각해 보자.

답변의 길잡이

이미 시행 중인 교육행정정보시스템NEIS이나 시도된 바 있는 전자주민증 같은 사례가 대표적인 예다. 타인에게 알리고 싶지 않는 과거 병력이나 지능지수 등이 해킹을 통해 악용될 여지가 있다. 집적된 개인 정보를 가지고 있는 전자주민증의 시행은 악용될 여지가 크다는 점에서 심각한 사회 문제를 초래할 가능성이 높다. 따라서 행정이나 형사상 편의에 의해 지나치게 개인 정보를 한 곳으로 모으는 일은 다시 한 번 재고할 필요가 있다. 개인 신상 정보의 동의 없는 활용은 범죄라는 인식이 요구된다. 물론 컴퓨터 네트워크상의 보안에 대한 기술적인 준비는 반드시 요청되어야 한다.

지은이

조지 오웰 1903~1950

사회 현상과 사람들의 움직임을 예리하게 파악하여 작품에 표현하는 작가로 이름이 높다. 초기작인《파리와 런던의 밑바닥 생활》은 밑바닥 인생을 허무주의적 정서로 흥미롭게 담아냈다. 농장을 경영한 경험과 당시 사회 모습을 접합하여 저술한《동물농장》은 소련 공산 사회를 풍자한 소설이다. 《1984》는 '빅 브라더'가 지배하는 미래 사회를 그린 작품으로, 개인적인 자유는 찾아볼 수 없는 철저한 통제 국가를 가상으로 그리고 있다. 정보 사회의 우울한 정보 통제에 대한 예언으로 읽혀진다.

또 다른 인문 고전

《감시와 처벌》

미셸 푸코의 저술이며 교육학의 명저로 알려졌다. 푸코는 영국의 철학자 벤담이 제안한 죄수 교화 시설인 '팬옵티콘panopticon'을 되살린다. 작가는 팬옵티콘을 통해 근대 사회의 권력자가 만인을 감시하는 체제를 설명했다. 정보화 사회의 정보 통제라는 측면에서 흥미로운 시사점을 제기한다.

13

정보화 사회의 그늘

데이비드 셍크 《데이터 스모그》

문제 제기

인터넷을 통해서 필요한 정보를 찾기 위해 검색어를 누르면 애초 원하지도 않았던 온갖 정보들이 넘쳐 난다. 그중에서 필요한 정보를 가려내기란 쉬운 일이 아니다. 이 정도의 수고는 차라리 견딜 만하다. 수시로 날아드는 스팸 메일은 처리하기에도 벅찬 문젯거리다. 분명 사실이라고 생각해 활용했던 정보들이 종종 잘못된 사실로 판명 나는 바람에 곤욕을 치르기도 한다. 상식적으로 도저히 이해하기 어려운 인신 비방이나 루머 때문에 사회에 혼란이 가중되기도 한다. 모든 것이 정보화 환경에서 볼 수 있는 오염된 정보 쓰레기, 다시 말해 '데이터 스모그'다. 정보를 만들고 유통하고 소비하는 모든 과정에서 발생하는 데이터 스모그의 홍수 속에서 올바른 정보만을 활용하기 위해서는 생산자와 유통자의 높은 교양과 각성, 그리고 정보 수용자들의 비판적 안목이 요구된다.

데이비드 솅크의 《데이터 스모그》는 이와 같은 문제에 대한 각성을 담고 있다. 잘못된 것이 좋은 것을 도리어 퇴출시키는 그레셤의 법칙이 횡행하는 정보화 환경에서는 데이터 스모그에 대한 사용자들의 분명한 인식이 요구된다. 결국 어느 누군가가 아니라 정보 환경을 사용하는 사용자들이 정보화 네트워크를 정화하는 것이 가장 근본적인 대책일 수밖에 없기 때문이다.

내용 개괄

데이터 스모그는 정보의 쓰레기이다. 정보화 시대의 부산물이어서 정보를 수용하여 활용해야 하는 입장에서는 매우 곤혹스러운 것이다. 더욱 문제가 되는 것은 데이터 스모그들이 자신의 정체를 교묘하게 위장한다는 점이다. 신문 기사인지 광고인지 뚜렷하지 않은 현대의 메시지들이 정보 수용자들의 판단을 더욱 흐리게 만든다. 데이터 스모그들은 어쩔 수 없이 정보를 수용해야 하는 정보화 시대의 시민들을 희생양으로 만든다. 정보화 사회의 그늘이다.

한 구절 경구

데이터 스모그는 단지 우리의 가정이나 전자 우편함에 날마다 배달되는 쓸데없는 광고지와 정보 쓰레기 더미뿐만이 아니다. 우리가 상당한 돈을 지불하는 정보, 우리가 꼭 필요로 하는 정보에도 포함되어 있다. 도시 거주자들이 일상적 삶 속에서 끊임없이 쏟아지는 엄청난 자극의 포화에 직면하게 됨에 따라 이 이론은 수십 년 동안 발전해 온 정보화 시대의 특징을 잘 반영해 주고 있다.

문답 하나

정보 환경을 누리는 사용자 입장에서 데이터 스모그 현상에 현명하게 대처하는 방안은 무엇인지 생각해 보자. 단, 정보 환경에서는 사용자와 유통자와 소비자의 경계가 모호하다는 점을 고려하라.

답변의 길잡이

정보화 사회를 살아가는 현대인들에게 효율적인 정보 활용은 자신의 업무를 효과적으로 수행하기 위한 필수적인 능력이다. 데이터 스모그는 적절한 정보 검색과 사용을 어렵게 한다. 이런 현상의 문제점을 줄이기 위해서는 기본적인 소양의 증진을 통해 인위적으로 왜곡되거나 잘못된 정보의 생산을 줄이려는 노력이 필요하다. 아울러 정보 사용자들의 비판적인 안목에 의한 취사선택이 필요하다. 수준 높은 사용자들이 많은 인터넷 공간에서는 상대적으로 질 높은 정보가 유통될 가능성이 높다. 포털 사이트 등 대형 인터넷 업체의 철저한 윤리 지침과 감시 기능이 강화된다면 효과는 더욱 극대화될 것이다.

지은이

데이비드 셍크 1966~

데이터 스모그라는 현대 정보 사회의 문제점을 지적한 미국 학자. 그는 문제적 저술을 통해 새로운 삶의 환경인 정보화 사회가 완전히 밝은 미래만을 제공하는 것이 아님을 분명히 경고하고 있다.

《사이버 스페이스》

요안나 뷔크. 미래 과학에 대한 지침서로, 사이버 공간이 가지는 의미와 사회적 변모 과정을 보여 준다. 컴퓨터를 중심으로 첨단 기술이 사회 현상에 미치는 영향을 고찰하고, 사이버 스페이스의 발전과 확장에 따른 인간상과 사회정치적 변화를 잘 포착하여 설명한다.

14

속도 숭배의 이면

피에르 쌍소 《느리게 산다는 것의 의미》

문제 제기

속도는 정보화 사회의 미덕이요, 숭배의 대상이다. 누르면 바로 나와야 프린트로서 제 기능을 하는 기계로 인정받고, 지상에서는 도저히 따라가지 못할 속도라며 하늘을 나는 영상이 초고속 인터넷 선전에 활용된다. 이른바 '속도 지상주의'라 해도 과언이 아니다. 혹시 빠른 속도에 대한 찬양 속에서 잃어버리는 가치는 없을까? 소홀히 여기거나 잃어버리는 가치 중에 인간의 삶에 꼭 필요한 덕목은 없을까? 참으로 가치 있는 의미나 산물들은 대체로 오랜 시간이 걸려 형성된다는 것을 고려한다면, 빠름이 우리 현실의 중요한 잣대가 되는 현실에서 속도 숭배는 한번 따져 보아야 할 문제이다.

피에르 상소는《느리게 산다는 것의 의미》에서 말한다.

“느림은 우리에게 속삭인다. 시간에 모든 기회를 부여하라고. 그리고 한가롭게 거닐고, 글을 쓰고, 타인의 말에 귀를 기울이고 휴식을 취함으로써 우리의 영혼이 숨 쉴 수 있게 하라고 말한다. ‘느림’이 개인의 성격 문제가 아니라, 삶의 선택에 관한 문제라는 점을 이해해야 한다.”

느림은 기회를 주고 휴식을 주며, 다른 영혼의 목소리에 귀를 기울이게 한다. 급여보다도 삶의 여유를 찾아 직장을 옮기려는 젊은이들이 많아진다는 뉴스 보도가 심심찮게 들린다. 새삼 느림의 가치는 새롭게 인식되고 있다.

내용개괄

책의 서문은 파스칼의 유명한 격언으로 시작한다.

“인간의 불행은 단 한 가지, 고요한 방에 들어앉아 휴식할 줄 모르는 데서 비롯한다.”

마치 변화를 따라잡지 못하면 도태되고 마는 현대 사회에 대한 반발로 보인다. 게으름을 찬양하고 무력감을 조장하는 것이 책의 목표는 아니다. 삶의 활력을 되찾는 방법은 나 자신을 잃어버리지 않으며 세상을 받아들이고 호흡하는 것이다. 너무 빨라 잠시 잊어버린 삶의 가치를 발견하라고, 느림을 통해 우아하고 배려 깊은 삶을 살아가라고 책은 권면한다.

한 구절 경구

우리에게 다가오는 사건을 기쁘게 받아들일 능력을 갖기 위해 필요한 지혜가 있다. 갑자기 달려드는 시간에게 허를 찔리지 않고, 허둥지둥 시간에 쫓겨 다니지도 않겠다는 분명한 의지로 알 수 있는 지혜이다. 우리는 그 능력을 '느림'이라고 불렀다. 느림은 우리에게 시간에 모든 기회를 부여하라고 속삭인다. 한가롭게 거닐고, 글을 쓰고, 타인의 말에 귀를 기울이고, 휴식을 취함으로써 우리의 영혼이 숨 쉴 수 있게 하라고 말한다. 파스칼의 말대로 인간의 모든 불행은 단 한 가지, 휴식할 줄 모르는 데서 온다. 그렇다면 오늘 우리는 불행을 자처하고 있지 않은가?

문답 하나

빠름은 분명 현대 사회가 요구하는 미덕이지만 이면의 현상도 놓쳐서는 안 된다. 이면에 감추어진 가치도 상당할지 모르기 때문이다. 빠름의 이면에 있는 가치는 무엇일까? 자신의 생각을 말해 보자.

답변의 길잡이

빨리한다는 것은 목표에 대한 집중이다. 다만 주위 상황을 소홀히 할 수 있다. 느리고 오랜 시간이 걸려 완성되는 전통문화나 고유문화를 놓칠 우려도 있다. 느림에서 획득하는 성찰의 시간을 잃게 되는 것이다. 편지를 써서 우표를 붙여 보냈던 기성세대의 아련한 즐거움이 우리에게는 없고, 일기를 쓰면서 그리워하는 사색의 시간을 우리는 가지지 못하고 있다.

지은이

피에르 쌍소 1928~2005

프랑스의 수필가이자 철학 교수. 《느리게 산다는 것의 의미》를 저술하여 프랑스 독서계에 많은 반향을 불러일으켰다. 그는 '한가로이 걷고, 들으며, 기다리며, 글을 쓰고, 마음의 고향을 찾는 것' 등의 실천할 수 있는 느림의 방식을 알려 준다.

또 다른 인문 고전

《동래박의 東萊博議**》**

주희와 함께 남송 시대를 주름잡았던 학자인 여조겸의 저작. 과거 시험의 학습 교재로도 이름이 높았던 《동래박의》에는 정성의 가치를 들려주는 흥미로운 일화가 담겨 있다. 수개월 이상 길쌈을 하여 무명 저고리 한 벌을 지아비에게 내주는 아내와 지나가는 취객을 유혹하여 비싼 술값을 받아 비단 옷을 사주는 기녀가 대비된다. 여조겸은 말한다.

"기녀가 한 번 눈웃음으로 비단을 얻는 것은 양잠하는 아낙의 수개월 노고를 돌이켜 볼 때 어떠한가?"

정성이 담긴 더딘 시간이 얼마나 가치 있는지 생각하게 만드는 대목이다.

15

느림의 가치
밀란 쿤데라 《느림》

문제 제기

여유를 잃은 현대인들은 과연 자신이 하는 일의 의미를 되짚으며 살아가고 있을까? 어느 연구 조사에 의하면 한국인의 평균 식사 속도가 8분이라고 한다. 식사를 즐기며 맛을 음미하는 시간이라고 보기는 어렵다. 단지 다음 일을 하기 위한 단계로 배고픔을 면하는 정도라고 생각할 수밖에 없다. 진정 개개인을 행복하게 만드는 결과로 돌아올까? 개발과 발전의 논리로 정치와 권력에 의해 강요된 삶의 형태를 어느새 본원적인 삶의 모습으로 오해하고 있지는 않을까? 시골 논두렁에서 먹는 점심은 얼마나 여유롭고 정겨운가. 현대 산업 사회의 발전 논리에 휩쓸린 모습에서 내 삶의 속도를 찾아보는 것은 삶의 가치와 관련된 중요한 문제가 된다.
밀란 쿤데라의《느림》은 바로 이러한 문제점에 대한 흥미로운 관찰과 사색의 여정을 보여 준다. 느림은 결코 수동적이거나 나약하고 게으른 사람들의 핑계가 아니라는 것이 작가의 주장이다. 삶에 대한 깊이 있는 탐색으로 유명한 그의 날카로운 분석은 빠름과 느림에 대한 일반적인 생각을 다시 한 번 반성하게 한다.

내용 개괄

느림에 관한 에세이다. 빠름의 성격이 무엇이며, 본질적인 가치는 무엇인지가 극작가이자 소설가인 작가의 문체 속에서 매력적으로 빛난다. 결국 속도는 인간의 가치를 고양하는 어떠한 역할도 수행하지 못한다. 더욱 속도에 몰입하여 점차 목적과 가치가 전도되기에 이른다.
느림은 신의 영역에 이를 수 있는 인간의 신성한 권리이며, 한가함은 게으름이 아니라고 작가는 지적한다. 느림에 대한 변명이 아니라 느림이 지닌 가치에 대한 본질적 성찰이다. 잠언에 가까운 문체는 읽는 이로 하여금 시를 읽는 듯한 느낌을 받게 한다.

한 구절 경구

한 체코의 격언은 고요한 한가로움을 하나의 은유로 표현하고 있다. '그들은 신들의 창을 관조하고 있다.'고. 신의 창을 관조하는 자는 따분하지 않다. 그는 행복하다. 우리 세계에서 한가로움은 빈둥거림으로 변질되는데, 성격이 전혀 다르다. 빈둥거리는 자는 낙심한 자요, 따분해하며 자기에게 결여된 움직임을 끊임없이 찾고 있는 사람이다.

지은이

밀란 쿤데라 1929~2023

체코의 브륀에서 음대 교수의 아들로 태어났다. 대학에서 어문학을 전공하고 영화 아카데미에서 조교로 활동했다. 시인이자 소설가이며, 드라마 작가이자 불문학 번역가이기도 하다. 1975년 프랑스로 이주, 파리에서 거주하며 작가로 활동하고 있다. 1984년 《참을 수 없는 존재의 가벼움》으로 세계적인 작가로 떠올랐다. 《뉴욕타임스》는 그의 소설을 극찬하는 서평을 두 차례나 실었다.

문답 하나

느림의 미학이 속도 경쟁의 시기에 가지는 의미는 무엇인가? 시대의 흐름을 거슬러 가지는 가치적 측면에서 빠름과 느림의 본질적인 가치에 주목하여 대답해 보라.

답변의 길잡이

'빠르다'는 기본적으로 매우 높은 성실성을 가지고 요령 있게 일을 처리함을 뜻한다. 능률이 높아 같은 시간에 더 많은 일을 수행할 수 있다. 복잡하고 다양한 일이 발생하는 현대 세계에서 매우 유용한 가치이다. 사실 빠르게 한다는 말은 결과에 주목한다는 의미이다. 과정에 대한 관심이 상대적으로 약화될 여지가 있다. 과정에 정성이나 오랜 시간을 투자해야 가능한 일은 차선의 가치가 된다.

집에서 만들어 정성이 가득 담기는 슬로푸드는 도저히 패스트푸드의 속도를 따라가지 못한다. 하지만 준비하는 과정에서 느끼는 인간적인 정이나 고마움은 그만큼 배가된다. 우리의 삶에는 결과만큼이나 과정이 소중할 때가 있다. 충실한 이수를 통해 과정을 획득하면 더욱 많은 행복을 느낀다. 느림의 가치는 결코 작지 않다. 느림은 반성하게 하고 여유를 가지게 하는 삶의 지혜다.

《게으름에 대한 찬양》

버트런드 러셀. 사회주의 운동가로 활동한 실천가 러셀이 행복해지기를 원하는 현대인들을 위해 내린 처방은 '행복해지려면 게을러져라.'였다. 선한 본성은 편안함과 안전함에서 나오고, 편안함과 안전함은 여유와 게으름에서 나온다는 것이다. 물론 게으름은 태만으로서의 게으름이 아니라 반성적인 게으름이다. 더욱 의미 있는 삶을 위한 사색의 시간인 것이다.

16

정보화 사회의 사회상

다니엘 벨《정보화 사회의 사회적 구조》

문제 제기

정보화 사회는 이미 도래했다. 하루가 다르게 성장해 가는 IT 기술의 발전은 1~2년 후의 미래상을 함부로 예측할 수 없게 한다. 사회 환경의 변화는 삶의 양식을 변모시킬 것이다. 산업 환경이 전환됨에 따라 고용의 변화가 필연적으로 동반되기 때문이다.

다니엘 벨의《정보화 사회의 사회적 구조》는 사회 변화의 양상을 살펴보고 예견하는 저작이다. 서비스 경제가 창출되면서 서비스의 핵심 기능을 하는 전문 기술직 계층이 대두된다. 그에 따라 사회 혁신과 정책 형성의 원천으로 이론적 지식이 중심적 역할을 하게 될 것이라고 예견한다.

내용 개괄

탈공업 사회의 사회적 변화에 대한 관찰과 예견이 주된 내용이다. 정보 교류를 통해 지식의 가치는 계속 상승할 것이다. 사회적 환경에서 정보와 지식의 교류가 핵심적인 운영 원리가 됨에 따라, 정보의 양과 정보를 검색하는 행위는 삶의 방식을 결정하는 중요한 요소가 된다. 정보 검색의 방식적 전환과 그에 대한 정책은 사회적 환경을 변모시키는 데 큰 영향을 끼친다. 사회적 환경의 변화는 도시와 국가 계획, 엘리트와 대중, 국제적 조직의 변모에서 한층 가속화된다. 또한 벨은 지적 전문성을 가진 사회 계층과 새로운 지적 기술의 창출을 중요한 사회 변동의 요인으로 판단한다.

한 구절 경구

경제지리학적으로 보아 40년 전까지만 하더라도 자원 기지가 도시의 결정적 인지 요인이었으나, 바로 그 시점에서 모든 것이 변화하기 시작하였다. 점차 확대되는 전기통신에 의하여 물리적으로 근접하고 있는 외부 경제가 축소됨에 따라 기업의 본거지와 보험업 같은 화이트칼라 집약 산업이 쇠퇴하는 도시의 중심부에서 교외로 분산되고 있다. 캘리포니아 주의 실리콘 밸리의 발달이나, 보스턴 주변의 루트 128번지 지역의 발달과 같은 현상은 대학의 연구소 시설을 이용할 뿐만 아니라, 소규모 공장이나 사무실에 대해 공업 지역이 제공해 줄 수 있는 것보다 훨씬 쾌적한 공간을 제공해 줄 수 있다는 데 따른 반응의 결과이다.

문답 하나

정보 통신의 발달에 따라 도시의 입지가 그 모습을 달리한다는 것은 과거 자원과 운송에 크게 영향을 받던 산업 환경이 변모하기 시작했다는 의미이다. 정보 통신과 컴퓨터 네트워크의 발달에 따른 산업 변화가 도시 형성에 영향을 미치는 것을 고려할 때, 정보화 사회가 국가의 균형적인 발전에 기여할 수 있는 점을 생각해 보자.

답변의 길잡이

한국의 대표적인 인터넷 기업 '다음'은 본사를 제주도로 옮겼다. 과거 제조업 기업은 상상하기 어려운 선택이다. 지식과 기술을 통해 부가가치를 창출하는 IT 기업에게는 쾌적한 연구 여건이 가장 중요한 입지 조건 가운데 하나가 된다. 다시 말해 과거 항구나 도로에 인접했던 입지와는 다르다. 도로와 공항, 항구를 중심으로 발달한 한국의 도시 형성에 영향을 끼칠 수가 있다. 연구 여건만 조성된다면 이전 제조 기업에 비해 상대적으로 쉽게 기업 이동을 권장할 수 있다. 잘 수립된 정보 통신 진흥책에 의해 국가 발전이 진전될 가능성이 높다는 것이다.

지은이

다니엘 벨 1919~2011

뉴욕 태생으로 저널리스트이자 사회학자이다. 한국에는《이데올로기의 종말》의 저자로 잘 알려져 있다. 1950년대에는 〈포춘〉의 편집인으로 활동했다. 사회 변동론과 정치사회학이 주된 전공 분야였으나, 만년에는 미래 사회로서의 정보화 사회론을 연구했다.

또 다른 인문 고전

《지식의 지배》

레스터 C. 서로우. 무형 자산인 지식을 바탕으로 세계 최고 갑부가 된 빌 게이츠의 사례에서 확인하듯, 미래에는 지식이 자본과 노동보다 우위에 있는 지식 기반 산업이 주가 된다고 역설한다. 그가 제시한 생존 법칙 열세 가지는 일상의 사고를 뛰어넘는 것이다. '질서를 너무 존중하면 창의가 자랄 수 없다.'는 말부터 그렇다.

4부

과학기술과 과학철학

과학과 현대적 삶의 풍요가 과연 아름답기만 한가? 과학의 발전이 빨라질수록 대두되는 의문이다. 현대적 삶의 풍요는 분명 과학 발전의 산물이다. 생활의 편리를 낳은 근본적인 토대는 과학이고, 과학의 발전은 선진화된 문명을 낳았다.

기계가 인간의 몫을 대신하기 때문에 우리는 육체노동을 줄인 쾌적한 환경에서 지낸다. 그만큼 인간이 본래적으로 가졌던 기능들은 쇠퇴하고 있다. 숭고한 가치로 받아들였던 종교적 영성이나 인간성은 상대적으로 중요성이 감소하고 있다. 그 빈 공간에는 물질적인 가치와 과학적 사고가 들어서고 있다.

올더스 헉슬리의 《멋진 신세계》는 기술 문명의 디스토피아적인 미래상을 예견하는 명작이다. 생명 과학의 발전은 생명을 연장하여 오래 살고 싶어 하는 인간의 욕구를 실현시켜 주고 있다. 하지만 유일하고 유한했기에 더욱 의미 깊고 존중되었던 인간 생명의 가치는 감소된다.

과학의 발전 양상에 대한 추구는 앞으로 과학이 어떻게 발전할지를 헤아려 볼 수 있는 미래 지향적인 작업이다. 과학 발전에 있어 과학자의 삶의 태도와 관점 역시 탐구해 볼 가치가 있다. 과학적 산물은 결국 과학자의 세계관에서 시작된다. 과학자들도 자신이 속한 사회의 분위기와 호흡하며 지극히 인간적인 삶을 살아가는 개인들이다. 당연히 과학적 발견은 삶의 현장 속에서 고민하며 탄생되는데도 사람들은 과학적 발견의 이면을 간과하곤 한다. 하이젠베르크의 《부분과 전체》는 이 점에 대해 과학자를 둘러싼 안팎의 풍경을 그려 준다.

한편 과학자들은 객관적인 방법을 통해 과학적 진실을 추구한다. 적어도 사회에는 그렇게 인식된다. 그러나 그들은 사회에 속한 개인이다. 그들 역시 사회의 영향을 받는 주관적인 관점을 연구의 방향이나 방법에 개입시킬 수밖에 없는 존재들이다. 과학자나 과학자 집단이 세계를 바라보는 관점인 '패러다임'의 전환에 의해 과학이 발전한다는 토머스 쿤의 이론이 논증한 대로이다. 과학자와 과학에 대하여 철학적인 소신이 요청되는 것은 바로 이러한 현실적 상황을 외면할 수 없기 때문이다.

17

디스토피아의 미래상

올더스 헉슬리 《멋진 신세계》

문제 제기

현대 문명은 과학 발전의 산물이다. 과학의 발전은 생활의 편리를 낳았고, 과거보다 선진화된 문명을 만들었다. 육체노동의 시간은 줄어들었고, 쾌적한 환경에서 여유로운 시간 활용을 도모하게 되었다. 다양한 전자 장치들이 인간의 일들을 대신해 주기도 한다. 한편으로는 인간의 역할이 과도하게 단순해짐에 따라 개개인들에게 구비되어 있던 기능은 퇴화되었다. 도덕과 종교의 숭고한 가치들도 상대적으로 비중이 줄어들었고, 정신적인 가치가 차지했던 자리를 물질적 풍요가 파고들었다.

생명 과학의 발전은 인간의 생명을 연장시켜 오래 살고 싶어 하는 욕구를 실현해 주기는 하지만, 동시에 유한하고 유일한 생명의 존엄을 훼손한다. 역시 과학 기술의 발전으로 초래되는 문제다. 올더스 헉슬리의 《멋진 신세계》는 과학 기술의 극단적인 위험성을 담고 있다. 기술 문명의 디스토피아적인 미래상을 점쳐 보는 데 유용한 작품이다.

내용 개괄

헉슬리는 위트와 통렬한 문체로 현대 과학과 기술로 빚어지는 몰자아 의식을 비판한다. 그는 과학이 창출하는 사회의 제 현상들을 예언한다. 1932년에 출판된 《멋진 신세계》는 문명이 극도로 발달하여 과학이 모든 것을 지배하게 된 세계를 반유토피아적으로 그린 풍자 소설이다.

아이들은 인공 수정으로 태어나 유리병 속에서 보육되어 부모를 모르며, 지능의 우열만으로 장래의 지위가 결정된다. 개인은 할당된 역할을 과학 장치를 통해 자동으로 수행하도록 규정되고, 고민이나 불안은 신경 안정제로 해소된다. 옛 문명을 보존하고 있는 나라에서 온 야만인은 문명국에서 살 수 없어 자살하고 만다.

헉슬리의 예언은 현대 물질 만능 시대에 적중하고 있다. 오늘날 우리가 《멋진 신세계》를 다시 읽는 이유는 무엇일까? 현대 문명을 바라보는 비판적 시각을 통해 인간성 회복을 추구하고 진정한 유토피아를 실현하길 기대하기 때문이다.

한 구절 경구

고작 34층밖에 안 되는 회색의 납작한 건물. 정문 입구에는 '중앙 런던 인공 부화 및 습성 형성국'이라는 글자가 새겨져 있고 그 옆의 팻말에는 공유, 균등, 안정이라는 세계 국가의 표어가 붙어 있다. 선량하고 행복한 사회의 일원이 되려면 일반적인 개념 따위는 가능한 모르는 것이 좋기는 하다. 누구나 알다시피 특수한 것은 덕성과 행복에 도움이 되지만 일반적인 것은 지식이 만들어 내는 필요악이니까. 사회의 지주가 되는 것은 철학자가 아니고 정밀 세공 기술자나 인지세금 징수자인 것이다.

문답 하나

공상 과학 소설의 일반적인 특징은 미래 지향적이고 기술 찬양적인 경우가 많다. 《멋진 신세계》는 오히려 기술의 진보가 가져다줄 우울한 미래를 암시하고 있다. 그 이유는 무엇인가? 작품의 내용을 토대로 자신의 생각을 말해 보라.

답변의 길잡이

우선 헉슬리의 사상 속에 자리 잡고 있는 개인적인 인

식 논리가 답의 실마리이다. 모든 진보는 반드시 희생의 대가를 치를 수밖에 없다는 사고방식이다. 19세기에는 민주주의의 발전을 가져다주리라 믿었던 교육이 20세기에 전체주의자들의 사상을 학습시키는 도구로 활용되었다는 내용이 작품에 나온다. 진보에는 대가가 필요하다는 작가의 사상이 잘 나타난다.

지은이

올더스 헉슬리 1894~1963

영국의 소설가이자 비평가. 대표작인《연애 대위법》에서는 1920년대 지식인의 내면세계를 풍자적으로 묘사하였다. 현대 문명에 절망하고 좌절하는 지식인의 의식 세계를 작품 안에서 신랄하게 풍자하고 비판하는 것으로 유명하다. 그는 근대 과학의 맹목적인 신뢰를 바탕으로 하는 19세기적인 태도에 비판적인 자세를 견지하였다. '모럴을 가지지 않은 모럴리스트'라는 평가는 그의 작가적 태도를 짐작하기에 좋은 말이다.

《삶, 사회 그리고 과학》

한국철학사상연구회에서 행한 철학 강의를 바탕으로 한 교재이다. 특히 3부 〈과학과 철학〉 부분은 '과학과 세계관', '자연과 의식' 등 과학에 대한 철학적 접근의 길을 교양 수준에서 이해하도록 쉽게 설명한다. 과학의 철학적 인식에 많은 기여를 할 것으로 기대된다.

18

과학 발전은 패러다임의 전환
토머스 쿤 《과학혁명의 구조》

문제 제기

과학 발전은 어떻게 이루어지는가? 일반적으로 이전 시대의 과학적 업적이 축적되어 다음 시대의 과학 발전을 이어 준다고 이해되어 왔다. 곧 과학 발전은 축적된 지식의 결과물로 받아들여진 것이다. 여전히 과학 발전을 바라보는 중요한 시선 중 하나이다. 과연 과학은 항상 이런 식으로만 발전해 왔을까?

토머스 쿤의 명저 《과학혁명의 구조》는 과학 발전에 대한 일반적인 인식에 근본적인 도전을 한다. 그는 일반적인 방법으로 진전된 과학을 정상과학이라고 명명한 뒤, 정상과학에 문제점이 발생하고 새로운 실험의 결과들이 소개될 때 과학 발전이 이루어진다고 주장한다. 다시 말해 패러다임이 전환될 때이다.

"과학 혁명은 하나의 패러다임이 이와 양립 불가능한 다른 새로운 패러다임에 의해 전체적 또는 부분적으로 대체되는 비축적적인 변화의 에피소드를 가리킨다."
그의 지적은 과학 발전에 대한 전혀 새로운 시각이다.

내용 개괄

머리말과 13개의 장으로 구성된 《과학혁명의 구조》는 과학에서 역사가 왜 중요한가를 서두에서 언급한다. 이어서 정상과학 이전의 단계와 정상과학을 서술하고, 정상과학으로 설명되지 않는 변칙적인 사례의 출현과 정상과학의 위기를 설명한다.
과학상의 변화는 비축적적이다. 과학 발전은 과학 혁명 사이의 안정된 기간에 정상과학 간의 충돌에 의해서 발생한다. 정상과학과 정상과학 사이의 인식이 전면적으로 전환될 때 과학 발전이 이루어지는 것이다.
과학자 사회 전체는 이론, 법칙, 지식, 방법과 가치관, 습관, 취향, 규범 등 과학적 지식을 공유한다. 공유된 과학적 지식을 '패러다임'이라고 한다. 패러다임이 어떤 특정한 연구 집단에서 다르게 나타나면 기존 패러다임과 새로운 패러다임은 논쟁을 벌인다. 논쟁의 결과가 과학 발전으로 이어진다. 이후 논쟁의 승자는 다시 새로운 정상과학의 패러다임이 된다. 그는 과학 발전이 패러다임의 전환에 의한 것이라는 주장을 보완하기 위하여 서양 과학에 나타났던 수많은 생생한 사례를 효과적으로 활용한다.

한 구절 경구

패러다임의 새로운 후보에는 처음에는 지지자도 거의 없고 지지자의 동기도 의심스러운 경우가 많다. 그럼에도 불구하고 지지자들이 유능한 경우에는 패러다임을 개량하고, 그 가능성을 탐구하고, 그것에 의해 인도되는 과학자 사회가 어떤 것이 되는가를 보여 주게 된다. 그리고 그런 일이 진행됨에 따라, 만일 패러다임이 투쟁에서 승리를 거둘 운명이라면, 설득력 있는 논증들의 수효도 강도가 증가될 것이다. 그에 따라 보다 많은 과학자들이 개종하게 될 것이고, 새 패러다임의 탐사 작업이 계속될 것이다.

문답 하나

토머스 쿤은《과학혁명의 구조》에서 패러다임의 전환에 의해 과학 발전이 전개된다고 주장했다. 그렇다면 과학 발전에서 패러다임의 형성은 매우 중요하다. 특히 쿤은 패러다임에 대한 설명에서 단순히 과학적 방법만을 말하지 않고 과학자들이 공유하는 생활 양식까지도 말하고 있다. 패러다임이 가지는 의미는 무엇인가?

답변의 길잡이

쿤은 패러다임을 '과학자 사회 전체가 과학적 지식에 대하여 이론, 법칙, 지식, 방법과 가치관, 습관, 취향, 규범 등을 공유하는 것'이라고 설명한다. 패러다임이 하나의 세계관을 형성한다는 말과도 일맥상통한다. 역설적으로 과학자들이 합리적이고 과학적이며 객관성을 가지고 있다고 생각하는 방법들도 상당히 주관적인 요소가 반영될 수 있음을 확인해 주기도 한다. 다시 말해 과학의 성격을 규명할 때 과학자 사회와 사회의 구조, 과학자들끼리의 상호작용에 더욱 많은 관심을 가지도록 유도한다.

지은이

토머스 쿤 1922~1996

미국의 과학철학사가. 오하이오 주 신시내티에서 태어나 하버드 대학에서 물리학을 공부했다. 대학원에 진학하여 자연과학 개론의 조교로 참여하면서 과학사에 관심을 가지게 되었다. 이후 과학사 강의를 맡아 과학 역사상 몇몇 혁명적인 변화를 설명하면서 과학 혁명에 대한 관심과 이해가 깊어졌다. 1962년에 집필한 《과학혁명의 구조》를 통해 많은 분야에 영향을 끼쳤고, 특히 과학사와 과학철학에 끼친 영향은 절대적이다. '과학 혁명', '정상과학', '패러다임'이라는 용어를 최초로 만들어 냈으며, 전문 분야로서 과학사회학의 정립을 이끌었다. 쿤의 이론은 변화를 설명하는 모델로 원용되어 수많은 분야의 필독서가 되었고, 20세기 후반의 가장 영향력 있는 고전이 되었다. 그는 과학철학에 초점을 맞추어 연구하면서 《과학혁명의 구조》에 쏟아진 토론과 반론을 새로운 책으로 정리하려던 계획을 미처 이루지 못하고 생을 마쳤다.

또 다른 인문 고전

《과학의 역사》

에릭 뉴트가 과학 관련 논픽션을 저술한 책. '이집트의 탈레스부터 뉴턴까지', '증기 기관부터 화성 탐사까지' 등의 주제로 1, 2권으로 나뉘어 친절하고 흥미진진하게 설명하고 있다. 쉽게 기술된 과학사를 접하다 보면 '과학의 방법적 중요성'에 대해 충분히 깨달을 것이다.

19

삶의 부분과 전체로서의 과학

하이젠베르크 《부분과 전체》

문제 제기

과학자의 삶은 어떨까? 과학 지식의 발전에만 골몰하는 모습이 과학자가 살아가는 온전한 삶의 전체는 아닐 것이다. 과학자도 일정한 시대를 살아가는 역사적 개인으로서 조국과 민족, 개인과 사회의 문제에 끊임없이 연관을 지니며 삶의 자세를 견지할 수밖에 없다. 과학적 발견은 과학자에게 매우 중요한 개인적 업적이다. 객관적 사실의 발견은 지극히 주관적인 삶을 살아가는 과학자에게 또 다른 삶의 국면이다.

하이젠베르크의 《부분과 전체》는 과학자의 삶과 학문의 진면목을 손색없이 보여 주는 저술이다. 원자물리학 분야에서 양자역학의 태동과 정립에 기여한 자신의 경험이 대화와 토론의 형식으로 기술되어 있다. 단순히 양자역학의 내용을 설명하는 데서 그치지 않는다. 창조적인 과학 개념의 형성 과정에 따르는 철학적·정치적·윤리적·사회적인 문제에 대한 고민과 사색을 진솔하게 그려 내고 있다. 그에게서 과학 탐구는 삶의 부분이자 전체였다.

내용 개괄

저자는 책의 서문을 다음과 같이 썼다.

"토론과 대화에서는 물리학이 항상 주역을 맡고 있는 것이 아니라 오히려 인간적이고 철학적이며 정치적인 문제들이 빈번하게 등장한다. 이것은 자연과학이 이와 같은 일반적인 문제들과 분리되어서는 성립되기가 매우 어렵다는 사실을 분명하게 밝히는 데 도움이 된다."

삶의 '부분과 전체'로 과학 탐구에 임하는 하이젠베르크의 자세를 나타내는 동시에 책의 성격을 알려 주는 말이다. 세세한 부분까지도 소홀히 여기지 않으면서 총제적인 연관성과 의미를 추구해야 한다는 것이 하이젠베르크가 책의 전반을 통해 말하고자 하는 핵심적인 주제이다.

한 구절 경구

과학에서는 사람들이 가능한 한 적게 변화시키려고 노력할 때,

다시 말해 우선 좁고 윤곽이 확실한 문제의 해결에만 한정할 때, 그때에만 결실이 있는 혁명이 일어날 수 있습니다. 지금까지의 모든 것을 포기하고 자기 마음대로 변화시키려는 시도는 터무니없는 짓입니다.

문답 하나

부분과 전체에 대한 통찰은 과학자와 과학 발전 사이에서 매우 중요하고 현실적인 관점이다. 특히 한 사회에서 일원으로 살아가고 있는 구성원으로서 과학자의 삶을 떠올린다면 매우 중요한 사안이 된다. 이와는 별도로 책에서는 과학 발전에 대한 생각을 제시하고 있다. 과학 발전이 상당히 누적적인 형태로 진전할 수밖에 없다는 신념이다. 이에 대한 자신의 생각을 말해 보라.

답변의 길잡이

과학의 진전이 패러다임 전환에 의한 것이라는 쿤의 견해는 지지할 만하다. 과학의 발견을 오로지 이전 시대에 축적된 지식의 산물로만 이해하는 것은 새로운 발견과 발전에 걸림돌이 된다. 다만 하이젠베르크는 점진적인 형태를 토대로 좀 더 창의적인 생각을 진전시켰기 때문에 자신의 양자역학을 태동시킬 수 있었다고 말한다.

지은이

하이젠베르크 1901~1976

노벨물리학상을 수상했고, 아주 작은 원자의 세계를 설명하는 양자역학의 태동을 이끌었다. 김나지움 교장을 지낸 조부와 뮌헨 대학 교수를 지낸 아버지로 이어지는 교육가 집안에서 태어났다. 23세의 나이에 행렬역학을 제안하여 양자역학의 수립에 결정적으로 기여했다. 25세에 '불확정성의 원리'를 발표하여 양자역학의 철학적 해석을 제공했고, 26세에 라이프치히 대학의 교수가 되었으며, 31세에 노벨물리학상을 받았다. 전후에 폐허가 된 독일 과학을 재건하기 위해 많은 노력을 기울였고, 핵 무장에 반대하는 괴팅겐 선언을 주도하기도 하였다.

또 다른 인문 고전

《과학 고전 선집》

16~17세기 과학 혁명 시기의 주요 저작들을 소개한 편서로, 서울대학

교 출판문화원에서 펴냈다. 코페르니쿠스의 《천체의 회전에 관하여》를 비롯하여 데카르트의 《방법서설》, 뉴턴의 《프린키피아》 등에 이르는 10여 종의 책에서 중요한 부분을 발췌하여 편집하였다. 과학사와 과학혁명에 관심을 가진 이들이나 과학 발전에 대한 과학자들의 생각이 궁금한 이들에게 좋은 소개서가 된다.

20

열린 사고로서의 과학
칼 포퍼 《열린사회와 그 적들》

문제 제기

과학적 세계에서 가장 중요한 것 중 하나는 객관성이다. 객관성은 누구나 과학적 사실을 받아들이게 하는 중요한 원칙이다. 하지만 여러 사람들이 모두 그 실험을 되풀이할 수 없다는 현실에서 객관성은 종종 어느 정도의 편견과 양심에 기초하기도 한다. 유수한 과학 잡지에 실린 과학적 연구물들은 나름 객관성을 인정받았다고 하겠지만, 황우석 교수 사태에서 보듯이 과학적 사실은 종종 왜곡되기도 한다. 동료 과학자들이 고의나 실수로 방관하는 경우도 있다.

칼 포퍼의 《열린사회와 그 적들》은 열린사회에 대한 탐구서이다. 누구보다 탁월한 과학철학자였던 작가의 과학적 사실에 대한 신념을 드러낸다. 포퍼는 '과학은 그 결과보다 그 방법에 의해 특징지어져야 한다'고 주장한다.

내용 개괄

우리의 문명이 살아남으려면 위대한 인물에 맹종하는 습관을 타파해야 한다는 신념이 책의 전반에서 보이는 포퍼의 비판 정신이다. 작가는 《열린사회와 그 적들》을 '정치철학 및 역사철학에 대한 비판적인 입문서이며, 사회적 재구성의 몇 가지 원리에 대한 탐구서'라고 정의했다. 또한 작가는 주장한다.
"우리는 금수로 돌아갈 수 있다. 그러나 우리가 인간으로 남고자 한다면 오직 하나의 길, 열린사회로의 길이 있을 뿐이다."
책을 옮긴 이한구 교수는 '인간에 대한 사랑과 합리성을 바탕으로 자유의 가치와 인간이 지닌 비판적 합의의 가치를 제시해 준 저서'라고 평했다.

한 구절 경구

과학 이론을 이해하고 실험하는 기법을 터득했고 실험을 반복할 수 있는 사람이면 누구라도 혼자서도 판단할 수 있다. 그러나 그럼에도 불구하고 부분적이거나 편협한 판단을 내리는 사람이 발생할 수 있다. 과학적 방법의 이러한 특성을 통해 우리가 알 수 있는 것은 정치권력이 자유로운 비판을 억압하거나 자유로운 비판을 보호하는 데 실패할 경우 과학적·기술적 진보를 뒷받침해 주는 제도를 오히려 손상시킬 수 있다는 사실이다. 따라서 과학은 그 결과보다 그 방법에 의해 특징지어져야 한다.

문답 하나

포퍼는 어떠한 상황이나 방법으로든 자유로운 비판이 가능해야 한다는 것을 가장 강조했다. 개방적이고 열린 사고를 지적한 말이다. 과학적 발견은 상당히 전문적인 영역이어서 어느 누구나 쉽게 확인하지 못한다. 어느 분야보다도 엘리트 의식과 비밀주의가 횡행할 수 있는 분야이다. 이런 분야에서 특히 열린사회가 필요한 이유는 무엇일까?

답변의 길잡이

포퍼는 "과학적 방법의 이러한 특성을 통해 우리가 알 수 있는 것은 정치권력이 자유로운 비판을 억압하거나 자유로운 비판을 보호하는 데 실패할 경우 과학적·기술적 진보를 뒷받침해 주는 제도를 오히려 손상시킬 수 있다."고 주장한다. 자유로운 비판은 객관적인 검증을 한층 수월하게 하며, 과학자들에게 자세히 검증할 객관적인 자료를 제시하라고 요구할 수 있다. 검증과 비판이 가능한 체제와 권력만이 자기비판에 열려 있어서 부패하지 않는다.

지은이

칼 포퍼 1902~1994

오스트리아 빈에서 유대인 변호사의 아들로 태어났다. 학자적 성격이 강했던 아버지의 영향으로 플라톤, 베이컨의 저술은 물론 마르크스, 엥겔스의 저술 등을 탐독하며 어린 시절을 보냈다. 빈 대학에서 수학, 물리학, 철학을 전공했다. 과학철학에 관심을 가지고 명저《탐구의 논리》를 저술하였고, 런던 대학에서 논리학과 과학방법론을 강의했다. 과학철학자였지만 사회적 · 정치적 문제에 관심이 많았다. 공산주의나 전체주의가 가지는 비인간성에 환멸을 느끼고 진보적 자유주의의 열렬한 대변자가 되었다.《열린사회와 그 적들》은 그의 과학철학과 사회철학을 대변하는 책이다.

《현대 과학철학 논쟁》

'쿤의 패러다임 이론에 대한 옹호와 비판'이라는 부제가 달린 책. 토머스 쿤의 과학 발전 이론을 구체적으로 탐색하는 논문 아홉 편이 엮여 있다. 토머스 쿤의 글이 서두와 말미에 나란히 있는 구성이 이채롭다. 칼 포퍼를 비롯하여 존 왓킨스, 스테판 툴민 등 쟁쟁한 과학철학자들의 논의가 담겨 있다. 묵직한 논의와 깊이 있는 이론이 다소 부담스러울 수도 있지만, 과학 발전에 대한 심도 깊은 논의를 기대하는 이들에게 좋은 안내서가 된다.

21

진화하는 과학철학
앨런 차머스 《현대의 과학철학》

문제 제기

과학은 기술에 대한 기계적인 탐구라는 생각을 할 수도 있다. 과학자는 지극히 객관적인 사실만을 탐구하는 사람이라 종교나 가치관의 문제를 연구 활동에 개입시키지는 않으리라 여긴다. 그러나 토머스 쿤이 말한 대로 과학의 진보가 패러다임의 전환에 따른 결과라면, 패러다임이란 결국 과학자나 과학자 집단이 세계를 바라보는 관점에 기인한다. 과학자들의 철학적 감각, 다시 말해 과학철학이 과학 발전에 큰 영향을 끼칠 수밖에 없다는 것은 너무나 자명하다.

현대는 과학이 급속도로 발전하고 있다. 과학 발전과 그에 따른 거대한 영향력에 비해 과학자의 역할이나 가치는 상대적으로 축소되어 왔다. 황우석 교수의 연구실에 있던 연구원들은 어느 누구도 연구 진행이나 결과의 전모를 알지 못했다. 자신의 연구 결과물에 관여하지 못한 것이다. 과학자가 자신의 연구물에서 소외되는 상황은 스스로의 가치를 낮추는 일일 뿐만 아니라, 핵폭탄 같은 부정적인 결과물을 만들기도 한다. 과학적 결과에 대한 책임 소재가 불분명해지면 인류 전체에 심각한 부작용을 불러올 수도 있다. 과학자에게는 비판적이고 성찰적인 안목이 반드시 필요하다. 그것은 온전히 과학철학의 몫으로 남게 되었다.

내용 개괄

책의 원제는 'What is this thing called Science?'이다. 과학의 본질과 방법론을 중심으로 한 본격적인 과학철학사 개론서이다. 17세기 이래 과학방법론의 통념은 귀납주의였다. 그에 반해 포퍼는 반귀납주의, 라카토스는 연구 프로그램 방법론, 쿤은 패러다임론, 파이어아벤트는 아나키스트적인 과학 인식론을 전개했다. 런던 대학에서 물리학, 과학철학을 전공한 앨런 차머스는 그들의 과학방법론을 비판적인 관점에서 명쾌하게 논의하고 있다.

지은이는 1982년에 2판을 간행하면서 초판 가운데 1~8장은 그대로 두고 9장 이후를 대폭 수정 보완하였다. 현대 과학철학이 아직도 형성 과정에 있는 철학임을 잘 보여 준다. 1980년대에 가장 주목되고 있는 과학철학 운동이 개관되어 있음은 의심할 여지가 없다. 과학철학은 지금도 꾸준히 변모하고 있는 학문 분과이다.

한 구절 경구

우리는 과학이 정당하게 다룰 수 있는 영역 밖으로 나가자마자 이 세계에 대한 다양한 기술적인 개입의 바람직함과 안전에 대해 묻기 시작한다. 뿐만 아니라 다양한 이익들이 다양한 개인, 집단, 계급과 연결되어 있다는 것을 깨닫는 것도 중요하다. 계획된 핵 발전소의 안전성도 역시 문제이다. 예를 들면 안전성은 평가하는 사람들의 관점에 따라 커다란 차이가 있다. 다시 말해 그들이 원자력 발전의 소유주인가, 원자력 발전소에서 일하는 근로자인가, 원자력 발전소 가까이 사는 주민인가, 원자력 발전의 결과로 값싼 전력을 공급받을 수 있는 산업가인가에 따라 커다란 차이가 난다. 발전소의 안전성을 객관적인 척도로 표현할 수 있도록 하기 위한 분석을 과학적으로 전환하려는 노력은 설계를 가능하게 하는 정확성에 대해 기만적인 인상을 줄 뿐 아니라 이와 관련한 정치적 갈등을 덮어 감추고 있다.

문답 하나

과학적 접근에서 객관적인 검토는 당연히 제기되는

바다. 사람들은 저마다의 처지에 따라 입장을 세우기 때문에 누구나 인정하는 객관적인 방법을 구축하기란 매우 어려운 것이 사실이다. 그렇다면 과학자들이 취해야 하는 타당한 방법은 무엇인가?

답변의 길잡이

과학자들이나 과학을 둘러싼 환경이 누구나 공감할 만한 객관적인 상황이 되지 못한다는 사실을 인정해야 한다. 다만 해당 문제에 접근함에 있어 가장 타당하고 설득력 있는 방법이 무엇인가를 검토해 보아야 한다. 다수의 진리가 아닌 과학적 방식으로 타당성이 모아져야 함은 물론이다. 전문가의 견해는 존중되어야 하지만 또 다른 비판의 대상이 될 수도 있다고 인정한다면, 좀 더 열린 의식으로 과학의 본질에 가까워지는 방법을 모색할 수 있다.

지은이

앨런 차머스 1939~

영국의 브리스톨에서 태어나 브리스톨 대학에서 물리학을 공부하고 맨체스터 대학에서 과학 석사 학위를 취득했다. 런던 대학에서 과학사와 과학철학을 공부하여 1971년 철학 박사 학위를 받았다. 경험에 기초한 귀납적 일반화가 과학적 지식이라는 견해를 소박한 귀납적 과학관이라고 비판하는 것이《현대의 과학철학》의 출발점이다. 순수한 사실에 대한 관찰은 없으며, 이론이나 가설에 대한 관찰이 행해진다는 것이다. 선배 학자들의 견해를 명쾌한 비판 이론으로 설명하는 그의 논의는 현대 과학철학의 지향을 보여 준다.

또 다른 인문 고전

《카오스》

제임스 글릭.《뉴욕타임스》의 기자였던 저자가 새로운 과학의 탄생 과정을 기록한 역사서이다. 소설처럼 흥미롭게 읽도록 구성되어 있다. 카오스 이론은 불규칙한 현상의 배후에 숨겨져 있는 규칙성의 이론을 찾는 과정을 말한다. 카오스 이론은 서구의 과학적 패러다임 자체를 변혁시켜 엄청난 영향력을 발휘하였다.

5부

환경

요즘 아동 용품 매장에 가보면 아토피 피부염을 앓는 아이들을 위한 곳이 쉽게 보인다. 아토피 환자가 얼마나 증가했는지, 예전에는 매장의 일부 코너에 불과했으나 요즘은 하나의 전문 매장으로 확대되었을 정도다. 통계에 의하면 신생아의 70% 이상이 아토피와 관련한 피부염에 직간접적으로 영향을 받고 있다고 한다. '일반적이지 않다.'는 뜻을 가진 이름 그대로 아토피는 아직 원인을 정확하게 모른다. 먹고 생활하는 환경 때문에 발생한다는 연구 보고가 거의 정설이 되고 있을 뿐이다.
원인 물질로 알려진 물건들이 일회용 컵, 컵라면, 캔 음료, 플라스틱 장난감 등 일상에서 쉽게 접하는 물건들이라는 것이 더욱 심각하다. 편리를 위해 만든 생활용품들이 이제는 삶을 위협하는 대상이 되어 가는 것이다. 새집증후군도 있다. 집이 인간을 공격한다는 환경 특집 프로그램은 삶에 유익을 주려고 활용하는 산업용품들도 환경을 고려하지 않으면 심각한 해악이 된다고 경고한다. 더욱 편리한 생활을 위해 사용된 각종 산업용 접착제들은 동시에 유독한 화학 물질을 내뿜어 질병에 내성이 약한 아이들을 공격한다. 자연의 집에서는 이런 질환이 발생하지 않는다. 인간의 무분별한 욕망 추구와 반환경적인 개발이 어떠한 결과를 가져다주는지를 알려 주는 아찔한 사례이다.

한편 유전자 조작 식품은 조금 다른 양상으로 인간과 환경, 기술의 문제를 생각하게 한다. 병충해에 강해지거나 기능성을 보완하기 위해 유전자를 조작한 식품들은 식량 부족을 명분으로 만들어져 전 세계에 공급되고 있다. 조작된 유전자로 만들어진 식품은 인체에 과연 안전한지 검증이 완료되지 않았다. 식품에서 가장 중요한 요소인 안전성이 의심받는다면 충분하게 검증해야 하지만, 제조 회사들은 만족스러운 설명을 하지 못하고 있다.

오히려 유전자 조작 식품을 먹은 동물들이 보이는 부정적인 연구 결과가 계속 소개된다. 초식 동물인 소에게 뼈와 각종 내장을 분쇄한 고기를 먹인 결과로 나타난다는 광우병의 사례와 매우 흡사하다. 인간이 자연의 질서에 개입한 것이다. 인간광우병의 존재는 위험한 결과를 이미 우리 눈앞에서 보여 준다.

이와 같은 현상들을 유심히 살펴보면 모두 산업 활동의 결과이거나 삶의 유익을 위하여 자연 질서에 개입하여 나타난 문제들이다. 피해의 정도는 상상을 초월할 정도로 심각한 문제이다. 인간은 자연의 지배자로서 만물을 이용하는 것에만 집중해서는 안 된다. 자연의 일부로서 유기적 관련을 맺고 더불어 살아가는 지혜가 필요하다. 자연은 이미 다양한 징후로 부정적 말로를 전해주고 있다.

22

중간기술의 지혜

에른스트 슈마허 《작은 것이 아름답다》

문제 제기

환경만을 생각한다면 환경 문제에 가장 많은 영향을 미치는 과학 기술과 산업의 발전을 억제하는 방법이 효과적이다. 지금 이 순간에도 신제품 개발을 멈추지 못하는 것은 새로운 개발을 조금이라도 멈추면 바로 도태되고 마는 경제 상황에 기인한다. 이미 만들어 놓은 자동차를 배기가스가 나온다고 집에 모셔 두겠는가. 쓰레기 배출을 줄이려면 쓰레기가 많이 나오는 환경 구조를 개선하는 편이 효과적이다. 쓰레기 줄이기만 고려한다면 대도시, 대규모 사업장, 대규모 시장 등은 축소해야 옳으나, 세계화의 물결이 치고 대량 생산, 대량 소비가 일반적으로 이루어지는 현대 사회의 환경은 시도 자체를 어렵게 한다.

에른스트 슈마허의《작은 것이 아름답다》는 위의 문제의식에 기초한 저작이다. 거대화와 대량화를 바탕으로 이윤과 성장을 추구하는 거대주의의 가속화는 도리어 비능률과 환경 오염, 노동 조건의 비인간화를 낳는다고 슈마허는 말한다. 그는 인도의 경제 발전에 대해 자문하면서 서구의 발전 모델인 성장 제일주의를 비판한다. 인간과 환경의 지속적인 공존을 가능하게 하는 소지역 단위의 노동과 소지역 중심의 '중간기술'을 주창한다. 단순한 절충주의를 넘어서 현대적 산업화와 정보화의 경제생활 토대에서 환경 문제를 어떻게 고려할 수 있는가 하는 매우 시사적이고 실천적인 지표를 제공한다.

내용 개괄

제목에서도 암시하듯《작은 것이 아름답다》는 거대주의에 대한 반론이다. 그가 강조하는 경제사상은 인간과 환경이 중심이 된다. 첨단 기술도 아니고 재래 기술도 아닌 중간기술을 사용하면 환경과 인간을 동시에 보호할 수 있다는 주장이다. 그는 인간의 본성이 비인간적인 기술과 조직 속에서 질식당하고 있으며, 생명을 지탱하는 생활 환경이 붕괴의 징후를 보이고 있다고 진단한다. 또한 경제에 없어서는 안 될 재생 불가능한 자원의 고갈이 눈앞에 보인다고 한다. 모든 현상의 근원은 탐욕으로 점철된 풍요의 추구이다. 성장 제일주의를 멈추게 하는 것이 바로 중간기술이다.

한 구절 경구

대안은 무엇인가. 화석 연료에 전혀 의존하지 않거나 의존도를 아주 낮게 하는 생산 방법을 갖추어야 한다. 자연 자원을 훼손하여 산업 발전을 이루는 것이 아니라 인간의 창조력과 손의 정교한 기술을 살릴 '중간기술'을 개발해야 한다. 이제 더 이상 기계에 의한 생산이 아니라 대중에 의한 생산이 이루어져야 한다. 그러기 위해서는 과학 기술의 방향을 수정하고 사회 제도적인 노력이 촉구된다.

문답 하나

환경 문제는 기술 발전의 불가피한 부산물이다. 동시에 고도로 발전된 과학 기술은 환경 문제의 개선에 활용될 수도 있다. 정화 시설이나 집진 시설이 좋은 예이다. 중간기술 이론은 궁극적으로 기술의 발전 속도를 저하시킬 가능성이 크다. 만일 그로 인한 이득과 가치가 있다면 무엇이겠는가?

답변의 길잡이

과학 기술로 환경 문제를 해결하려는 시각은 환경 개

발론을 주장하는 기술 옹호론자들의 생각이다. 그들은 '가난한 나라의 강물은 깨끗할 수 없다.'고 말하며 그로스만 · 크루거 가설에 기초한 환경 쿠즈네츠 곡선을 예로 든다. 1인당 국민소득이 5천 달러 이하인 단계에서는 경제 성장에 따라 환경 오염이 가속화되지만, 1인당 1만 달러 이상의 단계가 되면 환경 오염이 감소한다는 것이다. 이러한 견해는 1인당 국민소득이 5천 달러가 넘는 나라는 지구상 몇몇 나라에 불과하다는 문제점이 있다. 나머지 나라가 환경 오염이 감소하는 단계에 이르는 과정에서 지구를 파괴하고도 남을 정도로 환경이 파괴될 수도 있다. 중간기술 이론은 지금 단계에서 여러 나라들이 모두 실천 가능하다는 점에서 가치가 있다.

지은이

에른스트 슈마허 1911~1977

중간기술 이론을 제시해 세계적인 명성을 얻은 20세기의 대표적인 경제학자. 《작은 것이 아름답다》 외에도 《당혹한 이들을 위한 안내서》《굿 워크》 등을 남겼다. 동양 문화에 깊은 관심을 가진 그는 괴테, 쇼펜하우어, 니체는 물론 특히 간디에게서 깊은 영향을 받았다. 그의 사상이 '나눔과 섬김'을 중요시하는 '불교 경제학'과 밀접한 관련이 있는 이유이다.

또 다른 인문 고전

《청록집》

박목월, 박두진, 조지훈이 1946년에 공동으로 펴낸 시집이다. 제목에서부터 느껴지는 자연의 소리는 자연과 인간이 조화를 이루는 가능성을 보여 준다. 서정적인 시어를 통해 고향과 산천의 아름다움을 향토적인 정서로 노래하였다. 산업화의 여파로 맑은 시냇물과 푸른 언덕을 밀어 버리고 들어선 공장과 아파트는 《청록집》에서 노래하는 자연적 정서의 소중함을 되새기게 한다.

23

물리학의 사회학적 변용

제레미 리프킨 《엔트로피》

문제 제기

지구 환경이 언제까지 쾌적하고 청정한 상태를 유지할 수 있을까? 오존층에 난 구멍으로 자외선 피해 방지가 필요하다는 뉴스가 보도될 때면 지구 환경 오염의 심각성을 마냥 모른 체하기도 어렵다.

지구 환경을 유지하는 지구의 에너지는 무한할까? 적어도 인류가 지구상에 살아가는 동안 쓸 수 있는 에너지의 양은 충분할까? 에너지 관련 담론이 기술 발전에 따라 화두가 되면서 마찬가지로 궁금증을 자아내는 질문들이다.

제레미 리프킨의 《엔트로피》는 지구 환경과 문명에 대한 경고를 에너지의 변환 법칙인 엔트로피를 통해 증명하고 있다. 엔트로피는 항상 증가되는 방향으로만 진행하고, 에너지는 쓸 수 있는 쪽에서 쓸 수 없는 방향으로만 전환된다. 아울러 천연 자원을 쓰고 남은 에너지에는 항상 찌꺼기가 남는다. 남은 찌꺼기는 쓰레기가 되는데, 지구 환경을 위협하는 또 하나의 강력한 요소이다. 언젠가 지구는 쓰고 남은 에너지의 부산물로 온통 쓰레기장이 될 것이라는 이론이 성립한다.

내용 개괄

열역학 제1법칙은 에너지 보존의 법칙이다. 에너지는 형태가 달라질 뿐 총량은 언제나 보존된다는 내용이다. 제2법칙은 에너지 변환의 법칙으로, 사용 가능한 에너지가 사용 불가능한 에너지로 변경된다는 내용이다. 천연 자원인 석유는 열이라는 에너지를 내고 그을음을 낸다. 다시 말해 엔트로피의 증가는 환경 오염을 초래한다. 인간의 부절제한 욕망은 증가 속도를 높이고 있다. 그렇다면 대안은 무엇인가? 절제하거나 저엔트로피 시스템을 활용할 수밖에 없다. 물리학 법칙을 문명에 대한 경고로 활용하는 리프킨의 시각이 흥미롭다.

한 구절 경구

열역학 제2법칙, 다시 말해 엔트로피 법칙은 무엇인가? 엔트로피란 더 이상 '일'로 바꿀 수 없는 '사용 불가능한 에너지'에 대한 척도이다. 엔트로피 법칙으로 보면 전체 '사용 가능한 에너지'의 양은 항상 줄어들고 '사용 불가능한 에너지'의 양만이 더욱 증가된다.

문답 하나

계속 증가하는 엔트로피를 줄이고 환경을 보존하는 방법으로는 무엇이 있을까? 엔트로피의 증가를 막기 위해 공업화된 환경을 한순간 농경 사회로 전환시키지는 못하는 현실을 고려하여 자신의 생각을 말해 보라.

답변의 길잡이

엔트로피의 증가를 막고 환경을 보존하는 방법은 두 가지가 있다. 하나는 절제이고, 하나는 저엔트로피 산업의 확대이다. 끊임없이 신제품을 개발해야 살아남는 현실을 고려할 때, 엔트로피를 발생시키는 공업 성장을 절제의 방향에서 적극적으로 검토해 보아야 한다. 동시에 엔트로피 증가를 완화할 풍력, 수력, 조력 등과 같은 저엔트로피 산업을 확대하는 방법도 검토해야 한다.

지은이

제레미 리프킨 1945~

현대 미국의 대표적인 문명 비평가. 그는《엔트로피》에서 열역학의 엔트로피 법칙을 활용하여 현존의 기계적 패러다임이 붕괴될 수밖에 없는 이유를 설명한다. 그의 관심은 경제, 사회, 음식, 노동 분야까지 포괄적으로 펼쳐지고 있는데《노동의 종말》《육식의 종말》은 그 시각의 일면을 보인 저서다.

또 다른 인문 고전

《식물기》

《곤충기》의 저자로 알려진 파브르의 저술. 살아 있는 자연은 살아 있는 이야기로 써야 한다는 생각으로 어린이와 어른이 함께 즐겁게 읽을 수 있는 필치로 서술되었다. 식물들의 세계를 인간의 삶과 사회생활에 연결시켜 재미있게 설명하고 있다. 식물의 삶을 통해 우리의 삶을 바라보고 반성케 한다.

24

지구 자체가 하나의 거대한 생명체
제임스 러브록《가이아》

문제 제기

과학적 연구로 지구 나이가 거의 45억 년 이상이라는 사실이 밝혀졌다. 인류의 출현은 겨우 몇 만 년에 불과하다. 그 짧은 시간을 통해 인류라는 생물종은 지구 환경을 급속하게 변모시켰다. 물론 그 방향은 부정적이다. 지구 온난화로 인한 각종 환경 재앙이 우리 눈앞에 펼쳐지고 있다. 오존층의 파괴로 지구가 몸살을 앓고 있음에도 이산화탄소 배출을 자제하자는 국제 협약은 강제력을 행사하지 못하고 있는 현실이다. 분명 재앙으로 다가올 가능성이 높다.

제임스 러브록의《가이아》는 지구 환경에 관한 이야기이다. '가이아'는 대지의 여신을 뜻하는데, 지구라는 뜻으로도 사용된다.

지구는 거대한 하나의 생명체이고, 자체 정화 능력이 있다고 한다. 개발론자들은 정화 가능한 범위까지는 개발해도 된다는 논리로 전개한다. 지구는 이미 자정 작용의 한계를 넘어섰으며, 자정 작용을 회복할 때까지는 휴식이 필요하다는 것이 러브록의 견해이다. 지구 환경을 형성하는 모든 생물체, 다시 말해 인간을 포함한 생명체들은 삶의 기반인 지구 환경을 조절해야 한다는 강력한 메시지다.

내용 개괄

가이아 이론은 세 가지의 핵심 내용을 담고 있다. 첫째는 자기 조절 능력이다. 지구상의 모든 생명체는 외부 환경에서 자유 에너지를 섭취하여 생존에 맞게 조절하는 능력을 지녔다. 바로 자기 조절 능력이다. 둘째는 살아 있는 지구를 강조한다. 지구의 생물권, 대기권, 대양과 토양까지 포함하는 하나의 복합적인 실체를 은유적으로 가이아라고 표현했다. 셋째는 항상성이다. 가이아는 지구상의 모든 생물들을 위하여 스스로 적당한 물리적·화학적 환경을 조성하도록 피드백 장치나 사이버네틱 시스템을 구성한 총합체이다. 이때 능동적 조절에 의한 비교적 균일한 상태의 유지를 항상성이라고 한다. 환경과 연관 지어 가이아 이론의 핵심적인 내용은 생명체의 자기 조절 능력 강조이다. 이 점에서 환경 오염 문제를 보는 새로운 시각을 제공한다고 하겠다.
그렇다면 왜 지구 환경이 지금처럼 오염되었을까? 인구 증가, 산업 발달과 생태계 파괴, 살충제와 제초제 사용 등이 균형 있는 지구의 생존 환경에 중대한 위협이 되고 있다.

한 구절 경구

인간의 운명은 가이아에 길들여지도록 되어 있으며, 그렇게 됨으로써 인류가 갖는 종족주의와 국가주의의 공격적 · 파괴적 · 탐욕적 욕망은 가이아를 구성하는 모든 생물들의 복지에 부속하는 의무적 충동에 융합될 수 있을 것이다. 이것은 어쩌면 인간의 자연에 대한 항복으로 여겨질 수도 있으리라.

문답 하나

'인간도 지구를 형성하는 하나의 생명체일 뿐이고 지구 환경에 책임이 있다.'는 생각은 인간 중심적인 사고라기보다 생태의 관점에서 인간과 지구 환경을 바라보는 관점이다. 이러한 생각이 가지는 의미는 무엇인가?

답변의 길잡이

인간을 중심에 놓고 환경 문제를 검토하는 것과 인간과

자연이 하나의 생명체라는 생태의 관점으로 환경 문제를 바라보는 것은 근본적으로 다르다. 인간 중심의 관점은 인간의 필요에 의해 충분히 활용하다가 문제가 발생하면 보완하면 된다는 논리로 연결된다. 생태의 관점에서는 이미 인간과 자연이 하나의 몸으로 연결되어 있어서 보완이 아니라 사전에 오염시키지 않으려는 시도가 필요할 것이다. 이것은 매우 중요한 차이이다. 인간도 지구에서 살다 가는 하나의 생물 종이라는 생각을 염두에 둔다면, 지금처럼 지구의 주인이라는 생각으로 마음대로 황폐화시키지 못할 것이다.

지은이

제임스 러브록 1919~2022

영국에서 태어나 맨체스터 대학과 런던 대학에서 화학과 생물물리학을 배웠고, 의학 박사 학위를 소지하고 있기도 하다. 영국의 리딩 대학과 미국의 하버드, 예일 대학을 비롯한 저명한 대학에서 강의하였다. 영국 해양생물학회의 회장이자 런던왕립학회의 회원이기도 하다. 《가이아》가 출판된 지 10년째가 되던 1988년에 《가이아 시대》를 펴냈다. 그는 미국 항공우주국이 바이킹

위성을 발사하여 화성의 생물체 존재 유무를 탐구하려는 계획에 참여하였다. 이때부터 천체에 생명체가 존재할 수 있는 조건들을 본격적으로 연구한 결과《가이아》가 구상되었고 한다.

또 다른 인문 고전

《가이아의 경고》

가이아 이론의 창시자인 제임스 러브록의 환경 예언서. 이미 자정 작용을 넘어선 지구인데도 환경 파괴를 서슴지 않는 인간에게 맞서는 지구의 대응, 다시 말해 환경 재앙에 대해 말해 주는 책이다. 거대한 생명체 가이아는 자신의 생명에 위협을 가하는 세력을 그냥 두지 않을 것이라는 경고는 명백하다.

25

자연은 침묵으로 경고한다

레이첼 카슨 《침묵의 봄》

문제 제기

환경 문제에 관한 가장 강력한 경고는 무엇일까? 인간을 둘러싼 환경이 자신의 모습을 변모시켜 당연히 있어야 할 모습이 아닌 전혀 생소한 모습으로 다가오는 것이다. 새집증후군이나 환경호르몬 같은 환경 재앙은 차라리 뚜렷한 징후가 있다. 문제점을 알아 보완하면 그만이다. 문제는 침묵으로 응답하는 환경의 경고이다. 더욱 위험하다. 농촌에서 토종 개구리를 구경하기 어렵고, 논두렁 사이에 흔히 보이던 메기와 붕어는 모두 사라진 지 오래다. 먹이가 사라졌으니 각종 뱀이나 생태계의 상위 포식자들도 함께 자취를 감추었다.

《침묵의 봄》은 무분별한 살충제 사용으로 파괴되는 야생 생태계의 모습을 그대로 보여 주면서 DDT가 함유된 농약 등 화학 물질의 유해성을 고발한다. 조화롭고 아름다운 한 마을에 원인 모를 질병이 발생하여 점점 죽음의 공간으로 변해 버린다는 우화는 단지 작은 마을에서 벌어진 특수한 사례가 아니다. 인류 모두의 재앙을 암시한다. 농약, 살충제, 제초제의 남용 행위에 자연은 더 이상 산새 소리와 개구리 소리를 듣지 못하는 침묵으로 대응한다. 자연의 침묵은 생명의 죽음을 알리는 전주곡이요, 인간에게 닥칠 재앙을 예언한다.

내용 개괄

환경 분야의 고전으로 자리 잡은《침묵의 봄》은 살충제나 제초제가 어떻게 자연 환경을 파괴하는가를 우화와 실제 사례를 통해 가르쳐 준다. 소박하고 아름답던 농촌에서 원인 모르게 생물들이 죽어 간다. 결국 봄이 되어도 봄이 온 것 같은 소리를 전혀 들을 수 없다는《침묵의 봄》은 농약에 첨가되어 살포되는 화학 물질의 문제점을 속속들이 밝히고 있다. 살충제에 대한 인식을 바꾸거나, 환경 문제를 두고 시민운동이 일어나게 된 배경에 책의 내용이 기여한 바가 크다.

한 구절 경구

그런데 어느 날 낯선 병이 이 지역을 뒤덮어 버리더니 모든 것이 변하기 시작했다. 어떤 사악한 마술의 주문이 마을을 덮친 듯했다. 예전에는 그렇게도 멋진 풍경을 자랑하던 길가는 마치 불길이 휩쓸고 지나간 듯, 시들어 가는 갈색 이파리만 나무에 매달려 있었다. 생물이란 생물은 모두 떠나 버린 듯 너무나도 고요했다. 시냇물마저 생명력을 잃어버린 지 오래였다. 물고기들이 다 사라져 버렸기에 찾아오는 낚시꾼들도 없었다.

문답 하나

환경 재앙은 지구 오존층의 파괴, 지구 온난화 등 이미 여러 곳에서 감지되며, 극복하려는 노력도 계속되고 있다. 세계 여러 나라들이 모여 이산화탄소 배출을 줄이기 위해 노력하자고 한 '도쿄협약'이 극복 노력의 좋은 예이다. 하지만 이산화탄소 최대 배출국인 미국이 협약에 서명하지 않는 등 모든 나라에서 적극적인 지지를 받지는 않았다. 이러한 현실이 발생하는 원인을 검토해 보고 자신의 견해를 밝히라.

답변의 길잡이

미국을 포함하여 일부 나라들이 환경 문제의 중요성을

충분히 인식하고도 도쿄협약에 서명하지 않은 이유는 자국 기업들의 권익을 지키기 위해서이다. 환경 기준을 충족하려면 많은 추가 비용을 부담해야 한다. 제품 가격에 반영되어 궁극적으로 기업의 경쟁력을 떨어뜨리기 마련이다. 환경 문제는 경제적인 문제와 밀접하게 관련되어 있다. 현실적인 여건상 환경만을 위한 정책 수립이 어려운 것이 사실이다.

환경 문제는 이제 더 이상 유보하기 힘들다. 미국의 환경 다큐멘터리 〈불편한 진실〉은 이미 눈앞의 경고로 나타난 환경 문제를 잘 표현하고 있다. 환경 문제는 산업 개발의 현장에서도 가장 먼저 고려해야 할 최소한의 기준임을 깨달아야 한다. '침묵의 봄'은 단순한 우화가 아니라 우리의 현실이다.

지은이

레이첼 카슨 1907~1964

미국의 해양 생물학자. 환경의 중요성을 일깨우기 위해 많은 노력을 기울였다. 1936년부터 1952년까지 어류및야생생물청에 근무하면서 내놓은 《해풍 아래서》《우리를 둘러싼 바다》《바다의 가장자리》는 '해양 3부작'으로 불리며 그녀에게 국제적인 명성을 가져다주었다.

매미나방과 불개미를 박멸하기 위해 DDT를 살포하려는 계획에 주민들이 항의하는 사태가 발생하자, 그녀는 합성 살충제의 문제점을 과학적으로 규명하려고 책을 저술하였다. 그것이 바로 《침묵의 봄》이다. 《침묵의 봄》은 많은 관심을 불러일으켰고, 케네디 대통령이 환경 문제를 다룰 자문위원을 구성하는 데 기여했다. 그녀가 붐을 조성한 환경 오염 논쟁은 전 세계적으로 확산되는 환경 운동에 결정적 영향을 미쳤다.

또 다른 인문 고전

《민물고기를 찾아서》

서울대 생물학과 교수를 역임한 한국 동물학의 태두 최기철의 저작. 우리 주변의 물고기 이름을 아는 대로 꼽아 보면 민물고기의 종류가 얼마나 한정되어 있는지 금방 깨닫게 된다. 한국에는 무려 145종에 이르는 민물고기들이 있다고 한다. 설명과 그림 곳곳에 민물고기 연구에 평생을 바친 노학자의 열정이 깃들어 있다. 이제껏 몰랐던 민물고기에 대한 흥미로운 이야기들을 접할 수 있다.

26

생태론적 삶을 위한 단상
김종철 《간디의 물레》

문제 제기

과학 기술과 환경이라는 문제에서 환경의 우위를 강하게 주장하는 사람들이 있다. 환경에 대한 인식과 삶의 자세를 전환하기를 원하는 그들은 인간과 자연의 관계를 '환경 문제'로 부르기를 거부한다. '환경'이라는 말 자체가 지극히 인간적인 뉘앙스를 풍기기 때문이다. 인간이 중심에 있는 '환경'이 아니라, 인간이 자연의 일부로 인식되는 '생태'라는 용어가 더욱 적절한 용어라는 주장이다. 인식의 전환을 요청하는 말이기도 한데, 그들을 보통 생태론자라고 부른다.

인간 중심적 인식의 시작은 서구의 기독교 정신, 다시 말해 《성경》에 기초한다고 말한다. 《성경》 〈창세기〉 1장 28절에는 실제로

'하나님이 그들에게 복을 주시며 하나님이 그들에게 이르시되 생육하고 번성하여 땅에 충만하라, 땅을 정복하라, 바다의 물고기와 하늘의 새와 땅에 움직이는 모든 생물을 다스리라 하시니라.'라는 언급이 있다. 그 구절이 자연 정복적인 인식의 표출이라는 것이다. 여기에서 자연은 인간에 있어 부수적이게 된다. 인간과 자연을 분리한 인식이야말로 환경 문제의 가장 근본적인 원인이다. 인간이 자연의 일부로 인식되는 생태론적 사고를 회복해야 한다. 이른바 자연 친화적 사고이다. 그래야 자연은 정복 대상이 아닌 공존 대상이 된다.

김종철의《간디의 물레》는 생태론적 시각을 반영한 책이다. 자신을 위해 스스로 자급하는 형태의 노동과 삶의 형식은 생태론적 삶에 실천적인 힘을 보태고 있다.

내용 개괄

책의 부제는 '에콜로지와 문화에 관한 에세이'이다. 녹색평론 출판사를 열어 생태주의 사상을 전파하고 실천한 김종철 선생의 저작이다. 그는 자신의 생태주의적 생각을 격 월간지인《녹색평론》에 발표했는데, 8년 동안의 원고를 모아 한 권의 책으로 출간했다. 그가《녹색평론》창간사에 쓴 다음의 내용은《간디의 물레》의 성격을 잘 말해 준다.

"우리와 우리들의 자식들이 살아남고, 살아남을 뿐 아니라 진실로 사람다운 삶을 누릴 수 있기 위해서 우리가 할 수 있는 것은 협동적인 공동체를 만들고, 상부상조의 사회관계를 회복하고, 하늘과 땅의 이치에 따르는 농업 중심의 경제생활을 창조적으로 복구하는 것과 같은 생태학적으로 건강한 생활을 조직하는 일밖에 다른 선택이 없다. 그러나 그러한 사회생활의 창조적 재조직이 가능하려면, 자기 자신을 내세우지 않는 겸손을 실천할 수 있어야 하고, 그러한 겸손에서 기쁨을 느낄 수 있는 정신적 자질을 갖추지 않으면 안 될 것으로 보인다."

한 구절 경구

간디에게 있어서 물레는 공동체의 건설에 필요한 인간 심성의 교육에 알맞은 수단이기도 했다. 물레질과 같은 단순하지만 생산적인 작업의 경험은 정신노동과 육체노동의 분리 위에 기초하는 모든 불평등 사상의 문화적·심리적 토대의 소멸에 기여할 것이다. 뿐만 아니라 '자기 먹을 빵을 손수 마련해 먹는 창조적 노동'에의 참여와 거기에서 얻는 기쁨은 소박한 삶의 가치를 진정으로 긍정할 수 있게 하는 토대를 제공해 줄 것이라고 간디는 생각하였다. 결국 간디의 사상은 욕망을 억지로 참아야 하는 금욕주의를 말하는 것이 아니라, 우리가 진정한 행복에 이르기 위해서 지금까지와는 근본적으로 다른 것을 욕망할 줄 알아야 된다는 것이었다.

문답 하나

간디가 구상했던 이상 사회는 자치 충족적인 소농촌 공동체를 기본 단위로 하면서, 궁극적으로는 중앙 집권적인 국가 기구의 소멸과 더불어 마을 민주주의에 의한 자치가 실현되는 공간이다. 간디의 생각이 현대 사회의 정치 체제에 비추어 어떠한 의미를 가지는지 자신의 견해를 말해 보라.

답변의 길잡이

소규모 공동체에는 인간을 도외시하는 '이윤을 위한 이윤 추구'도, 물건과 권력을 향한 맹목적인 탐욕도 없다는 것이 간디의 생각이다. 물론 간디가 생각한 이상적인 사회일 뿐, 현대 사회에서 전체적으로 그러한 삶의 형태를 이루기는 어렵다. 오히려 더욱 대규모화되고 집단화되는 것이 일반적인 추세이다.

환경 문제나 경쟁의 문제는 도시화, 대규모 집단화와 밀접한 관계를 맺고 있다. 소규모 공동체를 이루는 것이 환경과 삶의 인간화에 기여할 가능성은 매우 크다. 서로의 이름을 알며 사랑과 유대감으로 공동체를 이루기 위해서는 마을 단위의 소규모 촌락이 분명 적합하기 때문이다.

지은이

김종철 1947~2020

경남에서 출생하여 서울대학교 영문과를 졸업하고 영남대학교 영문과 교수로 재직했다. 격 월간지 《녹색평론》 발행인이자 편집인이다. 생태 사상에 기초한 다양한 평론을 선보였다. 《시와 역사적 상상력》《시적 인간과 생태적 인간》은 모두 문학과 관련한 깊이 있는 성찰이다. 헬레나 노르베리 호지의 《오래된 미래》를 번역해 황량한 자연 조건에서도 평화롭고 건강한 삶을 누려 온 토착 공동체의 지혜를 감동적으로 들려 주었다.

또 다른 인문 고전

《녹색평론선집 1》

초기 1년 동안《녹색평론》에 실렸던 주목할 만한 글을 따로 묶어서 낸 책. 우리가 왜 고르게 가난한 삶을 살아야 하는가 하는《녹색평론》의 근본적인 메시지가 응축되어 있다. 문학과 사회와 환경에 대한 혜안을 엿볼 수 있는 명작이다.

6부

생명 윤리

생명 윤리는 인간의 생명과 관련된 매우 심도 깊은 주제이다. 인간이 살아가며 신념을 지키는 윤리의 문제는 삶의 근본이고 인간의 가치와 의미를 확인시켜 주는 것이어서 항상 중요하게 논의되어 온 사항이다.

생명의 문제를 다루는 대표적인 직업 단체인 대한의사협회는 2001년에 '의사윤리지침'을 만들었다. 의사윤리지침에는 '회복이 불가능한 환자 또는 가족 등 환자 대리인의 자율적 결정에 따라 문서로 치료 중지를 요청할 경우 의사는 받아들일 수 있다.'는 내용이 있다. 히포크라테스의 〈선서〉 중 '환자에게 도움이 된다고 생각하는 처방을 할 뿐 환자에게 해를 끼칠 처방은 절대로 하지 않는다.'와는 다소 차이가 있다.

생명을 다루는 의료인들의 윤리 지침이 명시된 것은 1998년에 사회적 이슈를 몰고 왔던 보라매병원 사태와 무관하지 않다. 치료를 중단하면 곧바로 숨질 가능성이 높은 중환자를 '가족의 요구'가 있다고 '의학적 충고에 반하는 퇴원'을 시켜 숨지게 했다는 이유로 의료진에게 유죄 판결을 내린 사건이다. 치료비 등의 이유로 소극적 안락사가 광범위하게 이루어지고 있는 우리 현실에서 의사들에게 매우 충격적인 사건으로 다가왔다.

보라매병원 사건 이후로 의사 결정 능력이 부족한 환자에게서 충분한 동의를 얻었는지, 생명 유지 장치의 중단 및 보류에서 보호자의 권한이 남용되지는 않았는지 등 많은 문제가 제기되었다. 치료 결정에 있어 가족의 역할도 중요한 쟁점이다. 미국은 안락사에 대한 환자의 자기 결정권을 인정하고, 프랑스는 원칙적으로 범법 행위지만 특별한 경우에는 안락사를 인정한다. 이처럼 일률적인 규정을 적용하기는 매우 어려워 보인다. 프랑스는 '말기 암 치료나 고통을 덜어 주려는 노력이 수포로 돌아갔을 때, 의료진과 환자 가족이 만장일치로 결론을 내렸을 때에만 허용해야 한다.'고 강력한 유보 조항을 달아 놓았다. 조항의 시행에 신중에 신중을 다하고 있는 것이다.

한국에서는 '실정법과 현실적 괴리에 따른 논쟁으로 사회적 손실이 크다. 생명의 존엄성과 관련된 사안은 생명윤리위원회 등을 통해 엄격한 절차를 거쳐 법적, 제도적 보완을 서둘러야 한다.'는 생각과 '관행적으로 이루어지고 있는 소극적 안락사를 이제 사회가 일부 인정해야 할 때가 되었으며, 생명윤리위원회 등을 만들어 뇌사 판정을 거친 후 합법적 행위로 승인해야 한다.'는 의견에 대해 정부와 종교계에서 거센 반발을 보였다.

생명 윤리는 안락사 문제뿐만 아니라 복제 배아줄기세포, 사형, 낙태 등의 쟁점에서도 팽팽하게 의견 대립이 있다. 동물들의 생명에 대한 논의도 쟁점으로 인식되고 있다. 자살도 사회적 원인을 따져 생명 윤리의 사회적 문제로 포괄할 수 있다. 생명을 인식하는 기초는 무엇인지, 어떠한 면을 왜 주목하여 논리를 주장하는지를 명확하게 밝힌 다음에야 생명 윤리에 대한 자신의 입장이 확고해질 것이다.

27

의사는 죽음의 약을 주지 않는다

히로크라테스《의학 이야기》

문제 제기

의사의 임무는 환자를 치료하는 것이다. 좀 더 포괄적으로 말하면 생명을 되살리는 것이다. 되살린다는 말에는 위독한 생명을 유지한다는 의미도 포함되어 있다. 적어도 의사는 어떠한 이유에서도 환자의 생명을 의도적으로 멈추게 해서는 안 된다. 그럼 항암 치료의 고통에 신음하는 환자가 그만 죽게 해 달라고 간곡하게 요청한다면 어떻게 대처해야 할까? 더 이상의 치료를 거부하고 존엄하게 죽을 권리를 주장하는 환자에게는 어떻게 해야 할까?

의사는 환자의 처지와 의료인으로서의 윤리적인 문제 사이에서 상당히 고민할 것이다. 안락사 문제는 의사들의 이러한 고민이 담겨 있는 쟁점이다. 자기 힘으로는 죽을 수도 없는 환자의 요청을 받아들여 실제 백 명이 넘는 환자에게 죽음의 주사를 시술한 미국 의사가 있었다. 그 의사에게 전 세계인의 비난과 격려가 교차하는 현상은 안락사에 대한 상반된 관점을 잘 반영하는 것이다.

고대 그리스의 전설적인 의사인 히포크라테스가 남긴 의학 관련 저술은 오늘의 의사들에게도 여전히 의미 있게 읽힌다. 특히 그가 의료인의 윤리 의식을 고양하고자 만든 〈선서〉는 지금도 의사와 간호사들이 처음 임무를 시작할 때 선언하는 중요한 지침이 되고 있다. 적어도 의사는 환자의 죽음을 재촉하는 어떠한 행위도 하지 말라고 그는 가르쳤다.

내용 개괄

히포크라테스의 《의학 이야기》는 그의 다양한 논문 가운데 의학 관련 논문 10여 편을 발췌하여 편집한 책이다. 그 유명한 〈선서〉부터 기후와 질병에 관한 기록까지 모두 의학과 관련이 있지만, 〈인간의 자연적 본성에 대하여〉 등은 철학적 관점에서도 읽힌다. 히포크라테스는 만연하던 유행성 질병과 급성 전염병, 두부 외상, 골절은 물론 심장, 간장, 방광, 위 등 각종 복부 장기의 질병에 이르기까지 실로 상상할 수 없을 만큼 광범위한 치료법과 임상 기록을 남겼다. 또한 당시 지배적이던 신전 의술과 미신에서 의학을 해방시키고자 노력하는 한편, 의사가 환자를 진찰하고 질병을 치료할 때에 반드시 지켜야 할 마음가짐을 남겨 두기도 했다.

한 구절 경구

나의 자식들과 내 스승의 자녀들, 의사의 법도에 따라 서약을 한 학생들에게 나는 의사의 마음가짐과 강의, 그리고 그 외의 모든 것을 가르치리라. 누구의 부탁을 받더라도 죽음에 이르는 약을 주지 않을 것이며, 그와 같은 조언을 하지 않으리라. 부인에게 낙태용 기구를 제공하지 않고 내 생애를 순결하고 경건하게 보내면서 나의 기술을 실시하리라.

마지막으로 신들께 바라나니, 만일 내가 이 선서를 지키고 파괴하는 일이 없다면 영원히 모든 사람들에게 좋은 평판을 얻고 생애와 기술을 즐길 수 있도록 허락해 주십시오. 또한 만일 이 선서를 파괴하고 지키지 않는 일이 있다면 그 반대의 보답이 있도록 하십시오.

문답 하나

〈히포크라테스 선서〉는 의료인이라면 제복을 입을 때 한 번은 선서하는 내용이다. 2천 년 전의 가르침이지만 생명을 존중하고 환자의 권익을 최대한 보장하려는 정신은 여전히 의미가 깊다. 〈선서〉에 비추어 현대의 의료윤리는 어떤 측면이 보다 강화되어야 하는지 생각을 말해 보라.

답변의 길잡이

분명 지금 시대의 의료인들도 환자의 생명을 지키고, 환자의 사생활을 보장해 주려 애쓰고 있다. 반면에 '생명을 존중하여 죽음에 이르는 약을 주거나 돕지 않을 것이며 낙태를 하게 하는 일도 없을 것'이라는 〈선서〉가 상당 부분 훼손되고 있는 상황도 사실이다. 의료인들에게는 직업인으로서 요구되는 직업윤리 외에도 인간의 생명을 다루는 의사로서 보다 높은 윤리 의식과 사명감이 요구된다. 의약 분업이나 의료 수가 조정에서 권익을 추구하던 모습만큼이나 환자의 행복에 무엇보다도 우선순위를 두었던 히포크라테스의 정신을 실현하려는 노력도 기울일 필요가 있다.

지은이

히포크라테스 B.C.460~375

그리스의 의학자. 소아시아 연안 부근 코스 섬에서 출생하여 아버지에게 의학을 배웠고, 크안도사 의학교에서 의학을 수업하였다. 각지의 철학자, 의학자와 교제하며 지식과 견문을 넓히고 경험을 쌓아 의학의 각 분야에 걸쳐 탁월한 견해를 가졌다. 스스로 의학자로서 숭고한 인격을 쌓아 많은 사람들의 존경을 받았다. 그는 많은 저서를 남겼는데, 뒤에 알렉산드리아의 의사들이 저서를 수집하여 《히포크라테스 전집》87권 을 펴냈다. 책을 통해 질병의 증세에 의한 계통적 분류, 치료 방법, 의사의 사명 등 의학의 기초를 세웠다. 특히 〈히포크라테스 선서〉는 현대에도 변함없는 의료인의 도리로 자리 잡고 있다.

또 다른 인문 고전

《생명이 있는 것은 아름답다》

과학 대중화에 앞장서는 학자 최재천의 저작. 동물들이 살아가는 모습에 빗대어 인간의 삶에 대한 저자의 견해를 피력하고 있다. 동물들의 생활을 관찰하며 얻은 통찰은 어느새 인간의 생활에 반성의 기틀을 제공한다.

28

동물들의 생명윤리

피터 싱어《동물해방》

문제 제기

현대 사회는 과학적 발전과 소비 문화의 극대화를 목격하고 있다. 이러한 진보는 인간의 삶을 풍요롭고 편리하게 만들었지만, 동시에 동물 실험과 공장식 축산과 같은 생명 윤리에 관한 문제를 야기하였다. 동물 실험을 통해 많은 의학적 치료법과 약물이 개발되었으며, 이는 인류의 건강과 수명 연장에 기여했다.

그러나 이 과정에서 수많은 동물이 고통을 겪고 있다. 공장식 축산의 경우 높은 효율성과 경제성을 자랑하지만, 동물들이 비좁고 비위생적인 환경에서 길러지며, 자연스러운 행동을 할 수 없는 상태로 살아가야 하는 등…. 동물 복지에 대한 심각한 우려를 낳고 있다.

'과학적 진보와 동물의 고통', '효율성 대 동물 복지'와 같은 생명 윤리적 딜레마는 단순히 동물의 고통을 줄이는 방안을 넘어서, 우리가 동물을 어떻게 대해야 하는지에 대한 근본적인 질문을 던진다.

내용 개괄

《동물 해방》은 피터 싱어Peter Singer가 1975년에 출간한 책으로, 현대 동물권 운동의 성경으로 여겨지며, 동물을 대하는 인간의 태도와 관행에 대해 근본적인 도전을 제기한다. 싱어는 이 책에서 '종차별speciesism'이라는 개념을 도입하고 비판한다. 종차별은 인간이 다른 종보다 우월하다는 가정에 기반한 차별적 태도로, 싱어는 이것이 인종차별이나 성차별과 마찬가지로 부당하다고 주장한다. 싱어는 동물들도 고통을 느낄 수 있는 존재로서, 그들의 고통이 인간의 이익을 위해 단순히 무시되어서는 안 된다고 강조한다.

그는 동물 실험, 공장식 축산, 그리고 다른 형태의 동물 착취가 동물들에게 불필요한 고통을 야기한다고 비판하며, 이러한 관행들을 종료하고 동물에 대한 더 공정하고 윤리적인 대우를 촉구한다. 싱어는 유틸리테리언 철학최대 다수의 최대 행복을 기반으로, 모든 존재의 이익을 고려해야 한다고 주장한다. 이는 동물의 권리와 복지를 인간의 이익과 동등하게 고려하는 윤리적 접근을 포함한다. 그의 저작은 동물 권리에 대한 국제적인 관심을 촉발시켰고, 여러 동물 복지 법안의 제정에 영향을 미쳤으며, 동물 해방 운동을 강화시키는 데 크게 기여했다.

한 구절 경구

한 연구는 닭 무리가 90마리에 이르러도 안정된 순위를 유지할 수 있으며, 개별적인 닭들이 자신의 지위를 안다는 사실을 보여주었다. 하지만 한 닭장에 8만 마리가 함께 북적대면 문제가 달라진다. 그들은 사회 서열을 확립하지 못하며, 결과적으로 싸움이 벌어지기 일쑤다. 닭들이 다른 수 많은 닭을 알아볼 능력이 없다는 것과는 별도로, 극도로 과밀하다는 단순한 사실이 닭을 성나게 하고 흥분하게 할 것이다.

문답 하나

피터 싱어의 《동물 해방》에서 제시된 종차별speciesism 개념을 바탕으로, 현대 사회에서 실시되고 있는 동물 실험의 윤리성에 대해 논해 보자.

답변의 길잡이

싱어의 유틸리티리안 접근 방식에 따르면, 행위의 도덕

성은 그 결과로 인해 발생하는 행복의 총량을 최대화하는 데에 있다. 따라서 동물 실험의 윤리성을 평가하기 위해서는 실험으로 인한 동물의 고통과 인간에게 가져오는 이익을 균형 있게 고려해야 한다. 생명을 구할 수 있는 새로운 치료법이나 약물을 개발하는 과정에서는 동물 실험이 중요한 역할을 할 수 있으나, 이러한 필수성이 모든 동물 실험을 정당화하는 것은 아니기 때문이다. 최근 과학 기술의 발전으로 In vitro 시험관 내 실험, 컴퓨터 모델링, 인공 장기 등 다양한 대안적 방법들이 개발되고 있으며, 이러한 방법들은 동물 실험을 대체할 수 있는 가능성을 제시한다.

지은이

피터 싱어 1946~

호주 철학자로, 주로 유틸리테리안 윤리학과 동물권에 대한 연구로 유명하다. 그의 대표작 《동물 해방》에서는 '종차별'을 비판하며 동물 실험과 공장식 축산이 동물에게 가하는 고통을 지적했다. 이 책은 동물 권리 운동에 큰 영향을 미쳤으며, 싱어는 또한 글로벌 이슈 해결을 위한 효과적인 이타주의 운동을 지지한다. 현재는 프린스턴 대학교에서 생명윤리학 교수로 재직 중이며, 그의 작업은 윤리학, 동물 복지, 환경 보호 등 다양한 분야에서 중요한 논의를 계속하고 있다. 그의 다른 저서로는 《실천 윤리》《삶을 바꾸는 생각》《해방된 동물들》 등이 있다.

또 다른 인문 고전

《하라하라의 과학 블로그》

이은희. 1995년 연세대에서 생물학을, 같은 학교 대학원에서 신경생물학을 전공했다. 고려대 과학기술학협동과정 박사 과정을 수료했다. 2003년 한국과학기술도서상을 수상하였다. '하리하라'라는 이름으로 다양한 매체에서 과학 칼럼니스트로 활동 중이다. '하리하라'는 인도 신화에서 따왔다. 창조의 신 비슈누와 파괴의 신 시바가 결합한 상태라고 한다. 전편의 《하리하라의 생물학 카페》에 이은 또 하나의 과학 에세이. 현대 과학이 당면한 열 가지 이슈를 다루고 있다. 항생제와 유전자 조작 식품, 시험관 아기와 장기 이식, 비만과 환경 호르몬 등의 흥미로운 주제를 담고 있다. 부제가 '현대 과학의 양면성'이다. 현대 과학의 발전과 그 이면을 의미 있고 읽기 쉽게 다루고 있다.

29

자살은 개인의 문제인가?

에밀 뒤르켐 《자살론》

문제 제기

자살은 스스로를 죽이는 행위여서 근본적으로 개인의 문제이다. 그런데 고3 수험생들이나 IMF 당시에 실직한 가장, 경제적 어려움을 비관하여 자살하는 사람 등의 예에서 알 수 있듯, 자살을 결심하거나 실행한 사람은 온전히 개인적인 동기만으로 죽는 것이 아니다. 성적을 비관한 자살에는 성적 제일주의, 학벌주의를 부추기는 사회문화적 원인이 있고, IMF라는 실패한 경제 정책이 자살 원인이 되기도 한다. 자살에 이르는 동기가 사회적 배경이나 환경에 연관되어 있다면 사회적 문제로 충분히 검토할 만하다. 자살률이 증가할 때마다 여러 매체에서 원인을 규명하고 대책을 마련하라고 주문하는 이유이기도 하다.

에밀 뒤르켐은 '아노미 현상'이라는 말을 처음으로 사회학에 도입한 사회학자이다. 그는 자살 원인을 규명하고 그 양상을 검토한 책을 저술했다. 자살에 관한 학술적인 연구로는 여전히 고전적인 위치를 차지하고 있는《자살론》이다. 자살의 유형과 원인을 섬세하게 다룬 책으로 유명하다. 자살은 분명 사회와 깊은 연관이 있으며, 자살을 권하는 사회는 결코 건강하거나 바람직한 사회라고 보기 어렵다.

내용 개괄

1897년에 발간된《자살론》은 자살을 사회학적 방법으로 해명한 획기적인 저작이라 평가받았다. 자살이라는 사회 현상을 경험적 방법으로 자세하게 해명한 책으로도 정평이 나 있다.
저자는 서문에서 '개인이 개인을 초월하는 도덕적 실체, 즉 집합적 실체에 의해서 지배되고 있다는 표현을 하지 않으려야 안 할 수가 없다. 자살률의 상승은 각 사회의 자살촉진계수에 따라 일어나고 있다.'고 밝히고 있다. 자살의 원인에 사회가 연관되어 있음을 알려 주는 말이다.

한 구절 경구

자살자의 격노는 그것이 말로써가 아니라 행동으로 표현될 때 가장 명백하다. 이기적 자살자는 삶이 그에게 흥미로운 것은 아니지만 그렇다고 그에게 정신적인 고통을 주는 것도 아니다. 이타적 자살은 자신의 동료들이 아니라 자신을 희생시킨다. 세 번째의 형태는 아노미성 자살의 특성을 갖는 것들이다. 규제되지 않는 감정들이 서로 조정되지 못하거나 그러한 감정들이 충족되어야 할 조건들과 적응되지 못한다. 따라서 이들은 가장 고통스러운 갈등을 경험하지 않으면 안 된다. 아노미는 점차 증대하는 것이든 감소하는 것이든 간에 적절한 한계를 초과하게 함으로써 환멸과 실의에의 길을 열어 준다.

문답 하나

자살의 유형 가운데 아노미적 자살은 개인의 가치와 사회의 가치가 충돌하는 데서 오는 혼란이 원인이 된 경우이다. 자살의 동기가 사회 환경에서 비롯된다면 사회 문제의 하나로 인식하고 대응할 필요가 있다. 사회적 원인에 의한 자살에 어떻게 대응할지 생각해 보자.

답변의 길잡이

가장 근본적인 해결 방안은 문제의 원인을 제거하는 것이다. 성적 비관은 학벌주의 사회를 개선하는 것이 근본적인 대안이다. 물론 오랜 시간이 필요하다. 대학의 입시 정책이 성적만이 아닌 다양한 평가 기준으로 신입생을 선발하는 방향으로 전환된다면 효과를 볼 것이다. 다른 사회적 자살의 원인도 같은 맥락에서 검토하면 대응책을 충분히 마련할 수 있다.

지은이

에밀 뒤르켐 1858~1917

프랑스 사회학자. 파리 대학의 교수를 역임했다. 분업, 자살, 가족, 사회 정의 등 당시 서구의 여러 문제를 연구했다. 사회생활의 원형을 구하는 미개한 종교를 고찰하는 등 큰 성과를 거두었다. 《사회학 연보》라는 학술지를 창간했고, 뒤르켐 학파라고 불리는 다수의 사회학자들을 지도하여 사회학 전개에 큰 영향을 끼쳤다. 그가 1887년 프랑스의 보르도 대학에서 행한 〈사회과학과 교육학〉이라는 강좌는 프랑스 대학 최초의 사회학 강의였다. 콩트가 사회학을 창시한 이래 막스 베버, 칼 마르크스와 함께 사회학에 가장 큰 공헌을 남긴 학자로 이름을 떨쳤다.

《사회분업론》

에밀 뒤르켐 《자살론》에 앞서 쓰인 책이다. 분업은 단순히 경제적 효용에 가치가 한정되지 않으며, 사회적 연대를 일으키는 것으로 도덕적 성격을 가지고 있다고 규명하였다. 동질성에 기초한 기계적 연대로부터 분업에 기초한 유기적 연대로의 사회 변화를 탐색하는 내용이 자세하고 설득력 있게 제시된다. 20세기 초의 사회적 문제의식을 반영하고 사회학적 분석에 귀중한 지침을 제시한 획기적인 저작으로 인정받고 있다.

30

인문학과 자연과학의 대화

도정일 · 최재천 《대담》

문제 제기

근래 복제 배아줄기세포 연구가 한창 화제가 된 적이 있다. 난치병 치료의 신기원이 열릴 것이라는 기대는 많은 환자들과 가족들에게 큰 희망을 주었고, 생명 과학 분야의 연구 수준을 세계적인 반열로 끌어올렸다는 칭찬도 받았다. 한편으로는 인간의 생명을 대상으로 하는 연구라며 비판의 목소리도 적지 않았다. 신의 영역에 도전하는 인간의 욕망은 언젠가는 개발을 통해 얻은 이익보다 더 큰 손실을 가져올 것이라는 우려이다. 인간의 가치, 인간의 존엄성에 대한 고려가 필요하다는 주장은 적지 않은 반향을 불러일으키며 관심을 끌었다.

우리나라의 대표적인 인문학자인 도정일 교수와 자연과학자 최재천 교수의 대화집인《대담》에서도 같은 문제를 거론하고 있다. 인문학과 자연과학의 대화를 표방한《대담》은 한 사람의 저자가 한 권을 저술하는 방식이 아니라, 묻고 답하는 매우 직접적인 방식으로 서술되어 두 학자가 가진 솔직한 육성을 들려준다.

내용 개괄

《대담》은 매우 이색적인 형식을 갖추고 있다. 대화에 참가하는 두 학자의 이력과 학문 배경이 앞에 소개된 뒤, 다양한 주제에 대한 견해를 주고받는 식으로 전개된다. 인문학과 자연과학을 연구하는 학자임에도 두 사람의 대화는 어렵지 않게 이해할 만큼 친절하다. 유전자와 생명 복제, 인간의 기원과 영혼의 복제, 예술과 과학, 성性과 문화 등 다양한 주제를 두고 신화 연구 전문가와 개미 연구 전문가의 대화는 무척이나 흥미진진하게 이어진다. 대화는 일방적이지 않고 끊임없이 주고받으며 이어진다. 적어도 전공에만 골몰하기보다 인간 사회의 전체적인 맥락 속에서 자신의 학문이 가지는 의미를 두 학자가 충분히 이해하고 있기 때문일 것이다.

한 구절 경구

지금 세계가 경험하고 있는 딜레마는 과학과 생명 윤리의 대립이라는 측면 외에도 그런 두 가지 문제가 있습니다. 기술이 어떤 미래를 열지 지금 시점에서는 알 수 없으니 "이건 안 돼!"라고 말할 수도 없고, "하자, 하자."고 자신 있게 말할 수도 없는 경우가 바로 생명과학 시대의 딜레마 같아요. 저는 이 딜레마야말로 현대인의 인간으로서의 한계를 절감하는, 아주 인간적인 시련의 경험이라고 생각합니다. 어느 쪽을 선택하는 것이 좋을지 아무도 장담할 수 없는 지독한 모호성이 지금 인간을 괴롭히고 있습니다. 최 교수님께서 '아슬아슬한 경계'라고 한 것은 영어권에서는 '미끄러운 비탈slipper slope'이라는 은유로 표현합니다. 미끄러지면 천 길 낭떠러지, 잘 타고 넘어가면 낙원? 이건 아주 무시무시한 은유죠.

문답 하나

생명을 연구하는 줄기세포 연구의 딜레마는 무엇이며, 어떠한 의미가 있는가?

답변의 길잡이

줄기세포 연구는 인간의 생명을 복제하는 기술이다. 유한하고 단 하나뿐인 개개인의 인간 생명을 복제하면 더 이상 유한하지도, 하나뿐인 생명도 아닌 존재가 된다.

분명 인간 존엄의 가치가 하락할 것이다. 삶의 질을 증진하려는 과학 기술의 발전과 노력이 오히려 인간의 근저를 뒤흔들 수도 있다는 경고가 된다. 인간의 생명을 연구 대상으로 하는 생명공학이 처한 어려운 입장이다.

지은이

도정일 1941~

문학평론가이자 경희대학교 후마니타스 칼리지 대학장이며 '기적의 도서관' 기획자이다. '책읽는사회만들기 국민운동'의 상임대표이기도 하다. 잡지 편집장, 동양통신 외신부장을 거쳐 도미 유학하였고, 1983년부터 경희대에서 비평 이론을 강의했다. 저서로 《시인은 숲으로 가지 못한다》《사유의 공간》 등이 있다. 그는 세 가지 질문이 인문학의 핵심이라고 믿고 있다. '나는 무엇인가?', '다른 사람에 대해서 나는 누구인가?', '나는 왜 여기에 있는가?'이다.

최재천 1954~

동물행동학의 세계적인 권위자이자 이화여대에서 '통섭'이라는 새로운 학문의 패러다임을 만들고 있는 자연과학자이다. 과학과 대중들의 소통을 위해 활발한 저술 활동을 펼치고 있다. 《곤충과

거미류의 사회 행동의 진화》《거미 제국의 발견》 등의 전공 저술과 《생명이 있는 것은 다 아름답다》《나의 생명 이야기》 등의 교양 저술이 있다. "알면 사랑하게 되므로 자연을 사랑하고 자기 자신을 사랑하는 법을 배울 수 있기를 기대한다."는 그의 말에서 우리 사회를 바라보는 따뜻한 시선이 읽힌다.

또 다른 인문 고전

《서양과 동양이 127일간 e-mail을 주고받다》

서양철학자 김용석과 동양철학자 이승환이 127일 동안 나눈 대담집. 열린 자세와 살아 있는 입말로 주고받는 대화에 동참하다 보면 서양과 동양의 소통이 무조건 어려운 일만은 아니라는 사실에 동의하게 된다.

7부

개인과 사회

사회는 개인의 총합인가? 사회가 개개인들의 물리적 결합으로 이루어진 계약 관계의 산물이라고 본다면, 사회보다 개인의 가치에 더욱 주목한 것이다. 사회는 단순히 개개인들의 총합일 뿐만 아니라 이미 그 자체로 하나의 유기적인 생명력을 가진 존재여서 한두 개개인의 사정에 크게 영향을 받지 않는다고 한다면, 개인보다 사회의 가치에 더 큰 의미를 둔 것이다. 개인과 사회를 보는 두 가지 상반되는 관점은 개인과 사회의 관계를 고찰하는 가장 기본적인 관점 차이다.

개인과 사회, 또는 개인과 국가의 계약이라는 이론에 충실한 서구의 근대 민주주의는 사회보다 개인의 가치를 우선시하여 보호하려 한다. 물론 나치즘이나 파시즘도 간간이 나타났지만, 일반적으로는 개인의 가치와 프라이버시를 존중해 왔다. 반대로 동양의 공동체주의를 향한 의지는 '선공후사先公後私'라고 하여 사회와 국가의 이익이 우선시되는 관점을 강조했다. 개인의 이익을 내세우는 행위는 심지어 '멸사봉공滅私奉公'이라는 말이 통용될 정도로 금기시되었다.

개인의 자유와 이익을 강조하면 공동체, 다시 말해 사회나 국가는 공동의 이익을 조정하기 어렵다. 그렇다고 공동체와 국가의 번영에만 주목하여 개인의 자유를 억압하면 과연 누구를 위한 번영인가라는 근본적인 문제에 직면한다. 개인과 사회는 서로 유기적이면서도 팽팽한 긴장감을 지니고 있다. 개인과 사회의 문제는 먼저 관계의 특성을 이해한 뒤 현명한 관점의 정립과 사안별 대안 마련에 주의해야 한다.

개인의 자유는 과연 사회에서 얼마나 허용되어야 하는가를 다룬 《자유론》은 개인주의의 확대가 시대적 흐름으로 다가오고 있는 시점에서 더욱 고전적인 가치를 발하는 작품이다. 사회가 흘러가는 방향에 충직하게 살았지만 결국 무비판적인 충실함이 스스로를 죽음으로 몰아가는 '복서'의 삶을 그린 《동물농장》이나, 부도덕한 사회에서 개인의 선택을 다룬 《도덕적 인간과 비도덕적인 사회》는 사회의 방향과 관련해 개인의 고민이 필요하다는 것을 다각도로 시사해 준다. 개인과 사회의 관계를 정치적인 계약의 관점으로 치밀하게 다룬 《통치론》은 아직도 정치학에서 진가를 발휘하는 고전이다.

31

인간과 사회의 관계

존 스튜어트 밀 《자유론》

문제 제기

인간이 사회적 존재라는 사실을 굳이 떠올리지 않더라도 인간은 홀로 살아갈 수 없다. 로빈슨 크루소도 이미 인간 사회에 살면서 지식과 이성의 적절한 사용을 학습했기에 생존이 가능했다. 개인은 사회를 구성하는 중요한 요소이고, 사회는 개인으로 이루어진 집합체이다. 그렇다고 모자이크처럼 기계적이지는 않다. 이미 구성된 사회는 새로운 생명력을 가진 실체가 되어 구성원들을 구속하기도 한다.

개인과 사회는 유기적으로 연대하면서도 때로 충돌한다. 그중 '자유의 실현과 제한'은 논쟁의 대상이 되곤 한다. 개개인의 존엄한 권리인 자유의 실현은 삶의 질을 결정짓는 중요한 요소이다.

그렇다면 자유의 한계를 검토하는 것은 의미 있는 일일 것이다. 존 스튜어트 밀의 《자유론》은 개인의 자유와 관련해 가장 널리 알려진 저작이다. 아직도 그의 이론은 실천적인 힘을 인정받고 있다. 그는 자유를 정치적 지배자의 압제에서 보호해야 할 대상으로 규정한다. 자유에 대한 은밀한 침입이 현대 사회를 위협하여 인간의 존엄과 지켜져야 할 자유가 부재하다는 것이다.
밀은 인간의 본래적 자유를 제안한다. 첫째는 양심의 자유로, 사상 및 의견과 감정의 절대적인 자유이다. 두 번째는 자신의 기호를 즐기고 목적을 추구할 자유이다. 두 자유에서 세 번째인 모임 결성의 자유가 파생된다. 밀의 《자유론》은 현재까지도 가장 의미 있는 '자유' 이론 중의 하나이다. 자유의 측면에서 개인과 사회의 관계는 과연 어떻게 관계를 맺어야 할까? 그 물음에 답하는 책이다.

내용 개괄

총 5장으로 짜여 있다. 1장은 서론으로 자유에 대한 전체적인 의견을 피력한다. 2장은 가장 중요한 부분으로 '사상과 언론의 자유'라는 견해를 제시한다. 3장은 '행복의 요소로서의 개성'을 논한다. 4장은 사회의 권위가 가지는 한계를 다룬다. 마지막 5장은 구체적 사례를 제시하여 자유의 한계를 서술한다.
그의 주장은 두 가지로 요약된다. 하나는 개인의 행위가 다른 사람의 이해에 관계되지 않는 한 사회의 제재를 받지 않는다는 것이다. 또 하나는 다른 사람의 이익을 해치는 행위를 저지른 개인은 당연히 책임을 져야 하며, 동시에 다른 사람의 이익을 옹호하기 위해서는 사회가 개인의 자유에 간섭해도 무관하다는 것이다. 개인의 자유와 한계에 대한 명확한 설정이다.

한 구절 경구

간섭이 시인되기 위해서는 그에게 하지 못하도록 저지시키고 싶다는 행위가 다른 어떤 사람에게 해를 끼치게 되리라는 결과가 예측되어야 할 것이다. 한 사람의 행위라도 그 사람이 사회에 대해서 책임을 져야 할 유일한 부분은 다른 사람과 관계되는 부분이다. 단지 그 사람에게만 관계되는 행위에 있어서 그의 독립성은 말할 필요도 없이 당연히 절대적이다. 각 개인은 그 자신에 대해서, 즉 그 자신의 육체와 정신에 대해서는 주권자인 것이다.

문답 하나

밀은 개인과 사회에 있어서 개인의 자유가 어디까지 보장되어야 하는가, 또는 어떠한 경우에 제한받아야 하는가를 분명하게 밝히고 있다. 그의 주장은 다른 사람의 자유를 해치지 않는 범위 내에서 개인은 자신의 생각과 행위를 한껏 누릴 수 있다는 것이다. 밀의 주장이 가지는 가치는 무엇인지 말해 보라.

답변의 길잡이

사회의 구속력에 견인당하지 않고 구성원들의 권익에 최대한 주의하여 관계의 양상을 고찰했다는 의미가 있다. 점차 다원화되어 가는 사회에서 다양성의 확대를 기대하는 개인들에게 적극 활용될 여지가 있다. 하지만 사회의 구속력과 연대감의 하락은 효율적인 사업 추진이나 전 사회적인 방향성 설정에서 곤란을 겪을 가능성이 있다. 공동체 의식의 약화도 문제점으로 지적된다.

지은이

존 스튜어트 밀 1806~1873

영국의 저명한 철학자이자 경제학자. 정치 평론가, 도덕 이론가로도 활동했다. 엄격한 아버지 밑에서 체계적인 고전 교육을 받았고, 청년 시절에는 벤담, 콩디악 등의 공리주의자들에게서 많은 영향을 받았다. 1859년에 저술한《자유론》과《의회 개혁에 대한 견해》는 윤리학과 정치학에 대한 견해를 정리한 것이다. 1863

년에는 자신의 도덕 이론에 반대하는 사람들에게 응수하기 위해서 《공리주의》를 저술하기도 했다. 현실 정치에도 관심을 두고 노예제를 폐지하려는 미국 북부를 지지했고, 1865년에는 하원에 진출하여 선거법 개정을 이끌어 냈으며, 같은 해에 여성참정권 협회의 창설 멤버로 참여하기도 했다. 《자유론》을 통해 자유주의의 대표자로 인정받고 있는데, 그가 설정한 자유의 향유자들은 자기 행위의 목적을 이해하는 '이성인'들이라 할 만하다.

또 다른 인문 고전

《민주주의를 이해하는 여든 가지 물음》

개괄적인 민주주의 안내서. 유네스코가 영국 리즈 대학 정치학 교수이자 대학 내 민주주의연구소장인 데이비드 비담과 에섹스 대학 법학과 교수이자 대학 내 인권연구소장으로 일하는 케빈 보일에게 집필을 의뢰하여 출판한 책이다. 민주주의에 대한 진정한 가치를 설득력 있게 제시해 준다는 점에서 일독할 가치가 크다.

32

닫힌 사회의 전형
조지 오웰 《동물농장》

문제 제기

개인은 자신이 꿈꾸는 세상을 위해 끊임없이 투쟁한다. 1917년 소련의 프롤레타리아 혁명은 혁명을 꿈꾸는 사람들에게 많은 가능성과 함께 스탈린 독재로 변모하는 깊은 절망을 안겨 주었다. 개인과 사회의 문제의식을 다루는 논제에 이 사건보다 흥미로운 소재는 없을 것이다.

조지 오웰은 《동물농장》에서 동물들을 주인공으로 내세워 인간 사회를 풍자했다. 작품 속의 '동물농장'은 반란을 일으킨 동물들이 인간을 내쫓고 모든 동물들이 평등하고 행복한 삶을 살기 위해 건설한 세계다. 그러나 유토피아 건설이라는 희망을 악용한 돼지들에 의해 동물들은 또 다른 형태의 지배하에 들어가게 된다. 사회주의의 허구를 꼬집었다고 이해되기도 하지만, 자본주의 체제 아래 물질문명 속에서 살아가는 우리에게도 많은 점을 시사한다. 그중 가장 충직한 일꾼 중 하나였던 말 '복서'의 죽음을 둘러싼 사건은 사회를 형성하는 개인의 측면에서 의미가 깊다.

동구권과 소련 등 대다수 공산주의 국가들이 붕괴한 지금까지도《동물농장》이 많은 이들의 관심을 받고 있는 이유는 닫힌사회의 전형을 잘 보여 주기 때문이다. 칼 포퍼는《열린사회와 그 적들》이라는 저서에서 '닫힌사회'와 '열린사회'를 극명하게 대비하였다. 열린사회와는 달리 닫힌사회에서는 자유로운 정보 유통과 비판이 허용되지 않는다. 사회의 정보와 지식, 가치관이 일부 계층에 의해 왜곡된다. 그런 사회를 살고 있는 개인의 삶과 죽음 역시 왜곡될 것이다. 충직하기만 했던 복서처럼.

내용 개괄

존스의 농장에서 사육되던 수많은 동물들은 늙은 수퇘지 올드 메이저의 유언에 따라 반란을 일으킨다. 인간들을 내쫓은 동물들은 '동물농장'이라고 이름을 바꾸고 희망찬 미래를 향해 진력한다. 그들의 지도자는 수퇘지인 스노우볼과 나폴레옹과 스퀼러이다. 스노우볼은 풍차를 건설해서 농장을 기계화하는 계획을 추진한다. 나폴레옹은 스노우볼을 추방하고, 그에게 가담했던 동물들도 차례로 처형해서 독재자가 된다. 건설된 풍차는 바람으로 한 번 붕괴되고, 두 번째는 농장 탈환을 계획한 존스에 의해 폭파된다. 동물들은 그래도 좌절하지 않는다.
그들 중 우직할 정도로 성실하게 일만 하던 '복서'가 결국 과로로 쓰러진다. 복서는 지체 없이 폐마로 분류되어 도살업자에게 팔려 간다. 수년 후 풍차가 다시 재건되어 생산은 향상되지만, 돼지가 아닌 기타 동물들의 생활은 조금도 개선되지 않는다. '두 다리는 나쁘고 네 다리는 좋다.'는 슬로건은 '네 다리는 좋고 두 다리는 더욱 좋다.'로 바뀐다. 돼지들은 인근 농장주들을 초대하여 밤새도록 연회를 베푼다. 두 다리로 서서 인간들과 건배를 주고받는 돼지들의 모습은 이제는 누가 인간이고, 누가 돼지인지조차도 헷갈리게 한다.

한 구절 경구

그 짐마차는 전에 폐마 도살업자의 것이었고 그것을 수의사가 샀는데, 그 수의사는 옛 이름을 아직도 페인트로 지워 버리지 않았다는 것이다. 그것이 오해를 불러일으키게 한 원인이라고 하였다. 동물들은 이 말에 마음을 놓았다. 그리고 스퀼러가 또다시 복서의 임종을 마치 눈앞에서 보는 것같이 자세히 설명하며, 그가 훌륭한 치료를 받았고 나폴레옹 동지도 복서를 위해 아무리 비싸더라도 좋은 약을 쓰도록 지시했었다고 하자, 동물들은 모두 의구심을 떨쳐 버렸다. 동물들은 복서가 적어도 행복하게 죽었다는 생각으로 복받치는 슬픔을 억누를 수 있었다.

문답 하나

《동물농장》에서 풍자하는 사회는 닫힌사회이다. 철저하게 정보가 통제된 사회에서 온갖 속임수와 힘으로 인민들을 속인다. 정작 인민들은 자신들이 속는 것을 알지 못하고 있다. 현실 속의 지도자와 인민의 부조리를 날카롭게 꼬집고 있다. 특히 닫힌사회의 문제점을 굳이 제기하지 않고 마지막까지 묵묵하게 임무를 다하다가 비참하게 죽고 마는 복서의 삶은 여러 가지 측면에서 검토해 볼 필요가 있다. 동물들의 모습에 비추어 닫힌사회의 본질적인 문제가 무엇인지 말해 보자.

답변의 길잡이

자신이 속한 사회의 전진과 성취를 위한 노력은 사회의 단결과 발전에 기여하는 것이다. 문제는 사회가 항상 올바른 방향으로 진전하지 않는다는 것이다. 구성원들은 사회의 향방에 대해서도 관심을 가져야 한다. 누구보다도 성실하고 자신의 몫을 다했던 복서는 이용만 당하다가 결국 죽고 만다. 그렇다면 자신이 속한 사회에서 스스로의 삶을 가치 있게 하는 것은 무엇일까? 사회의 전진에 끊임없이 관심을 가지면서 비판적인 시선을 잃지 않아야 한다. '누군가 바로잡겠지'라는 방관적인 태도는 《동물농장》의 나폴레옹과 스퀼러 같은 독재자를 만들고 사회 문제를 악화시킨다.

지은이

조지 오웰 1903~1950

사회의 현상과 사람들의 움직임을 예리하게 파악하여 작품에 표현하는 작가로 이름이 높다. 초기작인 《파리와 런던의 밑바닥 생활》은 밑바닥 인생을 허무주의적 정서로 흥미롭게 담아냈다.

또 다른 인문 고전

《카탈로니아의 찬가》

먼저 조지 오웰의 이력을 살필 필요가 있다. 그의 본명은 에릭 아서 블레어로 1903년 식민지 인도에서 하급 관리의 아들로 태어났다. 1911년 수업료를 감액받는 대신 사립 기숙 학교에 입학하였으나, 그곳에서 상류 계급에 대한 심한 이질감을 맛보았다. 장학금으로 이튼 학교를 졸업한 그는 대학 진학을 포기했다. 미얀마 경찰관이 되었다가 식민지의 모순을 통감하고 사직했다. 그 후 사회주의로 전향하여 1936년 말경 스페인으로 건너가 통일노동자당의 의용군에 투신하였고, 바르셀로나 전선에서 부상당했다. 이때의 경험을 기록한 《카탈로니아 찬가》는 공산 혁명에 관한 기록 가운데 걸작으로 손꼽히고 있다.

33

사회는 만인의 투쟁의 장
토머스 홉스 《리바이어던》

문제 제기

오늘날 민주주의는 정부의 존재로 인해 컨트롤된다. 복지 국가의 개념이 강조되는 현대 사회는 행정부의 기능이 더욱 강화되고 있다. 인간이 사회를 살아가면서 서로 간의 권익을 조정하고 통제할 세력이 필요해진 시기는 언제일까? 일찍이 왕조 정치가 실시되어 국가와 국왕 개념이 선명하였던 동양과 달리 서양의 계몽 사상가들은 정부의 존재에 근본적인 질문을 던졌다. 국가 권력에 정당성을 부여하는 것이 아니라, 국가 권력을 이루는 개인의 주권과 행복 추구에 입각한 이론적인 탐색이었다.

토머스 홉스의 《리바이어던》은 정치권력이 어떻게 형성되었는가를 살핀 고전 중의 고전이다. 정치권력은 개인들의 계약에 의해 시작되었다는 그의 이론은 이후 사회계약론을 성립시켰고, 근대 국가 이념의 정립에 큰 영향을 끼쳤다. 개인과 사회의 계약이므로 조건들이 명시되어 있음은 물론이다. 이후 정부의 부당한 권력 행사에 대항하는 시민들의 불복종 이론도 정부는 계약에 의해 성립되었다는 자각이 있었기 때문에 나올 수 있었다.

내용 개괄

계약에 의한 정치권력을 핵심적인 내용으로 다루고 있다. 인간이 공동의 주권자를 가지지 못한 자연 상태는 '만인의 만인에 대한 전쟁 상태'이다. 자연 상태의 인간은 고독하고 가련하며 야만적이다. 인간이 인간에게 늑대가 되는 상태에서 자신을 통치할 가상의 권력체 '리바이어던'을 만들어 자연 상태에서의 전쟁을 종료한다.《리바이어던》에서 처음 등장한 정치권력의 계약 개념은 사회계약론의 기원을 이룬다.

한 구절 경구

국가가 등장하는 까닭이 여기에 있다. 천성적으로 자유를 사랑하는 동시에 타인을 지배하기를 좋아하는 인간이 국가의 구속 아래 살아가고 자기 자신에게 제약과 통제를 가하는 것에 동의하게 되는 궁극적인 원인이나 목적 및 동기는, 그들 자신의 생명을 보존하고 그 결과로 만족스러운 삶을 누리려는 인간 자신의 통찰력에 있다. 다시 말하면 인간 위에 무서운 존재로 군림하고 그들에게 처벌에 대한 공포감을 불어넣어 옭아매는 가시적 권력이 없을 때, 인간의 자연스러운 욕구와 열망에 의하여 빚어질 수밖에 없는 처참한 전쟁 상태로부터 벗어나기 위하여, 인간 자신이 국가에 의한 구속을 받아들이는 것이다. 이는 저 위대한 리바이어던, 보다 경건한 자세에서 말한다면 인간적 신인 국가가 형성되는 것을 의미한다. 만인은 불멸하는 유일신과 가호 아래 자신들의 평화와 보호를 인간적 신인 국가에 의탁하게 되는 것이다.

문답 하나

가상의 정부가 비록 현명한 판단을 하고 계약 내용을 계속 수정할 수 있더라도 권력체의 성립이 개인의 자유를 억압할 것은 자명한 사실이다. 그렇다면 왜 홉스는 가상의 국가를 성립하여 개개인의 주권을 양도할 필요를 느꼈을까?

답변의 길잡이

홉스의 생존 연대기를 보면 당시 영국 사회가 극도로 혼란하여 사회 질서를 구축할 필요가 제기되었기 때문에 《리바이어던》을 구상했을 가능성이 크다. 국가의 성립을 위한 이론이기는 하지만, 홉스는 개인 간의 결합에 의한 계약이라는 성격을 명확하게 밝혀 개인의 권리가 최대한 반영되도록 설정했다. 개개인의 자유와 권익에 대한 충분한 이해가 있었기에 가능했다.

지은이

토머스 홉스 1588~1679

17세기 영국의 정치 사상가. 사회계약을 다룬《리바이어던》의 저자로 유명하다. 인간의 본성은 악하다는 생각에 기초하여 곧잘 동양의 순자와 대비되기도 한다. '리바이어던'은《성경》〈욥기〉에 나오는 지상 최강의 영생 동물과 같은 이름이다. 강력한 주권을 지닌 가상의 공동체 국가에 리바이어던이라는 이름을 붙인 홉스의 생각이 읽혀진다.

《군주론》

마키아벨리의 명작. 자신이 속한 공국의 진정한 번영을 위하여 개인적인 의견을 피력한 책이다. 출간 이후 엄청난 파장을 불러일으켰다. 군주는 자신의 도덕적인 원리보다도 현실 정치에 더욱 주목하여 권모술수를 통해서라도 군중의 마음을 얻는 것이 더욱 실리적이라는 견해를 피력했다. 정치의 현실적인 면모를 노골적으로 드러낸 책으로 유명하다.

34

사회적 개인의 곤경

라인홀드 니버《도덕적 인간과 비도덕적 사회》

문제 제기

《삼국사기》에 나오는 검군劒君은 자기 주변의 모든 사람들이 창고 물건을 훔치는 사실을 알고 고민하다 자살을 택한다. 사회가 불의한 행위를 개인에게 강요한다면 거부할 수 있을까? 개인들의 도덕적인 함양만으로는 사회 정의가 실현되기 어렵다. 개인과 사회의 도덕성에 관한 깊은 성찰을 보여 주는 저술이《도덕적 인간과 비도덕적 사회》이다. 도덕적인 인간도 비도덕적인 사회에서는 자신의 도덕적 가치를 실현할 수 없다는 요지이다. 그렇다면 어떻게 해결해야 할까? 니버는 사회 윤리의 필요성을 강하게 제기한다.

내용 개괄

개인과 집단의 갈등을 바라보는 명쾌한 통찰이 돋보인다. 개인은 도덕성과 신앙심을 견지할 수 있다. 사회 집단은 본원적으로 집단의 이익을 추구하고 정치적이다. 양자는 상충할 수밖에 없다. 개인을 교육하여 사회 정의를 이루려는 시도는 환상에 불과하다. 사회의 요구와 개인의 양심 사이에는 항상 화해하기 어려운 간극이 존재한다. 간극을 메우는 일은 투쟁을 통해야만 하나 비도덕적인 방식이다. 결국 투쟁을 조직하는 개인을 도덕적으로 훈련시키는 것이 매우 중요하다.

한 구절 경구

모든 인간 집단은 개인과 비교할 때 충동을 올바르게 인도하고 때에 따라 억제할 수 있는 이성과 자기 극복의 능력, 그리고 다른 사람들의 욕구를 수용하는 능력이 훨씬 결여되어 있다. 게다가 집단을 구성하는 개인들이 개인적 관계에서 보여 주는 것에 비해 훨씬 심한 이기주의가 모든 집단에서 나타난다.

문답 하나

사회에서 나타나는 구조적인 사회 비리나 문제점들은

개인의 힘만으로 개선되기가 어렵다. 니버는 이러한 현실적인 맥락을 충분히 고려하여, 사회 문제를 극복하기 위한 투쟁의 일원으로서 개인이 가져야 하는 도덕적인 훈련을 강조했다. 부도덕한 사회에서 개인이 도덕적이어야 하는 이유를 말해 보라.

답변의 길잡이

도덕적인 개인이 충실하게 살아간다고 해도 미국의 이라크 침공이나 과거 노예 무역 같은 짓은 막을 수 없다. 사회문화적인 움직임이 공고화되어 제도적으로 나타나거나, 국가 권력을 잡은 집단이 정책을 집행하고자 할 경우 막을 만한 장치가 마련되어 있지 않기 때문이다. 그러나 환경 문제를 각성한 시민들에 의해 환경 단체가 설립되었고, 이라크 침공에 반대하며 철수를 압박하는 시민단체들의 견해는 정부가 깊은 고려를 하도록 만드는 기능을 수행한다. 개인들의 도덕적 훈련과 각성은 효용이 충분히 있다.

지은이

라인홀드 니버 1892~1971

미국의 신학자이자 문명 비평가. 노동자들의 목회자로 일하며 그들을 위한 기독교적 윤리 체계를 세웠다. 현실의 가장 낮은 곳에 있되 항상 더 높은 곳을 바라보는 신앙의 관점에서 인간의 문제를 해결하려고 했던 학자이다. 사회적 갈등이 집단의 정치적 힘에 의해 해결될 수 있음을 밝혀 사회 윤리의 중요성을 알렸다. 그의 기독교적 윤리 철학의 결정체가《도덕적 인간과 비도덕적 사회》이다.

또 다른 인문 고전

《감옥으로부터의 사색》

신영복. 1968년 통혁당 사건으로 무기 징역을 선고받고 20년 동안 복역하면서 감옥에서 보낸 편지들을 모아 엮은 책이다. 감옥이라는 제한된 공간에서 사색한 내용이라고는 믿기지 않을 만큼 풍부한 깊이를 보여 준다. 사회 내에서 살아가는 개인의 문제에 대한 진지한 성찰이 저작의 곳곳에 돋보인다.

35

근대 자유 정치의 이론서
존 로크 《통치론》

문제 제기

사회를 이루는 개개인은 기본적으로 자연으로부터 부여받은 권리, 다시 말해 자연권을 가진다. 자연권은 모든 사람에게 공평하게 주어지지만, 전혀 통제가 없는 자연적인 상황에서는 오롯이 실현되기 어렵다. 각자의 권리는 충돌할 여지가 많기 때문이다. 로크의 《통치론》은 자연권 보호를 현실 세계에서 어떻게 구현할 것인가를 구상한 정치론이다. 정부와 국가의 탄생이 그의 이론에서 말미암았다는 점을 상기하면, 그의 정부 조직 구상은 한 번 짚어 볼 필요가 있다. 철저한 계약 정신에 입각한 그의 정부론은 계약이니만큼 파기도 가능하다는 점에서 운명 공동체적인 감각을 가졌던 동양 정서와는 다른 면을 보여 준다.

내용 개괄

통치 권력은 자연 상태에 있는 모든 개인의 동의로 성립되어야 한다. 자연 상태에서는 모두 평등하고 자립적으로 존재하면서 누구도 타인의 생명, 건강, 자유, 재산을 침해해서는 안 된다. 자연 상태는 애초에 평화적이고 목가적이었다. 화폐 발생과 함께 개개인의 여러 차이에 의해 빈부 격차가 생기고, 다른 사람의 소유권을 침해하는 사태가 발생했다. 이런 사태를 종식시키기 위하여 개인의 처분권을 정부에 위임하기로 결의하여 자연 상태 대신 정부 상태에 살게 된다.

한 구절 경구

인간의 자연 상태는 평등한 상태이다. 그곳에서 일체의 권력과 권한은 상호적인 것이며, 어느 누구도 다른 사람들보다 더 많은 것을 갖는 일이 없다. 다시 말해 같은 종류의 생물은 이 세상에 태어나면서부터 아무런 차별도 없이 모두 똑같이 자연의 혜택을 누리며 똑같은 능력을 행사할 수 있으므로, 사람들 역시 누구나 남에게 종속되거나 또는 복종되는 일이 없이 모두 평등해야 한다는 사실은 명명백백하다.

문답 하나

국가는 궁극적으로 개인의 삶을 존중하고 보호하기 위해 만들어졌다. 개인의 권익을 실현해 주지 못하는 국가라면 개인은 자신이 부여한 위임을 철회할 수 있을까? 자신의 견해를 말해 보라.

답변의 길잡이

사회계약 사상에서는 무게 중심이 국가나 정부에 있지 않다. 국가와 정부를 구성하는 개개인이 중요하기 때문에 원칙적으로는 철회가 가능하다. 현실적으로 개인이 국가를 상대로 대항하기는 쉽지 않은 일이다. 다만 불복종 운동이나 전복 시도 같은 국민들의 저항을 받는 정부는 생명력을 유지하기가 어렵다.

지은이

존 로크 1632~1704

영국의 철학자이자 정치 사상가. 영국 명예혁명이 일어나고 2년

후 출판된《통치론》으로 인해 근대 자유주의 정치 이론의 기초를 놓은 본격적인 사상가로 인정받는다. 그는 '정치사회 결성의 목적은 개인의 재산 보호에 있다'고 주장했다. 그의 이론은 정치적 자유주의 이론의 핵심적인 요소로 미국 독립혁명과 프랑스 혁명에 많은 영향을 끼쳤다.

또 다른 인문 고전

《동아시아 비판 사상의 뿌리》

이운구. 동아시아의 비주류에 관심을 가지고 연구한 동양철학자의 이론서이다. 공자는 합리주의 정신에 충실한 사상가였으나 궁극적인 관심은 주나라 봉건 체제와 신분 질서의 회복이었다는 내용에서 보듯이 비주류의 강한 비판적 시각을 읽을 수 있다. 그는 노장 사상을 '민중의 생을 억압하고 위태롭게 하는 반자연적 행태'에 대한 비판으로 이해한다. 양주와 묵자를 바라보는 긍정적인 시각 역시 책의 이름에 값하는 요소이다.

8부

갈등과 합리적 의사 결정

지난 대통령 가운데 한 분은 정부에 갈등조정위원회가 필요하다고 말했다. 갈등이 단순한 사회 문제를 넘어 국가의 중요한 이슈가 되고 있음을 확인할 수 있다. 사회 갈등의 가장 대표적인 사례는 이른바 '님비 현상'으로 불리는 지역 이기주의이다. 쓰레기 매립장, 분뇨 처리장, 하수 종말 처리장, 핵 폐기장, 또는 범죄자나 마약 중독자 등을 위한 시설 설치를 반대하는 것이다.

문제를 해결하는 가장 근본적인 방법으로 '대화와 타협'을 떠올려 볼 수 있다. 하지만 부안 핵 폐기장 사태와 평택 대추리 사태처럼 마지막까지 대화와 타협으로 문제가 해결되지 않으면 결국 어느 한쪽의 의견을 지지해야 한다. 완전히 공정한 해결이란 근원적으로 불가능할지도 모른다. 그 경우 대부분 소수이자 권력 약자인 해당 지역 주민들에게 피해가 간다. 다수의 이익을 관철시키기 위해 소수의 권익을 위협하고 강요하는 것이다. 다원화된 가치가 점점 비중을 높여 가는 현대의 민주주의 원리와도 상충한다.

소수의 목소리도 수용할 합리적 의사 결정 방식이 필요하다. 해당 지역 주민들의 의견을 듣고 반영하는 과정이 충실하게 이행되어야 한다. 다른 견해를 가진 집단들 사이에 충분한 토의와 의견 수렴이 이루어지도록 공청회, 설명회 같은 자리를 마련해야 한다. 다시 말해 절차적 정의가 실현되어야 하는 것이다. 논의가 진행되고 여론을 형성하는 등 절차적 정의가 실현되어 최소한의 공정성이 확보되면 정책 시행 역시 탄력을 받을 것이다.

불평등한 구조를 개선하려는 노력, 문화의 상대성을 인정하려는 태도, 상호 이해와 톨레랑스 같은 개방적인 정신은 다양한 사회 갈등을 치유할 현명한 삶의 태도이다. 많은 가치가 혼재하는 현대 사회에서 다름을 인정하고 타인을 존중하는 것은 결국 자신의 가치와 이익을 실현하는 방법이기도 하다. 바로 상호성의 원리이며, 모두에게 받아들여질 만한 것이다.

아울러 빠뜨릴 수 없는 논의 중 하나는 사회적 갈등을 바라보는 관점의 정립이다. 갈등은 다원화된 사회를 구성하는 개인이나 지역이 각자의 권익을 실현하기 위해 투쟁하는 과정이다. 갈등이 발생하면 구성원들은 해결을 모색하는데, 모색 과정에서 이전보다 나은 사회의 면모를 도출하는 경우가 종종 있다. 구성원들이 공감하지 않으면 문제가 해결되지 않기 때문에 문제 당사자들은 합리적이고 타당성 있는 해결책을 도출하기 위해 지혜를 모은다. 대화와 타협, 협력과 책임의 자세를 가지게 되는 것이다. 분명 사회 발전의 원동력이 될 수 있다.

우리 옛말에 '비 온 뒤에 땅이 굳는다.'는 말이 있다. 갈등은 분열만을 낳는 사회악이 아니다. 오히려 한층 더 강한 결속력과 풍부한 발전 자양분을 가진 사회적 토양을 구성원들이 형성하는 데 기여할 수 있다

36

갈등의 합리적 조정

마이클 샌델《정의란 무엇인가》

문제 제기

우리는 매일 수많은 결정을 내리며 살아간다. 어떤 옷을 입을지, 무엇을 먹을지부터 시작해, 어떤 과제를 우선시할지, 어떻게 시간을 배분할지에 이르기까지, 크고 작은 결정들이 우리의 일상을 구성한다. 그런데, 만약 이러한 결정들이 단순히 개인적 선택을 넘어서, 우리가 속한 공동체, 심지어 사회 전체에 영향을 미칠 수 있는 문제들과 연결되어 있다면 어떨까. 마이클 샌델의《정의란 무엇인가》는 바로 이러한 문제들을 탐구한다. 샌델은 공리주의, 자유주의, 공동체주의 등 다양한 정의론을 통해, 우리가 매일 마주하는 선택과 결정이 어떻게 깊은 도덕적, 철학적 의미를 지닐 수 있는지 탐색한다.

이 책을 통해 우리는 갈등 상황에서 합리적이고 정의로운 의사결정을 내리기 위한 통찰을 얻을 수 있다. 예를 들어, 친구 사이의 작은 오해에서부터 사회적 이슈에 이르기까지, 갈등의 원인과 해결을 위한 접근 방식에 있어 '정의'라는 개념을 어떻게 적용할 수 있을까. 자유주의적 관점에서는 각자의 권리와 자유를 어떻게 보장할 것인지, 공리주의적 시각에서는 최대 다수의 최대 행복이 무엇을 의미하는지, 공동체주의적 입장에서는 공동체의 가치와 목적이 개인의 결정에 어떤 영향을 미치는지 고민해 볼 수 있다.

《정의란 무엇인가》를 통해서 우리는 일상의 선택과 결정이 단순히 개인적인 차원을 넘어서, 보다 큰 사회적·윤리적 문제와 어떻게 연결될 수 있는지를 탐구해 볼 수 있다. 이처럼 갈등과 합리적 의사결정 과정에서 정의의 개념을 적용한다면, 우리는 자신뿐만 아니라 타인과 사회 전체의 복지를 증진시키는 방향으로 나아갈 수 있을 것이다.

내용 개괄

마이클 샌델의 《정의란 무엇인가》는 2009년에 출간된 책으로, 하버드 대학교에서의 인기 강좌 'Justice'에 기반하여 정의에 대한 현대 정치철학의 중요한 질문들을 탐구하였다. 샌델은 공리주의, 자유주의, 공동체주의라는 세 가지 주요 정의론을 통해 정의가 단순한 개인의 권리나 사회적 효용을 넘어서는 도덕적 및 철학적 문제임을 논한다. 그는 이 이론들의 장단점을 검토하고, 이민, 동성 결혼, 생명 윤리 등 현대 사회의 논쟁적 이슈들에 이들 이론이 어떻게 적용될 수 있는지를 검토하였다. 샌델은 정의에 대한 단순한 답변 대신, 독자들이 실제 사회적·정치적 문제에 대해 깊이 사고하고 자신의 결론을 도출할 수 있도록 유도한다. 이 책은 철학적 사고를 통해 현대 사회의 중요한 문제에 대한 통찰력을 제공하고, 공동체 내에서 정의를 실현하기 위한 실천적 방안을 모색하는 데 기여한다.

한 구절 경구

자율적으로 행동할 때, 내가 나에게 부여한 법칙에 따라 행동할 때만이 본성과 환경의 명령에서 벗어날 수 있다. 그러한 법칙은 특정한 바람이나 욕구에 구애받지 않는다. 따라서 칸트가 말하는 자유와 도덕의 까다로운 개념은 서로 연결된다. 자유롭게 행동하기, 즉 자율적으로 행동하기란 도덕적으로 행동하기, 다시 말해 정언명령에 따라 행동하기와 똑같은 하나의 개념이다.

문답 하나

인공지능AI 기술의 급속한 발전은 사회의 여러 분야에서 혁신을 가져왔지만, 동시에 윤리적 · 도덕적 질문을 제기한다. 마이클 샌델의 《정의란 무엇인가》에서 탐구하는 정의의 개념을 AI 기술의 적용과 관련하여 적용해 보고자 한다. 특히 AI 기술이 사회에 가져오는 이익과 위험을 평가하고, 이를 통해 합리적인 의사결정을 내리는 과정을 논의해보자.

답변의 길잡이

공리주의, 자유주의, 공동체주의의 관점에서 이 기술의 개발과 적용을 어떻게 평가할 수 있는지 설명할 수 있다. 공리주의 관점에서는 AI 기술이 가져올 최대 다수의 최대 행복에 초점을 맞추어 평가할 것이다. 자유주의 관점에서는 개인의 권리와 프라이버시 보호가 중요한 기준이 될 것이다. 공동체주의 관점에서는 이 기술이 공동체의 가치와 전통에 어떤 영향을 미칠지 고려할 것이다.

지은이

마이클 샌델 1953~

마이클 샌델은 개인의 권리와 경제적 효율성을 넘어 공동체의 가치와 공공의 선을 강조하는 사상가이다. 그는 현대 정치 철학에서 중요한 인물로, 정의, 윤리, 민주주의에 대한 심도 있는 탐구로 유명하다. 하버드 대학교에서 박사학위를 취득하고 현재 같은 대학에서 정치철학 교수로 활동 중이다. 그의 대표 저서 《정의란 무엇인가》는 정의에 관한 다양한 이론과 실제 사례를 통해 도덕적 문제에 대한 성찰을 유도하며 전 세계적으로 큰 영향을 미쳤다. 그는 철학과 윤리를 대중에게 알리기 위해 공공 강연과 온라인 강의를 통해 활발히 활동하며, 철학이 일상생활에서 중요한 역할을 할 수 있음을 전파하고 있다. 샌델의 작업은 사회적, 정치적 문제에 대한 통찰과 공론화에 기여하며, 더 정의롭고 포용적인 사회를 위한 논의를 촉진한다.

또 다른 인문 고전

《난장이가 쏘아 올린 작은 공》

조세희의 출세작. '아직도 이 작품이 팔리는 세상은 불행한 사회'라고 말한 바 있는 조세희의 문제의식은 여전히 소외되고 보호받지 못하는 난쟁이 같은 존재들이 우리 사회에 많이 남아 있음에 입각해 있다. 1970년대 산업화에서 밀려난 도시 빈민의 참상을 우화적으로 그린 소설 속에 작가의 강렬한 사회 비판 의식이 선명하게 녹아 있다.

37

소시민의 갈등과 해소 방식
양귀자 《원미동 사람들》

문제 제기

한 사회 내에서 개인과 개인의 갈등은 흔하고 사소한 일이지만, 저마다의 이익이 상충되는 지점에서 갈등은 더욱 깊어지게 된다. 자신의 이익을 다른 사람들의 이익보다 뒤로하지 못하는 것은 인간이 가진 본질적인 욕구이다.

개인 사이의 갈등을 있는 그대로 선명하게 제시한 소설이 양귀자의 《원미동 사람들》이다. 원미동을 이루고 살아가는 사람들은 모두 순박하고 일상적인 삶을 이어 간다. 그러다 자신의 이익에 반하는 행위 앞에서는 즉각적으로 반응한다. 그들은 어느 정도 절충점을 찾아 화해하지만, 적어도 갈등 현장에서의 긴장감은 예사롭지 않다. 다원화 사회로 이행하고 있는 오늘날 갈등은 점차 늘어 가리라 예상된다.

내용 개괄

《원미동 사람들》은 연작 소설집이다. 양귀자의 초기 소설은 현실에 약삭빠르게 적응하지 못하는 인물들을 주인공으로 삼고 있다. 현실에 적응하지 못하는 모습은 성실하게 살다가 세상의 모순에 부딪힌 좌절이라기보다 도피이고, 현실을 외면하고 결별하며 삶을 지속시키려는 태도이다. 그런 인물들이《원미동 사람들》에 이르면 따뜻하고 본래적인 가치를 존중하는 모습으로 전환된다. '원미동'이라는 도시 외곽에서 살아가는 사람들의 생태와 심리를 섬세하게 관찰하여 묘사한 작가는 오늘날의 사회가 더 이상 진지하고 순박한 삶을 허락하지 않는다는 것을 보여준다. 욕망과 갈등의 가감 없는 분출은 정직하게 현실을 인식하는 작가의 미덕이다.

한 구절 경구

싱싱청과물의 주인 사내는 이제 막 이사 와서 동네 형편은 전혀 모르는 듯하였다. 무작정 과일전만 벌였으면 혹시 괜찮았을 것을 눈치도 없이 '부식 일절 가게 안에 있음'이란 종이쪽지를 붙여 놓고 파, 콩나물, 두부, 상추, 양파 따위 부식 일절이 아닌 부식 일체를 팔기 시작하였다. 참 답답한 노릇이었다. 김포슈퍼와 형제

슈퍼의 딱 가운데 지점에서, 그것도 결사적인 고객 확보로 바늘 끝처럼 날카로운 두 가게 앞에 버젓이 부식 일절 운운하는 쪽지를 매달아 놓았으니 무사할 리가 없었다.

문답 하나

사회 내의 개인들이 서로의 이익을 위하여 다툴 때 갈등을 해소할 방안은 무엇인가? 일상 속에서 벌어질 만한 상황을 예로 들어 말해 보라.

답변의 길잡이

개인 사이의 다툼은 원인을 제거하면 해소된다. 개인들이 다툴 때는 그만한 이유들이 있고, 서로 이익이 충돌하면 쉽게 조정하기 어려운 측면이 있다. 배려와 양보가 우선적인 방안이 될 것이다. 일상적인 말이 되어 버린 '법대로 하라.'는 태도는 일상 도덕의 조정 기능을 버리고 법이라는 마지막 수단을 활용하자는 것이다. 적절한 방식이라고 보기 어렵다.

지은이

양귀자 1955~

전주에서 태어나 원광대 국문과를 졸업했다. 1978년《문학사상》 신인상에 단편 소설 〈다시 시작하는 아침〉〈이미 닫힌 문〉이 당선되어 등단했다. 도시 변두리 서민들의 일상에 대한 관찰에서부터 이념적 지향을 잃고 방황하는 작가적 자의식에 이르기까지 진지한 주제들을 따뜻하고 섬세한 문체로 그려 냈다. 연작 소설집《원미동 사람들》을 비롯해《지구를 색칠하는 페인트공》《슬픔도 힘이 된다》등의 소설집과《희망》《나는 소망한다 내게 금지된 것을》《모순》등의 장편 소설을 냈다.

또 다른 인문 고전

<수라도>

<사하촌>의 작가 김정한의 중편 소설. '수라'란 '아수라'의 준말로 싸움을 잘하는 용맹한 귀신을 지칭한다. '갈등과 싸움에 휩싸인 인간 세계'를 그린 <수라도>에는 구한말부터 광복 직후까지 가야 부인의 4대에 걸친 수난사가 우리 현대사와 결부되어 실려 있다.

38

교실 사회로 본 권력의 흥망사
이문열 《우리들의 일그러진 영웅》

문제 제기

합리적이지 않은 상황에 직면했을 때 개인으로서 할 수 있는 행동은 무엇일까? 저항하거나 순응할 뿐이다. 저항은 자부심을 지켜 주지만 고된 삶을 예고하고, 순응은 자부심에 상처가 조금 나지만 체제에 들어가 무난한 삶을 보장받는다. 대부분 강자에게 빌붙고 약자에게 모질다. 삶을 살아가는 가장 편리한 방편이다. 어른들 세계만 그렇지는 않다. 영화 〈아홉 살 인생〉에서도 볼 수 있듯이 어린이들 세계도 예외는 아니다.

이문열의 〈우리들의 일그러진 영웅〉은 한 교실에서 권력자가 탄생하고 몰락하는 과정을 생생하게 보여 주는 명작이다. 강한 권력자였던 '엄석대 체제'의 성립과 붕괴는 모든 권력의 그것과 닮아 있다. 새 담임의 등장이 아니었다면 엄석대 체제도 몰락하지 않았을 것이라는 설정은 권력 붕괴가 쉽지 않다는 점을 암시한다. 한 사회의 권력과 개인의 성쇠를 교실이라는 공간을 통해 보여 주는 〈우리들의 일그러진 영웅〉은 개인과 사회 권력을 성찰하게 만드는 작품으로 읽힌다.

내용 개괄

이야기는 '나'의 추억담으로 시작된다. 나는 아버지의 좌천으로 서울에서 Y읍이라는 초라한 곳으로 전학한다. 학교에 간 나는 반장 엄석대가 담임의 두터운 신임과 아이들의 절대적 복종을 받으며 군림하는 현실과 만난다. 부당한 상황에 저항해 보지만, 월등한 학업 성적과 권력을 지닌 그에게 밀린다. 비리 고발도 수포로 돌아가면서 나는 학급에서 배척당한다.

결국 굴복하고 동조하며 엄석대의 시혜를 받던 중 민주적 의식을 가진 새 담임이 부임한다. 담임의 개혁 의지로 엄석대 체제는 몰락한다. 학급은 새로운 환경에서 시행착오를 겪으며 허우적거리다가 점차 용기를 얻고 민주적 질서를 회복한다.

사회인으로 성장한 나는 부조리한 현실에서 힘겹게 살아가다 엄석대에게 일종의 향수마저 느낀다. 어느 날 나는 수갑을 차고 경찰에 붙들려 가는 엄석대를 만난다. 그날 밤 잠든 아내와 아이들 곁에서 늦도록 술잔을 비운다.

한 구절 경구

이제 앞으로의 일은 너희 손에 맡겨도 될 것 같아 마음 든든하다. 그렇지만 너희들도 값을 치러야 한다. 첫째로는 너희들의 지난 비겁의 값이고, 둘째로는 앞으로의 삶에 주는 교훈의 값이다. 한 번 잃은 것은 결코 찾기가 쉽지 않다. 이 기회에 너희들이 그걸 배워 두지 않으면 앞으로도 또 이런 일이 벌어져도 너희들은 나 같은 선생님만 기다리고 있게 될 것이다. 괴롭고 힘들더라도 스스로 일어나 되찾지 못하고 언제나 남이 찾아 주기만을 기다리게 된다.

문답 하나

엄석대 같은 사회 내의 부조리한 권력자는 종종 발생하곤 한다. 그런 권력자가 힘을 오랫동안 유지하는 것은 권력에 기생하면서 체제를 유지하려는 다수의 대중이 있기 때문이다. 〈우리들의 일그러진 영웅〉에서도 엄석대의 권력을 무너뜨린 주체는 새로 온 담임이었지, 반의 구성원들이 아니었다. 이러한 현상이 가지는 사회적 의미를 생각해 보고, 독재 권력에 맞서는 적절한 시민의 자세를 제시해 보라.

답변의 길잡이

민주주의를 지탱하는 것은 체제가 부패하지 않도록 감시 기능을 철저하게 이행하는 시민들의 존재이다. 한 사회 내에서 권력은 원하는 바를 이루게 하고 순간의 안락함을 보장한다. 자신이 보호 대상이 된다면 권력이 다소 부당하더라도 편입되고 싶어 하는 심리가 일반적이다. 보호 대상이 되지 못하면 그만큼 혹독하고 불합리한 대우를 감수해야 하며, 누구나 그런 처지에 놓일 수 있다. 자신의 권리를 위해, 나아가 사회 정의를 위해 불이익을 감수하더라도 불의한 세력에 항거하는 것이 궁극적인 의미에서 유익하다.

지은이

이문열 1948~

《삼국지》를 미려한 문체로 번역한 한국의 대표 작가 중 한 사람. 한때 가장 많은 고정 독자를 가진 소설가이기도 했다. 등단 직후에 발표한 《사람의 아들》로 평단과 독자의 주목을 한 몸에 받았다. 이문열의 글이 힘과 설득력을 갖는 것은 '특정 유형의 독자'를 올바로 설정하고 창작 기간 내내 그들과 대화하는 심정으로 계속하여 글을 검토해 나갔기 때문이라고 한다. 어느 사상이나 견해에도 쏠리지 않으려는 그의 회의 정신은 글 전체에 긴장감이 돌게 하는 작용을 한다.

또 다른 인문 고전

《사람의 아들》

이문열의 출세작. 종교적 신념을 지키려는 의지로 사회적 편견을 극복하고 참 신앙을 구축해 나가는 구도 여정을 보여 주는 작품이다. 어떠한 신앙도 인간의 현실을 넘어서는 것은 없다고 말한다. '사람의 아들'이라는 제목에서 이미 강한 인본주의적 색채가 풍긴다.

39

정부에 저항해야 할 권리
헨리 데이비드 소로《시민의 불복종》

문제 제기

정부는 자유로운 자연인들의 권리를 모아 만들어졌다. 만약 정부가 자신을 탄생시킨 구성원들의 이익을 대변하지 않고 하나의 특정 권력으로 존재한다면 어떻게 대응해야 할까? 개인과 사회가 서로의 이익을 바탕으로 첨예하게 대립하게 될 경우 우리는 근본적인 의문에 도달하게 된다.

《월든》의 작가로 잘 알려져 있는 소로는《시민의 불복종》에서 정부가 개인을 탄압하는 실체로 존재하면 어떻게 해야 할지를 말한다. 그는 시민들은 적극적인 권익을 표현하기 위해 정부에 불복종해야 한다고 주장한다. 정부 권력의 정당성을 공격하여 정책이 지속되는 상황을 막는 것이다. 과격해 보이기도 하는 그의 주장은 개인과 사회의 관계를 깊게 성찰할 기회를 제공한다.

내용 개괄

불의한 정부인 줄 알면서도 지지하는 사람은 혁명을 방해하는 가장 강한 장애물이다. 정부의 불의가 극도에 이르러 의인을 모두 쫓아낸다면 의인이 갈 곳은 감옥이다. 의인은 감옥에서 가장 강력한 영향을 줄 수 있다. 관리가 관청에서 사직하고, 국민이 충성을 거부하면 혁명은 당연히 성공할 것이다. 다시 말해 무혈 혁명이 가능하다는 것이다. 이를 위해 시민들은 외따로 서야 한다. 저자는《시민의 불복종》을 통해 아메리카 · 멕시코 전쟁을 열렬히 반대하고 있다.

한 구절 경구

내가 마땅히 지켜야 할 권리가 있는 나의 유일한 의무는 어떤 때든지 내가 옳다고 생각하는 것을 행하는 일이다. 법인法人에는 양심이 없다는 말은 과연 옳은 말이다. 그러나 양심을 가진 사람들로 된 법인은 양심 있는 법인이다. 법이 사람을 손톱만큼이라도 더 도덕적으로 만드는 일은 없다. 오히려 법을 존중하는 탓으로 성질이 착하던 사람들도 나날이 불의를 행하는 자들로 변해 가고 있다.

문답 하나

시민들에게 불복종할 권리를 주고 적극적으로 실현하라고 한다면 정부에 대한 견고한 신뢰와 사회 질서가 혼란스러워질 수 있다. 그럼에도 시민의 불복종 권리를 인정해야 한다면 그 까닭은 무엇일까?

답변의 길잡이

정부가 권력을 남용한다는 것을 근본적으로 알게 하고, 권력의 근원이 어디인가를 인식시키기 위해 꼭 필요하다. 불복종은 정부를 이루는 구성원들이 벌일 수 있는 최후의 수단이다. 정당한 사유로 적극적인 동참을 이끌어 낸다면 권력을 향한 가장 무서운 경고가 된다. 사회 질서도 결국 시민들이 지켜야 할 필요가 있다는 공감대 위에서 출발하는 것이다.

지은이

헨리 데이비드 소로 1817~1862

랠프 왈도 에머슨과 함께 미국 콩코드 학파의 사상을 대표하는 시인이자 철학자. 콩코드 학파는 정신적 관조로 물질과 과학 위에 서고자 했다. 그는 월든 호수에서 개인주의에 입각한 철저한 자족 생활을 표방하고 실천하는 한편, 자신의 사상을 강연이나 저서를 통해 전파하려고 노력했다.

또 다른 인문 고전

《월든》

소로가 월든 호수가 있는 숲 속에서 수 년 동안 지낸 기록. 원제는 《월든 : 숲 속의 생활》이다. 손수 집을 짓고 지출을 극도로 제한하면서 간소한 생활을 하던 때에 얻은 감격과 영감을 적어 놓았다. 우리 시대의 큰 깨달음인 법정 스님도 소로의 가르침에서 많은 영감을 얻었다고 고백한 바 있다.

40

최소 수혜자에게 우선 혜택을

존 롤스 《사회정의론》

문제 제기

기본적으로 모든 사람을 똑같이 대우하는 것이 평등이지만, 평등한 대우가 항상 정의로울 수는 없다. 몸이 불편한 장애인과 비장애인에게 동일한 100미터 달리기 기록을 요구한다거나, 재산 차이가 나는 사람들에게 같은 세금을 내라고 강요할 것인가. 차이가 인정되지 않은 평등은 부당하며 정의롭지 않다.

그렇다면 정의란 무엇인가? 차이를 고려한 상태에서 만인이 공감할 만한 원칙에 따르는 것이다. 존 롤스의 《사회정의론》은 정의를 두고 고심한 결과이다. 저자는 다른 처지를 감안한 평등이 합당하며, 사회에서 가장 적은 혜택을 보는 사람에게 우선적인 기회를 줘야 정의롭다고 본다. 구성원들에게 정의롭다고 공감을 얻어야 사회 제도가 실현된다. 불법적인 행위에 문제를 제기하는 것도 제도의 공정성에 동의하기 때문이다. 정의의 문제는 사회 운영에 있어 매우 중요한 잣대가 될 것이다.

내용 개괄

이론적인 원리가 소개되는 제1부에서는 롤스 자신의 정의론과 대안적 입장들, 특히 공리주의가 대비적으로 제시된다. 제2부에서는 자기 이론의 제도적 응용을 보이고자 한다. 구체적인 문제들은 헌법상의 지위에 대한 철학적 근거, 분배적 정의의 문제, 정치적 의무와 책무의 근거 및 한계 등이다. 그는 시민 불복종과 양심적 반대도 논의에 포함시킨다. 끝으로 제3부에서는 자신의 정의론을 가치 이론 및 도덕 발달 이론과 관련짓는다. 그는 정의론을 이용해 공동체가 갖는 가치를 설명한다.

한 구절 경구

진리가 사상 체계의 으뜸 덕목이라면 정의는 사회 제도의 으뜸 덕목이다. 아무리 잘 만든 이론이라도 진리가 아니라면 물리치거나 고쳐야 한다. 그와 마찬가지로 아무리 쓸모 있고 번듯한 제도라도 정의롭지 못하다면 다시 짜거나 버려야 한다. 사회 전체의 복지를 도모한다는 빌미로 정의를 어길 수 없다. 개인은 정의에 의해 온전히 보호되어야 한다. 정의는 다수의 이익을 위해 소수에게 희생을 짊어지우는 것을 용납하지 않는다. 따라서 동등한 시민적 자유가 이미 자리 잡은 사회는 정의롭다고 간주된다.

문답 하나

사회 정의의 관점에서 최소 수혜자에게 우선적인 혜택을 준다는 것은 매우 의미 있는 일이다. 최소 수혜자의 복지 문제는 실질적인 실천을 바탕으로 해야 영향력이 확대된다. 다시 말해 실천을 위해서는 적지 않은 비용이 발생한다는 난제가 따른다. 최소 수혜자에게 혜택을 주는 정책의 장단점을 말해 보자.

답변의 길잡이

비용을 국민의 세금으로 충당할 수밖에 없어서 복지 정책을 강화할수록 많은 세금을 거두어야 한다. 기업의 생산 의욕을 떨어뜨리는 원인이 되기도 하고, 적극적인 자활 의지를 오히려 감소시킬지도 모른다는 문제점도 있다. 하지만 복지와 정의의 문제는 결국 사회 구성원들의 전체적인 삶의 질을 향상시키는 길이며, 실업에 대비하는 보험적 성격도 지니고 있다.

지은이

존 롤스 1921~2002

미국의 철학자. 1950년 프린스턴 대학에서 박사 학위를 받은 후 코넬 대학, MIT를 거쳐 하버드 대학에 재직했다. 그의 관심은 사회 정의에 대한 현대적 해석에 집중되어 '분배적 정의', '시민 불복종', '정의감' 등의 문제와 관련한 연구 활동을 활발하게 전개했다. 《사회정의론》은 20여 년에 걸친 탐구의 결정체라 할 만하다.

또 다른 인문 고전

《영국 노동계급의 형성》

에드워드 파머 톰슨의 역작. 케임브리지 대학에 다니던 수재가 좌파와 반핵 운동의 와중에 탄생시킨 걸작으로 이미 고전 반열에 올라 있다. 사실적이고 구체적인 자료들을 책 사이사이에 배치하여 생기를 불어넣고 있는데, '계급'에 대한 참신한 해석은 책의 가치에 빛을 더해 준다.

9부

법과 도덕

법치 국가에서 법은 생명과도 같다. 법 집행에 정당성이 확보되려면 법이 만인에게 공감을 얻도록 공정해야 한다. 공감은 자신의 이익과 결부되어 나타나기도 하지만, 상당 부분은 일반적이고 상식적인 개개인의 양심, 다시 말해 도덕에 기초해 있을 때 획득된다. 다원화된 현대 사회에서 충돌을 조정하는 마지막 보루는 법이다. 법의 근원은 다시 도덕이다. 먼저 둘 사이의 상보적인 관계를 깊이 있게 이해할 필요가 있다.

현대 사회에서 운영되는 법의 정체를 알려면《법의 정신》을 숙독하도록 한다. 몽테스키외는 풍부한 자료 조사와 비교 분석을 통해 상당히 객관적인 시야로 책을 서술했다. 특히 철저하게 경험주의적 방법을 활용한 것이 주목된다. 책의 핵심적인 주장은 '법은 인간의 이성이며, 법의 정신은 인간의 이성이 발현되는 것'이다. 몽테스키외에게 정치적 자유란 결코 무제한의 자유가 아니다. 법에 의해 지배되는 사회에서 자유란 단지 원하는 바를 행할 수 있고 또한 원하지 않는 바를 강요받지 않는다는 의미이다.

한편 빅토르 위고의《레 미제라블》에는 연행만 하면 되는 장 발장을 눈앞에 두고 갈등하는 형사 자베르의 고민이 나타난다. 법과 도덕 또는 법과 양심의 경계에서 순 임금은 법의 가치를 넘어 인륜을 지켰고, 자베르는 양심의 무거운 소리에 형사로서의 직무를 수행하지 못했다. 법을 집행해야 하는 처지인 경찰관이 자신의 양심 때문에 고민하는 모습은 법이 반드시 모든 양심의 실현에 기여하지는 않는다는 점을 확인시켜 준다.

만인에게 평등하게 적용되어야 할 법이 융통성을 가진다면 공정성에 흠이 나고 논란의 여지가 생긴다. 현대 사회의 다양한 가치관은 가능성을 더욱 확대하고 있다. 자베르의 고민 역시 지극히 인간적인 도리에 충실한 감정에서 비롯되었다면 법과 도덕의 경계는 충분히 고민해 볼 가치가 있는 문제이다. 공자는《논어》에서 형벌로 다스리는 정치와 덕과 예로 다스리는 정치의 차이를 말한다.

"정치로 다스리고 형벌로 질서를 잡는다면 백성들은 형벌을 면하려고만 하고 부끄러움은 없어질 것이다. 덕으로 다스리고 예로 질서를 잡는다면 부끄러움을 알고 선에 이르게 될 것이다."

형벌을 집행하며 다스리는 정치는 가장 훌륭한 통치 방식이 아니라는 뜻이다. 덕을 권면하고 예를 가르치면 형벌을 통해 얻으려 했던 법질서와 준법 의식이 더 높은 차원에 이르게 된다는 가르침이다. 다원화된 사회의 다양한 가치관은 법을 통한 문제 해결을 강조한다. 위력을 통한 해결보다는 분명 높은 수준이지만, 인간이 지닌 도덕의 가치를 제대로 실현하는 방식이라고 자신할 수는 없다.

41

삼권분립의 사상적 기초
몽테스키외 《법의 정신》

문제 제기

현대 사회를 형성하는 기본적인 정치 형태인 민주주의는 주권을 가진 국민들에 의해 나라가 운영된다는 기본 이념을 가진다. 그렇다면 민주주의라는 국가 형태는 전래되어 오던 것인가? 권력 분립과 법치라는 생각은 예전부터 있었던 것인가? 법치 전통과 권력 분립에 대한 이해는 현대 민주주의 국가 체제를 제대로 알기 위한 중요한 덕목 중 하나이다. 몽테스키외의 《법의 정신》은 이 문제에 답을 주는 명작이다. 자유는 무엇인지, 어떠한 정치 형태에서 자유가 구현되는지, 권력이 분립되어야 하는 이유는 무엇인지 등을 경험에 기초한 명쾌한 설명으로 알려 준다.

내용 개괄

법에 관한 거의 모든 범위를 다루면서 철저하게 경험주의 방법에 기초하여 저술되었다. 당대는 물론 고대와 유럽 각국, 아프리카, 아메리카, 아시아 제국을 포함한 전 세계를 연구 대상으로 삼았다. 풍부한 실례를 바탕으로 비교 분석하여 비교 법학의 명저로 인정받고 있다. 법은 인간의 이성이며, 법의 정신은 인간의 이성이 발현되는 입법 원리라고 한다. 총 31편으로 되어 있는《법의 정신》에서 특히 주목을 끄는 것은 권력 분립과 관련된 이론이다.

한 구절 경구

정치적 자유는 결코 무제한의 자유로 이루어진 것은 아니다. 국가에 있어서, 다시 말해 법에 의해 지배되는 사회에서 자유란 단지 그가 원하는 바를 행할 수 있고, 또한 그가 원하지 않는 바를 하도록 강요받지 않는 것을 의미한다. 자유란 법이 허용하는 것을 행할 수 있는 권리이다.

문답 하나

몽테스키외의 권력 분립 이론은 현대 민주주의 정부 형

태를 결정하는 매우 중요한 원리이자 이념으로 적용된다. 권력이 한쪽으로 집중되면 그만큼 효율적인 집행을 할 수도 있을 텐데 굳이 권력을 분립하는 의도는 무엇일까?

답변의 길잡이

권력의 속성상 한곳에 집중된 권력은 견제하는 세력이 없어 부패할 가능성이 높다. 법 집행도 권력이 분립되어 있는 경우보다 자의적인 해석을 할 여지가 많다. 실제 형식적으로만 권력을 분립한 독재 권력이 운영하는 일부 나라에서는 통치에 반대하거나 저항하는 세력들을 정당하지 않은 법 절차를 통해 억압하는 일이 벌어진다. 우리나라도 과거 군부 독재 시절에는 삼권 분립이 철저하게 이루어지지 않았다. 당시 사법부를 권력에서 독립시키기 위해 투쟁한 역사가 있다. 권력 분립은 효율적인 통치에 방해되지 않는다. 법을 통한 통치에 정당성을 부여하여 더욱 강력한 집행력을 갖게 하는 중요한 장치이다.

지은이

몽테스키외 1689~1755

프랑스 계몽 사상가. 법조인 집안에서 태어나 보르도 대학에서 법학을 공부하고, 보르도 고등법원의 의장이 되었다. 1721년 유럽 정세를 편지 형식으로 풍자한《페르시아인의 편지》를 발간하여 문학가로서의 재능을 발휘하기도 했다. 유럽 각지를 여행한 뒤 준비 기간만 20년이 걸린《법의 정신》을 1748년에 발표했다. 출간 2년만에 22쇄가 거듭 발행될 정도로 큰 반향을 불러일으켰다.

또 다른 인문 고전

《페르시아인의 편지》

몽테스키외의 흥미로운 철학 저작. 편지 형식의 저술을 통해 몽테스키외는 두 명의 페르시아 여행객의 눈에 비친 프랑스와 파리의 문화를 풍자했다. 루이 14세의 통치뿐 아니라 이슬람교와 기독교 같은 종교를 포함한 모든 사회 계층을 조롱했다. 그는 우상 파괴적인 비판 정신과 새로운 개념을 제시하여 많은 독자들의 호응을 얻었다. 정치적으로는 보수적인 입장을 취하여 '사회 및 정부의 기원에 대한 탐구는 헛수고'라는 견해를 내놓아 루소에게서 "원리 원칙에 무책임한 태도를 갖고 있다."고 비판받기도 했다.

42

직무와 인륜 사이

여불위 《여씨춘추》

문제 제기

이웃집 닭을 훔친 아버지를 신고한 아들에게 '준법정신이 투철한 시민'이라고 상을 주어야 할까, 아니면 아버지의 허물을 알려 공명을 떨치려는 패륜아라고 손가락질해야 할까? 적어도 법에 의한 통치를 지향하는 법치 국가의 이념을 견지하는 국정 운영에서는 준법이 중요할 것이다. 그렇다고 인륜과 같은 관습적이고 중요한 사회적 묵계를 저버리는 일은 법 이전에 도덕의 문제여서 소홀히 다룰 수 없다. 순 임금이라면 왕의 자리를 내려놓더라도 법을 어긴 아버지를 업고 달아났을 것이라는 맹자의 말은 동양적인 법과 도덕의 경계에 대한 인식을 잘 나타낸다.

《여씨춘추呂氏春秋》에 실려 있는 석저石渚의 처신 역시 자신의 직책과 인륜 사이에서 고민하는 모습을 보여 준다. 신하된 도리를 다하고 맡겨진 직분을 다하는 것은 '충'이고, 아버지를 차마 처벌할 수 없는 것은 '효'이다. 두 가치가 충돌한 경우 어느 쪽을 택해야 하는가? 석저의 선택을 생각해 보는 것은 법의 성격에 대한 깊이 있는 통찰의 실마리가 된다.

내용 개괄

진시황의 친부일 것으로 추측되는 여불위가 당대의 학자들을 모아 만든 거작이다. 《사기》의 〈여불위전呂不韋傳〉에 따르면 '여불위는 식객들로 하여금 각기 그들이 들은 바를 저술케 하고 이를 모아 따져 〈팔람八覽〉, 〈육론六論〉, 〈십이기十二紀〉 등 모두 2십여 만 자에 걸친 저작을 만들었다. 여기에는 천지, 만물, 고금의 일에 관한 것이 전부 갖추어져 있다고 해서 《여씨춘추》라고 했다.'고 기록되어 있다. 중국 전통 문화와 학술 사상은 한대漢代에 이르러 갖추어지는데, 한대 학술의 근간인 경학經學은 모두 《여씨춘추》의 영향을 받았다고 한다. 도가, 법가, 《관자》의 영향을 받았지만 후대에 그보다 큰 영향을 미친 《여씨춘추》의 내용은 제자백가 사상이 총합되었다는 점에서 지금도 여러모로 음미해 볼 가치가 있다.

한 구절 경구

“살인범은 저의 아버지였습니다. 아버지를 제 손으로 잡는다는 것은 자식 된 도리로 차마 할 수 없었습니다. 하지만 범인에게 사사로운 정을 두는 것은 국법을 어기는 것으로 불가한 일입니다. 법을 범한 이상 벌을 받는 것은 신하 된 자의 도리입니다. 아비에게 정을 두지 않으면 효자라고 할 수 없고, 임금을 섬기며 법을 굽힌다면 충신이라고 할 수 없습니다. 임금께서 그것을 용서하시는 것은 은혜로운 일이지만 감히 국법을 어길 수 없는 것이 신하의 도리입니다.” 하고는 형틀에서 스스로 목숨을 끊었다.

문답 하나

석저의 선택은 과연 현명하다 할 수 있을까? 다른 선택의 여지는 없었을까? 직무에 대한 책임감과 양심, 신하와 아들의 입장 사이에서 고민한 석저의 선택을 오늘날의 상황에 대비해 평가해 보자.

답변의 길잡이

석저의 선택은 당시의 핵심적인 도덕 원리이자 삶의 지

표이기도 했던 충과 효를 모두 실현하려고 했다는 점에서는 의미가 깊다. 그가 선택한 최종 형태는 자살이었다. 살아남아 충과 효를 다할 기회를 한순간에 저버렸다는 점에서 비판의 여지가 있다. 아버지의 잘못은 분명 법질서를 어겼기에 처벌받아야 마땅하지만, 아들로서 처벌할 수 없다면 관직을 내려놓고 함께 처벌을 받으면 될 것이다.

지은이

여불위 ?~B.C.235

전국 시대 말기의 대상인이자 정치가. 인질로 잡혀 온 진나라 공자 자초를 도와 진나라의 왕위를 물려받도록 힘썼다. 이때부터 상인을 그만두고 정치가로 나선다. 자초가 왕의 자리에 오르자 승상이 되어 집정했으나, 자초의 아들이 진시황에 오르자 쫓겨났다. 그는 울분을 참지 못하고 스스로 목숨을 끊었다. 상인, 봉건 관료, 대지주의 삶을 살았던 여불위는 진나라의 번영과 강성에 크게 기여했다. 봉건 국가를 유지하기 위해 하나의 사상 준칙과 규범이 필요하다고 판단하여 문하에 수많은 식객들을 불러 모아《여씨춘추》를 편찬했다.

《한비자》

법가의 탁월한 이론가인 한비의 저작. 군주의 명령에 나라의 정치가 결정되는 시기에 군주의 마음을 움직여 정치적 꿈을 펼치는 유세객遊說客의 어려움을 말한 〈세난편說難篇〉은 '역린逆鱗'이라는 말로 유명하다. 한비는 상앙의 모략으로 제 꿈을 펼쳐 보지도 못하고 죽었다. 이후 강력한 법 집행에 의한 통치를 주장한 그의 사상을 진시황이 채택하여 진나라가 전국을 통일하는 데 매우 큰 기여를 했다.

43

법과 양심의 사이에서
빅토르 위고 《레 미제라블》

문제 제기

공자는 《논어》에서 형벌로 다스리는 정치와 덕과 예로 다스리는 정치의 차이를 다음과 같이 말하였다.
"정치로 다스리고 형벌로 질서를 잡는다면 백성들은 형벌을 면하려고만 하고 부끄러움은 없어질 것이다. 덕으로 다스리고 예로 질서를 잡는다면 부끄러움도 알고 선에 이르게 될 것이다."
형벌 집행으로 다스리는 정치는 가장 훌륭한 통치 방식이 아니다. 덕을 권면하고 예를 가르치면 형벌을 통해 얻으려고 했던 법질서 준수와 준법 의식을 더 높은 차원에서 겸비하게 된다는 가르침이다. 여기에서 우리는 형벌을 정해 놓은 법이 만능이 아니며, 오히려 법은 도덕의 최소한이라는 각성에 도달하게 된다.

빅토르 위고의《레 미제라블》은 법과 양심 사이에서 고민하는 인간을 내세운다. 그는 법 집행의 주역이자 탁월한 형사인 자베르 경감이다. 바로 연행만 하면 될 장 발장을 눈앞에 두고 갈등하는 그를 우리는 어떻게 평가해야 할까? 양심과 법의 칼날 같은 경계에 서서 번민하는 그의 모습은 법과 양심의 기준점을 성찰하도록 촉구한다.

내용 개괄

혼란한 19세기 프랑스의 정세가 잘 반영된 작품이다. 장 발장은 허기를 이기지 못하는 조카들을 위해 한 조각의 빵을 훔친 죄로 감옥에 들어간다. 몇 번의 탈옥 실패 끝에 19년이란 긴 형을 선고받은 그가 진정한 사랑을 가진 신부를 만나 새롭게 태어난다. 사회의 불평등을 없애고 열심히 일하면 정당한 대가를 받는 사회, 죄수일지라도 한 인간으로 대우받는 사회가 성립되기를 바라는 심정으로 소설을 썼다는 빅토르 위고는 공화주의자로서의 이상을 작품 속에 고스란히 담았다.

한 구절 경구

그가 지금까지 의존해 왔던 법전도 이제 산산조각 난 파편이 되어 남아 있을 뿐이다. 그리고 지금까지 느껴 본 적이 없는 불안한 기분에 사로잡혀 있었다. 지금까지 그의 단 하나의 척도였던 법률적인 확신과는 전혀 다른 감정적인 계시가 마음속에 끓어올랐다. 하나의 새로운 세계의 모습이 그의 영혼에 훤히 보였다. 그는 어둠 속에서 미지의 도덕이라는 무서운 해돋이를 보았다. 그 해돋이가 무서워져서 눈이 아찔했다. 억지로 독수리의 눈을 갖게 된 올빼미처럼.

문답 하나

법을 집행해야 하는 경찰관이 양심 때문에 고민하는 모습은 법이 반드시 모든 양심의 실현에 기여하지는 않는다는 점을 일깨워 준다. 법은 다양한 삶의 방식과 죄와 벌에 대한 심층적인 판단을 구속하는 경향이 있다. 이런 부정적인 경향을 완화하기 위하여 법의 성격과 집행이 어떤 방향으로 나아가야 할지 자신의 견해를 말해보자.

답변의 길잡이

법은 만인에게 평등하게 적용되어야 한다. 집행의 정당성은 형평성에서 담보되는 면이 있기 때문이다. 많은 이들은 고위 법관일수록 따뜻한 심장으로 법을 집행하기를 원한다. 완고한 법 조항으로 선의의 피해자가 발생하지 않기를 바란다. 판사는 법 조항을 준수함과 동시에 양심에 따라 판결해야 한다. 중대한 판결을 하는 법조인에게 바라는 사회 전체의 기대일 것이다.

지은이

빅토르 위고 1802~1885

프랑스의 소설가, 시인, 연극 평론가. 격동의 19세기를 가장 흥미진진하게 살아간 문인 가운데 한 사람이다. 조숙한 천재로 10대에 이미 많은 상을 받았다. 프랑스 7월혁명과 2월혁명 사이의 자유주의와 인도주의를 배경으로 비참하고도 숭고한 생애를 그린 소설《레 미제라블》을 발표하여 평단의 호평을 받았다. 작품으로는《파리의 노트르담》《가을의 나뭇잎》등이 있다. 루이 나폴레옹이 집권하자 국외로 추방되어 19년 동안 망명 생활을 했다. 공화국이 세워진 후 귀국하여 조용히 생활하다 83세의 나이로 생을 마쳤다.

<태형>

김동인. 1922년 잡지 《동명》에 연재된 단편 소설이다. 감옥이라는 한계 상황을 배경으로 죄수들 사이의 갈등을 그리면서 인간의 이기심과 양심의 문제를 다루고 있다. 인간의 본성은 환경이 만든다는 환경결정론적 시각이 우세한 자연주의 계열의 작품이다.

44

도덕과 종교의 두 기준

앙리 베르그송《도덕과 종교의 두 원천》

문제 제기

학교 규칙으로 금지되어 있는 스마트폰 사용을 친구가 규칙을 어기고 수업 중에 사용하고 있다. 하지만 그 친구는 가족의 긴급한 상황을 확인하기 위해 스마트폰을 사용하고 있다고 하자. 이 상황에서 학교 규칙을 지키는 것이 도덕적으로 올바른 행동일까, 아니면 가족의 긴급한 상황을 우선시하는 것이 도덕적으로 올바른 행동일까? 법 학교 규칙 과 도덕 사이에서 어떤 결정을 내리는 것이 옳을까.

학교 규칙은 학생들이 지켜야 할 법적인 틀을 제시하지만, 개인의 긴급한 상황이나 도덕적 가치는 때로는 이러한 규칙을 따르지 않을 수도 있음을 시사한다. 이러한 상황에서 우리는 법 학교 규칙이 왜 존재하는지, 그리고 어떤 상황에서는 도덕적 판단이 법을 우선할 수 있는지에 대해 고민하게 된다. 법과 도덕 사이의 상호작용을 탐색하고, 양자 사이의 균형을 찾는 방법에 대해 생각해 보도록 하자.

내용 개괄

앙리 베르그송의 《도덕과 종교의 두 원천》은 1932년에 출간된 철학적 저작이다. 이 책에서 베르그송은 도덕과 종교의 근원을 탐구하며, 인간 행위와 사회 구조에 대한 그의 이론을 전개한다. 베르그송의 분석은 크게 두 가지 주요 개념, 즉 '폐쇄된 사회'와 '개방된 사회'를 중심으로 논의된다.

베르그송은 도덕을 설명하기 위해 두 가지 원천을 제시한다. 첫 번째는 '사회적 압력'을 통한 규범과 규칙의 도덕이며, 이는 주로 폐쇄된 사회에서 발견된다. 이러한 도덕은 집단의 생존과 질서 유지를 목적으로 하며, 개인에게 외부적으로 강요되는 형태를 취한다. 두 번째 원천은 '내적인 호소'에 기반한, 개인의 창의성과 자발성을 중시하는 도덕이다. 이는 개방된 사회와 연결되며, 상호 이해와 공감을 바탕으로 한 보다 유연하고 진보적인 도덕 체계를 의미한다.

베르그송은 또한 종교를 '자연 종교'와 '계시 종교'의 두 가지 유형으로 나눈다. 자연 종교는 폐쇄된 사회에서 발생하며, 자연 현상과 인간의 욕구를 신성화하는 형태로 나타난다. 이는 집단의 결속을 강화하고 사회적 질서를 유지하는 데 기여한다. 반면 계시 종교는 개방된 사회와 관련이 있으며, 인간의 내면적 경험과 개인적 계시를 통해 하나님과의 직접적인 연결을 추구한다. 계시 종교는 보편적 사랑과 인류 전체의 연대감을 강조하며, 개인의 내면적 변화와 사회적 진보를 촉진한다.

베르그송의 이러한 분석은 인간 사회와 문화의 발전을 이해하는 데 중요한 통찰을 제공한다. 그는 도덕과 종교가 인간의 진화와 문화적 진보에 기여하는 방식을 탐구함으로써, 인간 행위의 근본적 동기와 사회 구조의 변화를 설명한다.

한 구절 경구

왜 성인聖人들은 모방자들을 지니며, 왜 선善의 위대한 인간들은 추종하는 군중을 뒤에 끌고 다니는가? 그들은 아무 것도 요구하지 않는다. 그런데도 그들은 획득한다. 그들은 설교할 필요가 없다. 그저 존재하기만 하면 된다. 그들의 존재 자체가 하나의 호소다. 왜냐하면 이것이 바로 완전한 도덕의 특성이기 때문이다. 자연적인 의무가 억압이거나 압박이라면, 완전하고 완벽한 이 도덕에는 호소가 있다.

문답 하나

법, 도덕, 종교가 각각 사회적 질서와 인간 행동에 어떠한 기여를 하는지 설명해 보자. 이 세 영역이 서로 보완적인 역할을 할 수 있는 예에는 어떤 것들이 있을까.

답변의 길잡이

법, 도덕, 종교는 사회적 질서와 인간 행동에 각기 다른 방식으로 기여하며, 때로는 서로 보완적인 역할을 수행한다. 법은 사회적 규범과 규칙을 명시적으로 정의하고, 이를 통해 사회적 질서와 안정성을 유지하는 데 기여한다. 또한 법은 개인과 집단 간의 관계를 조정하고, 권리와 의무를 명확히 함으로써 예측 가능한 사회 환경을 조성한다. 법적 제도는 또한 분쟁 해결 메커니즘을 제공하며, 법을 위반할 경우 처벌을 통해 사회적 규범을 강화한다.

도덕은 내면적 가치와 양심에 기반한 규범으로, 사회적 행동의 지침을 제공한다. 도덕은 개인의 행동을 지배하는 무형의 규칙으로 작용하며, 사랑, 정의, 공감과 같은 가치를 통해 사회적 연대감과 협력을 촉진한다. 도덕적 규범은 법적 규정이 미치지 못하는 영역에서도 인간 행동을 안내하고, 사회 구성원 사이의 신뢰와 상호 존중을 구축하는 데 중요한 역할을 한다.

종교는 신앙과 신성한 가르침을 통해 사회적 질서와 인간 행동에 영향을 미친다. 종교는 도덕적 가치와 윤리적 원칙을 제공하며, 이를 통해 사회 구성원들이 공유하는 신념과 목표를 형성한다. 종교적 신념은 종종 사회적 행동의 강력한 동기 부여 요소가 되며, 알트루이즘이타주의과 같은 행동을 촉진하여 사회적 연대와 조화를 강화한다. 법, 도덕, 종교는 서로 다른 영역에서 작용하면서도 사회적 질서와 개인의 행동에 대해 보완적인 역할을 수행할 수 있다.

예를 들어, 법은 도로 교통 규칙을 통해 운전자의 행동을 규제하지만, 도덕은 운전 중에 다른 사람을 존중하고 배려하는 행동을 안내한다. 종교는 이러한 상황에서 이타적 행동을 신의 가르침으로 간주하며, 사회적 책임감과 공동체 의식을 강화할 수 있다.

지은이

앙리 베르그송 1859-1941

직관, 시간의 유동성, 생명의 창조적 진화를 중심으로 한 프랑스 철학자이다. 그는 전통적인 이성적 사고의 한계를 지적하며, '순수 지속'을 통한 진정한 시간 인식과 생명의 끊임없는 창조적 변화를 강조했다. 주요 저서로는《시간과 자유의지》《창조적 진화》《도덕과 종교의 두 원천》등이 있으며, 이를 통해 기계론적 세계관에 대항하는 새로운 생명관을 제시했다. 베르그송의 철학은 예술, 문학, 심리학 등 다양한 분야에 영향을 미쳤고, 1927년에는 그의 철학적 업적으로 노벨 문학상을 수상했다. 그의 사상은 현대 철학에 지속적인 영향을 미치며, 인간 존재의 근본적 문제에 대한 깊은 통찰력을 제공한다.

또 다른 인문 고전

《전태일 평전》

1970년대 이 땅을 살아간 노동자들에게 정의란 과연 무엇이었는지를 일깨워 주는 작품. 저자는 오랫동안 베일에 싸여 있다가 인권 변호사로 이름 높은 조영래 변호사로 밝혀졌다. 정의는 소외되고 법으로 보호받지 못한 자들을 향한 관심과 연민임을 말해 준다.

45

법과 인륜 사이의 정당한 기준

공자 <논어>

문제 제기

공자는 사회 질서와 조화를 이루는 데 있어 인간의 내면적 도덕성과 사회적 예절의 중요성을 강조했다. 그에 따르면, 진정한 사회 질서와 조화는 법률에 의한 강제가 아닌, 개인의 도덕적 자각과 실천을 통해 이루어진다. 이러한 관점에서, 현대 사회에서 법과 도덕 사이의 상호작용은 어떠한 의미를 가지며, 이것이 우리가 직면한 사회적, 정치적 문제를 해결하는 데 어떻게 기여할 수 있을까.

내용 개괄

《논어》는 공자와 그의 제자들 사이의 대화와 가르침을 모은 고전 중 하나로, 중국 고전 사상과 유교의 핵심을 담고 있다. 이 책은 공자가 생전에 직접 집필한 것이 아니라, 그의 사망 후 제자들과 후대 학자들에 의해 수집, 편집되어 완성되었다.《논어》는 총 20편으로 구성되어 있으며, 정치, 도덕, 교육, 인간관계 등에 대한 공자의 생각과 철학을 담고 있다.

《논어》에서 가장 중요한 개념 중 하나인 인仁은 사랑, 인간애, 타인에 대한 배려와 존중을 의미한다. 공자는 인을 실천하는 것이 이상적인 인간, 다시 말해 '군자'가 되는 길임을 강조한다. 의義는 올바름, 정의로움을 뜻하며, 인과 더불어 인간의 도덕적 행위를 이끄는 중요한 원칙이다. 예禮는 사회적 규범과 의례, 예절을 의미한다. 공자는 예를 통해 사회 질서와 조화를 유지할 수 있다고 보았다. 지知는 지식과 지혜를 의미하며, 공자는 개인의 끊임없는 학습과 자기 성찰을 중요시했다.

공자는 혼란스러운 시대 배경 속에서도 이상적인 통치자는 인과 의, 예를 바탕으로 백성을 사랑하고 이끌어야 한다고 주장했다. 《논어》는 중국 뿐만 아니라 동아시아 전체의 사상, 문화, 도덕, 정치 체계에 지대한 영향을 미쳤다. 유교의 핵심 텍스트로서, 이 책은 천여 년 이상 동양 사회의 도덕적 지침서 역할을 해왔으며, 개인의 덕성 함양, 사회적 책임, 정치적 리더십에 관한 중요한 가르침을 제공한다.

한 구절 경구

섭공이 공자에게 말했다. "우리 고을에 몸을 바르게 처신한 한 사람이 있으니 그의 아버지가 양을 훔쳤는데 그의 자식이 그것을 관가에 고발하였습니다."
공자가 이에 대해 말했다. "우리 고을에서 바르다는 것은 이와 다릅니다. 만약 양을 훔쳤을 경우라면 부모는 자식을 위하여 숨겨 주고, 자식은 부모를 위하여 숨겨줍니다. 바르다는 것은 그 안에 있는 것입니다."

문답 하나

질정법보다 인륜을 중시하는 공자의 가르침은 현대의 법의식과는 다소 차이가 있을 수 있다. 공자의 사상으로 근간을 이룬 유교사상이 현대 사회의 법과 도덕에 미치는 영향은 무엇일까?

답변의 길잡이

공자와 그의 유교 사상은 수천 년 동안 동아시아 사회의 도덕적 · 윤리적 기준을 형성하는 데 큰 영향을 미쳤으며,

현대 사회의 법과 도덕에도 중요한 영향을 주고 있다. 공자는 개인의 도덕성이 사회적 조화와 질서를 만드는 기반이라 보았다. 현대 사회에서도 이 원칙은 중요하다. 개인의 도덕적 판단과 행동은 법률이 규정하는 행위의 기준과 맞닿아 있으며, 개인이 도덕적 책임감을 가지고 행동할 때 사회 전반의 윤리적 수준이 향상된다. 공자는 가족 구조 내에서의 역할과 의무를 강조했으며, 이는 사회적 질서와 안정에 기여하는 것으로 보았다. 현대 사회에서 가족 구조와 역할이 다양화되었음에도 불구하고, 가족 간의 조화와 상호 존중은 사회적 안정과 법적 질서를 유지하는 데 중요한 역할을 한다.

지은이

공자 B.C.551~B.C.4790

중국 춘추시대의 사상가이자 교육자로, 유교의 창시자로 널리 알려져 있다. 본명은 공구孔丘 이며, 공자는 존칭이다. 공자는 오늘날의 산동성山東省 구주曲阜 에서 태어났다. 그는 고대 중국의 사회적·정치적 혼란을 목격하며 이상적인 사회 질서와 도덕적 인간을 구현하고자 했다. 공자는 생전에 여러 제후국을 방문해 자신의 정치적 이상과 철학을 전파하려 시도했지만, 큰 성공을 거두지는 못했다. 그러나 제자들에 의해 그의 가르침이 전승되어 유교라는 거대한 사상 체계로 발전했다. 이는 중국과 한국, 일본, 베트남 등 동아시아 문화권에 깊은 영향을 미쳤다. 유교는 개인의 도덕성 개발, 가족 중심의 사회 구조, 군주와 신민 사이의 관계를 중요시하는 정치 철학을 포함한다. 유교적 가치는 동아시아의 교육 체계, 정치 이념, 사회 관습에 깊이 뿌리내렸으며, 오늘날까지도 이 지역의 문화와 사회에 영향을 미치고 있다.

또 다른 인문 고전

《죄와 벌》

도스토옙스키. 목적이 올바르다고 수단이 정당화될 수는 없음을 보여준다. 엘리트 청년 주인공 라스콜리니코프가 살인을 저질렀다가 개심하는 과정을 치밀한 심리 묘사로 그렸다. 인간의 양심을 깊이 있게 고찰한 고전으로 꾸준히 읽혀 왔다. 그를 개심시킨 창부 소냐는 영혼이 순수한 여성의 대명사가 되었다.

10부

여성

20세기 들어 여성은 남성의 부수적인 존재라는 인식을 떨치며 활발하고 적극적으로 사회 활동을 펼치기 시작했고, 곧 여성 경제 능력의 향상을 가져왔다. 경제적으로 독립한 여성들이 많아질수록 여성의 존재에 대한 각성은 더욱 뚜렷해져 갔으며, 여성들의 권익을 주장하는 모임으로 성장하면서 여성 운동을 확대하는 원동력으로 작용했다.

우리 사회는 아직도 남녀 차별이 뿌리 뽑히지 않은 상태다. 여성의 발전된 생각에 비하여 남성들은 여전히 여성을 보완적 존재로 바라본다. 이런 시각은 여성들의 반발을 부르고 있으며, 여성 문제에서 근본적인 쟁점이 되기도 한다. 문제를 해결하기 위해서는 우선 여성 스스로의 노력이 우선되어야 하겠으나, 여성들이 받는 부당한 대우를 형성한 것은 남성 중심의 오래된 관습이라는 사실을 상기할 때, 사회와 남성의 인식도 크게 변해야 한다. 남성 중심의 세상은 여성을 낮추어 보는 동시에 남성에게 과도한 책임감을 부여한다. 한국은 남성 40대 사망률에서 세계적인 순위를 다투고 있다. 한국에서 남성으로 살아가기가 결코 명예롭고 신나는 일이 아님을 나타낸다. 여성 고용 차별은 그런 의미에서도 당연히 철폐되어야 한다. 사회적으로 여성이 남성과 동등하게 경쟁하지 못하는 현실을 고려한다면 여성 고용을 법적으로 할당하는 여성 고용 할당제가 적극적으로 추진되어야 한다. 단순히 역차별의 논리로 부정될 것이 아니다.

여성 문제는 여성을 바라보는 인식의 문제임과 동시에 여성에게 가해지는 차별을 없애고 사회 진출에 장애를 없애는 등의 실질적인 변화가 촉구된다. 여성 문제를 해결하기 위해서는 인식 변화와 제도적인 뒷받침이 반드시 필요하다. 남성들이 생각하는 여성관은 대부분 어릴 때부터 가정에서 보고 자란 관습적인 측면이 많다. 가정에서부터 남녀가 평등하다는 가치관을 심어 줄 필요도 있다.

미국의 여성 문화인류학자 마가렛 미드는 원시 부족의 성 역할과 기질을 연구했다. 남성과 여성의 사회적 역할 구분은 인류의 원래적인 성향이 아니라 문화와 관습으로 학습된 산물임을 그녀의 연구가 확인해 준다. 남성 중심의 역사가들이 왜곡한 여성 이미지에 대한 고정 관념도 조정되어야 하겠다.

46

남녀의 역할은 정해진 것인가?

마가렛 미드 《세 부족 사회에서의 성과 기질》

문제 제기

유교 문화가 주요한 이념으로 자리 잡았던 전통 사회에서 여성의 지위는 현대에 비해 상대적으로 낮았다는 인식이 일반적이다. 열녀를 대하는 사회 인식은 지나친 도덕관념으로 작용하여 여성의 삶을 질곡에 빠뜨렸다. 삼종지도와 칠거지악은 여성을 남성에게 부수적인 존재라고 인식한 사회 현상이다. 여성은 주체적인 사회 구성원이기보다는 종속적인 삶을 강요당한 것이다.

유교가 도덕관념으로 작용하였던 조선의 경우에만 한정되지 않는다. 서양에는 여성과 노약자를 우선 보호해야 한다는 기사도 정신이 있었으나, 어디까지나 존중과 보호의 대상이었다. 남성과 동등한 사회 참여자로서 여성을 설정한 것은 아니었다. 여성이 정치적 권리를 행사할 수 있는 참정권은 20세기가 넘어서야 획득 가능했다.

마가렛 미드의《세 부족 사회에서의 성과 기질》은 남성과 여성의 사회적 역할을 실질적으로 관찰하고 보고한 책으로 유명하다. 남성과 여성의 차이는 합당한가? 사회적으로 학습된 산물은 아닌가? 남태평양의 원시 부족을 관찰한 미드의 보고서는 남성과 여성의 역할에 대한 인식을 전면적으로 바꾸게 하는 원천적 근거를 제공하였다. 인류학자인 미드가 일약 여성 운동의 선구자로 부각되는 계기가 되기도 했다.

내용 개괄

1931년부터 이듬해까지 문명의 오지인 뉴기니에 저자가 직접 들어가 제각기 다른 특색을 이루고 있는 세 부족 사회를 대상으로 한 연구를 보여 준다. 성에 따르는 사회적인 인성 차이가 어떻게 형성되는지 살피는 것이 목적이다. 다양한 기질적 특성을 활용하여 원시 부족 사회의 생활 방식을 관찰했다. 남녀 역할의 차이는 각 부족의 관습에서 비롯된 잠재적 기질 차이라는 결론을 제시한다. 남녀의 사회적 성 역할에 대한 편견을 일시에 해소하는 획기적인 연구였다.

한 구절 경구

아라페쉬나 먼더거머 모두 남성과 여성의 기질을 대조적으로 규정하고 이를 활용해 온 사회는 아니었다. 아라페쉬의 이상적인 삶은 유순하고 민감한 남자가 역시 유순하고 민감한 여자와 결혼하는 것이고, 먼더거머의 이상적인 삶은 과격하고 공격적인 남자가 같이 과격하고 공격적인 여자와 결혼하는 것이다. 세 번째 부족인 챔불리에서는 우리 서구 현대인들이 일반적으로 보이는 특성과는 정반대로, 여자는 지배적이고 객관적이며 통솔권을 가지는 반면에 남자는 책임감이 약하고 정서적으로 의존적 성향을 갖는다.

문답 하나

기본적으로 남성과 여성의 사회적 역할이 고정되었다는 주장은 마가렛 미드의 연구에 의해 잘못된 인식임이 드러났다. 그러나 오랜 역사와 관습은 어느 한순간 쉽게 수정되지 않는다. 남녀의 사회적 역할에 대한 인식이 앞으로 어떻게 바뀌어야 하는지 견해를 제시하라.

답변의 길잡이

서울대학교 출판부에서 1985년에 출간한 《문화인류학

개론》에서 김광억 교수는 "여기서 우리가 문제시해야 할 것은 남녀 역할에 대한 전면적인 개편이 아니라 여성에게 할당된 역할에 대해서 공평한 가치와 의미를 부여해야 한다는 것이다."는 발언을 통해 평등 의식의 제고보다는 남녀 역할의 부분적인 개선 쪽으로 가닥을 잡았다. 1980년대의 인식은 여권 신장과 함께 점진적인 향상이 요청되고 있다. 남녀의 성 평등이 강조되는 요즘에는 남녀 역할에 대한 고정 관념 역시 비판 대상이다. 남자와 여자는 이제 가정뿐 아니라 경제, 정치, 사회, 문화 전반에서 거의 동등한 역할을 수행하며 파트너로 활동하고 있고, 사회 발전에도 함께 기여하고 있다.

지은이

마가렛 미드 1901~1978

문화인류학자. 경제학 교수와 지적인 어머니 사이에서 났다. 77세로 타계하기 전까지 전 세계를 다니며 강연했다. 《국화와 칼》을 쓴 루스 베네딕트의 스승이기도 하다. 문화 다원주의 시각을 일찍부터 견지했던 그녀는 문화 교류를 고민했던 선구적인 시각을 가졌다. "지금 내가 스물한 살이라면 나는 인류학자로서 우리들의 삶의 양식에 근본적인 변혁을 절실하게 느끼는 젊은이들

간의 통신망을 세계적으로 연결하는 작업을 시작할 것이다"라는 그의 말에서 연구와 자신의 삶을 일치시킨 보기 드문 진리 탐구자의 면모를 확인할 수 있다.

또 다른 인문 고전

《남과 여》

마가렛 미드. 여성은 본질적 · 생리적으로 남성보다 열등한 존재인지, 아니면 생물학적 조건이나 사회문화적 기능에 의해 결정된 것은 아닌지 하는 의문을 남태평양 원주민의 삶을 통해 풀어 준다.

47

여성은 제2의 성이다

시몬 드 보부아르 《제2의 성》

문제 제기

남성을 뜻하는 영어 표현은 'MAN'이다. MAN은 동시에 인류를 뜻하기도 한다. 남성이 인류를 대표한다는 인식이다. 초창기 여성 의식에 일대 혁신을 주고자 꿈꾸었던 맹렬한 여성주의자들은 남성 위주의 사회 인식에 맞서 정면으로 문제점을 지적하였고, 때로 공격을 가하였다. 그들은 "남녀 차이는 생물학적 차이일 뿐인데, 사회적으로 학습된 성 인식이 차별로 몰고 가는 폐해를 낳았다."고 주장한다. 그래서 사회적 성차gender에서 기인하는 불평등과 억압을 해결하고 여성이 존중받는 사회를 지향한다. 그들이 사회적으로 학습된 성을 연구하는Gender studies 기초적인 인식 근거이다.

초창기 여성 인식에 혁신적 사유를 몰고 왔던 시몬 드 보부아르는《제2의 성》에서 다음과 같이 외쳤다.
"여자는 태어나는 것이 아니라 만들어지는 것이다."

내용 개괄

서문에서 제기하는 질문들이《제2의 성》의 성격을 이해하는 데 도움을 준다.
"일상 서양어로 남자라는 단어가 인간 전체라는 단어와 동시에 쓰이는 것처럼 남자는 양과 중성을 동시에 대표한다. 그 반면에 여자는 단지 음으로만 생각되기 때문에 그 성질을 표시하는 데는 상호 작용이 없고 제한된 것으로 생각된다. 창세기의 이야기는 여자의 불완전성을 상징하는 것이다. 인간은 남성이고, 남자는 여자를 여자 자체로서 여기는 것이 아니라 자기와의 관계로서 정의한다. 여자는 자율적인 존재로 여겨지지 않는다. 남자는 주체이자 절대이나 여자는 타자이다. 자기를 본질적인 것으로 주장하고 타자를 비본질적인 객체로 설정함으로써 자신을 확립시켜 나가려는 것이다."
《제2의 성》의 핵심적인 문제의식이며, 그 물음에 답하는 내용이 책의 근간이다. 여성이 역사와 신화, 자신의 상황과 정당화 과정을 거쳐 독립하는 과정을 기술한《제2의 성》은 여성 운동의 고전으로 확고히 자리 잡고 있다.

한 구절 경구

창조자가 되기 위해서는 자기를 계발하는 것만으로는 충분하지 않다. 다시 말해 여러 광경이나 여러 지식을 자기 생활에 합류시키는 것으로 충분하지 않다. 이러한 교양이 초월의 자유로운 운동을 통해서 파악되지 않으면 안 된다. 로렌스는 열여덟 살 때 혼자서 프랑스 전국을 자전거로 여행하였다. 젊은 처녀가 이런 무모한 짓을 하려 할 경우 사람들은 누구든지 허락하지 않을 것이다. 도보로 탐험한다는 것은 젊은 처녀에게는 더욱 불가능한 일일 것이다. 하지만 이러한 인생 경험에는 헤아릴 수 없는 중요한 장래성이 있는 것이다. 이런 경험을 통해서 개인은 자유와 발견의 도취 속에서 지상 전부를 자기의 영토로 생각하는 것을 배운다.

문답 하나

보부아르의 근심처럼 젠더 인식은 고정 관념이 되어 우리 사회에 뿌리 깊게 존재하고 있다. '여성다움'은 여전히 순종, 연약 등으로 인식된다. 우리 사회에서 공공연히 입에 오르는 '여자 팔자는 뒤웅박 팔자', '암탉이 울면 집안이 망한다'는 말은 물론이요, '북어와 여자는 때려야 맛이 난다'는 말까지 있다. 인식의 극단이 얼마나 폭력적이기까지 한가를 잘 보여 준다. 이러한 사회 현상이 가지는 문제점을 어떻게 생각하는지 견해를 말해 보자.

답변의 길잡이

드라마 속에서 여주인공들은 하나같이 예쁘고 날씬한 몸매의 소유자로, 돈 많은 남자를 만나 팔자 고치는 고정된 캐릭터로 되풀이되고 있다. 부정적인 젠더 인식이 대중문화와 결합하여 공고해지는 측면을 여실하게 나타내는 사례이다. 그렇다면 수혜자처럼 보이는 남성들은 과연 행복할까? 남성도 괴롭기는 마찬가지이다. 남자는 눈물을 흘리면 안 되고, 가정을 책임져야 한다는 인식이 사회 전반에 퍼져 있다. 우리나라 40대 남성의 과로사가 세계 1위를 기록하기도 하였다. 여성에 대한 인식 변화는 여성뿐만 아니라 남성 중심주의의 또 다른 피해자인 남성에게도 매우 필요하고 중요하다.

지은이

시몬 드 보부아르 1908~1986

사르트르와 더불어 프랑스 실존주의 문학의 선두에 섰던 여성

작가이자 평론가. 철저한 실존주의 문학가였던 그녀의 삶은 감성적 미와 풍요한지의 조화로 이글거리며 타는 불꽃과도 같았다. 그녀는 인생과 현실의 문제를 준엄한 철학적 사유에 투영하여 젊은 지성인들에게 진리를 일깨워 주었다. 평론인 《제2의 성》을 통해서는 남성의 전제 세계에서 여성을 해방시켜 남성과 동등한 지위를 부여하려 했다.

또 다른 인문 고전

《여자의 일생》

19세기 프랑스 작가 모파상의 대표작. 톨스토이는 《레 미제라블》 이후 최고의 프랑스 소설이라고 평가했다. 평범했던 귀족의 딸이 일생에 걸쳐 전락해 가는 과정을 보여 준다. 특히 흥미롭게 보아야 할 부분은 삶을 대하는 잔느의 자세이다. 평범하게 있어도 행복해지는 삶은 어디에도 없다.

48

여성의 여성 인식
버지니아 울프 《자기만의 방》

문제 제기

여성에 대한 인식은 역사적으로 상당히 공고하게 굳어진 바다. 여성을 하나의 인격체로 인식한 것 자체가 19세기 이후이니 그리 놀랄 일도 아니다. 버지니아 울프는 남성과 여성의 본질적인 차이가 문제가 아니라, 차이를 차별로 받아들인 남성 중심의 역사 서술과 사회 인식이 문제라고 말한다. 버지니아 울프 같은 선도적인 여성 운동가의 시선이 있었기에 초창기 여성 운동은 남성과 여성의 처우와 관련한 문제점을 극명하게 제시할 수 있었다. 재미난 것은 시대의 감수성에 예민하게 호응했던 극작가들과 문학가들은 여성의 생동하는 모습을 핍진하게 묘사하고 있다는 점이다.

버지니아 울프의 《자기만의 방》은 소설풍의 에세이로, 편안하게 읽히면서도 여성이 차별받는 실상을 날카롭게 묘사한다. 그 핍진한 묘사는 이후 여성 운동가에게는 물론 여성 문제에 의식을 가진 독자들에게 많은 시사점을 던져 주었다.

내용 개괄

만일 셰익스피어에게 그만한 재능을 가진 여동생이 있었다면 과연 오빠만큼 명성을 누릴 기회가 있었을까? 오랜 세월 동안 남성을 우월하게 보이도록 해주는 유쾌한 거울로 존재하던 여성에게 울프는 권한다. 남성의 도움 없이도 자립을 꾀할 만한 돈과 아무에게도 방해받지 않고 미래를 설계할 자기만의 방을 가지라고. 울프는 천재적인 상상력과 예리한 현실 투시를 통해 여성과 남성이 가진 서로의 편견을 여지없이 드러낸다.

한 구절 경구

트리벨리언 교수는 이와 같이 결론을 내리고 있습니다.
"셰익스피어의 여성들이나 버니, 허친슨과 같은 신뢰할 만한 17세기 전기 작가들의 여성들은 개성이나 성격이 결핍된 것처럼 보이지 않는다."
생각해 보면 확실히 클레오파트라는 자기 나름의 행동 양식을 가지고 있었을 것입니다. 맥베스 부인은 자기 나름의 의지를 가졌다고 생각할 수 있습니다. 로자린드는 매력적인 소녀라고 할 수 있겠지요. 트리벨리언 교수가 셰익스피어의 작품 속에 나타난 여성들에게 개성이나 성격이 결핍된 것처럼 보이지 않는다고 말할 때 그는 진실을 말하고 있는 것입니다.

문답 하나

시몬 드 보부아르와 버지니아 울프는 여성 운동에서 선구자적인 인물들이다. 여성에 대한 인식을 일깨우는 일에 주력해야 했던 그들의 문제 제기는 절박하게 느껴진다. 과연 그들이 제기한 문제는 오늘날 말끔히 해소되었을까? 여성이라는 이유로 가해지는 우리 사회의 인습적인 사례를 들어 지적해 보라.

답변의 길잡이

여성 문제에 관한 사회적 인식이 상당히 개선되었음은 분명하다. 그럼에도 여성에게 30%의 쿼터를 주지 않고서는 여성 정치인이 정계에 입문하기 어려운 한국의 현실은 아직도 많은 사회적 차별이 존재하고 있음을 말해준다. 여성들조차도 여전히 여성 정치인에게 객관적인 시선을 가지지 못하고 있다. 다행히 점차 다양한 직능에서 자신의 목소리를 찾아가고 있는 여성들의 노력과 호주제 폐지처럼 여성 차별을 제도적인 차원에서 줄여 나가는 시도들을 감안하면 점차 개선될 여지는 있다.

지은이

버지니아 울프 1882~1941

영국 런던 태생의 소설가이자 여성 운동가. 정규 교육을 받은 적은 없으나, 아버지를 통해 당대 최고의 지성들과 자유롭게 교제하며 문학적 소양을 키웠다. 남동생 에이드리언을 중심으로 케임브리지 출신의 학자, 문인, 비평가들과 함께 '블룸즈버리 그룹'을 만들었으며, 신문《타임스》등에 문예 비평을 썼다. 남편과 함께 설립한 호거스 출판사를 통해 활발한 출판 활동을 벌이기도 했지만, 1941년 자살로 생을 마쳤다.《자기만의 방》은 울프의 대표적인 에세이로 페미니즘의 선구적 업적으로 인정받고 있다.

《제인 에어》

샬럿 브론테의 소설. 고뇌의 인생을 강한 의지로 개척하는 여인 제인 에어의 삶을 이야기한 소설이다. 볼품없는 외모에도 불구하고 분명한 자의식과 진지한 자세로 삶을 구가한 제인 에어는 여인에 대한 편견을 극복하고자 하는 샬럿 브론테 자신의 모습이기도 하다.

49

욕망하는 여성의 사회적 배경

구스타브 플로베르 《마담 보바리》

문제 제기

《마담 보바리》의 주인공 엠마 보바리는 전통적인 여성 역할에 대한 불만과 자신만의 욕망을 실현하고자 하는 갈망 사이에서 갈등한다. 그녀의 이야기는 여성의 주체성을 탐구하는 데 중요한 사례로 볼 수 있으며, 여성이 자신의 욕망을 어떻게 추구할 수 있는지, 그리고 그 과정에서 겪는 사회적·개인적 한계는 무엇인지에 대한 질문을 던지게 된다.

내용 개괄

《마담 보바리》는 구스타브 플로베르의 소설로 1857년에 처음 출간되었다. 이 작품은 19세기 프랑스의 시골 마을을 배경으로, 주인공 엠마 보바리의 삶과 사랑, 그리고 그녀의 비극적인 최후를 그리고 있다. 엠마는 시골 의사 샤를 보바리와 결혼한다. 그녀는 결혼 생활이 자신이 읽은 낭만적인 소설들처럼 흥미진진하고 만족스러울 것이라 기대했으나, 현실은 그녀의 기대와 달리 단조롭고 지루했다. 엠마는 점점 더 자신의 생활에 실망하며, 낭만과 열정을 갈망하기 시작한다. 그러다 엠마는 두 남자, 레옹과 로돌프와 각각 외도를 겪으며 그녀의 욕망을 탐구하게 된다. 레옹은 젊은 법학도로, 엠마와 정신적으로 깊이 연결되어 있는 것처럼 느껴진다. 로돌프는 지역의 부유한 토지 소유자로, 엠마와 육체적으로 관계를 맺는다.

그러나 이 두 관계 모두 엠마에게 진정한 만족이나 충족을 주지 못하며, 결국 그녀를 더 큰 절망으로 몰아넣는다. 점차 엠마의 방탕한 생활과 사치에 젖게 되며 그녀와 그녀의 가족을 재정적 파멸로 이끈다. 엠마는 자신의 빚을 해결하려고 여러 시도를 하지만, 모든 것이 실패로 돌아가고 결국 극단적인 선택을 한다. 소설은 엠마가 자살로 비극적인 생을 마감하는 것으로 끝나며, 샤를 보바리는 그녀의 죽음 이후에도 그녀에 대한 사랑과 충성을 잃지 않는다. 엠마는 아름다움과 낭만을 추구하는 꿈 많은 여성으로, 현실과 이상 사이에서 갈등하며 결국 파멸에 이른다.

이 소설은 당시 사회의 도덕성, 결혼 제도, 중산층의 가치관에 대한 날카로운 비판을 담고 있으며, 리얼리즘 문학의 걸작으로 평가받는다.

한 구절 경구

번창하는 읍 근처에서 비옥한 농토를 소유하고 살았기 때문에 살림이 쪼들린다는 것은 오래전부터 잊고 지냈다. 자식들이 계속 생겨나서 매번 유산을 나누다 보니 부자로 살아보진 못했지만, 마치 농장에는 항상 모든 것이 풍족했다. 그래서 브랑윈 집안 사람들은 가난을 걱정하지 않고 지냈으며 돈 때문이 아니라 타고난 천성으로 열심히 일했다. 낭비벽이 없어 마지막 동전 한 닢까지 소중히 여겼고, 본능적으로 사과 껍질마저 버리비 않고 가축의 먹이로 썼다.

문답 하나

엠마는 개인적 욕망과 사회적 역할 사이의 괴리를 경험하며, 이는 오늘날 우리 사회에서 여성이 직면하는 문제들과 많은 연관점을 가진다. 여성의 주체성, 사회적 역할, 개인적 욕망과의 관계를 현대적 맥락에서 재해석하고, 이러한 문제들이 현대 사회에서 어떻게 변화했는지, 혹은 동일하게 남아 있는지 살펴 보자.

답변의 길잡이

엠마의 욕망은 낭만적인 환상과 현실 사이의 갈등에서 비롯된다. 그녀의 이상과 현실 사이의 괴리는 깊은 불만과 비극적인 결과로 이어진다. 현대 여성도 사회적 기대와 개인적 욕망 사이에서 갈등을 경험한다. 미디어와 사회적 압력은 여성에게 비현실적인 기준을 제시하며, 이는 자존감 문제, 정체성의 혼란 등으로 이어질 수 있다. 그러나 동시에 여성의 욕망과 꿈을 추구하는 것이 더 널리 받아들여지며, 자신만의 길을 개척하는 여성들의 이야기가 더 많이 드러나고 있다.

지은이

구스타브 플로베르 1821~1880

19세기 프랑스를 대표하는 소설가로, 사실주의 문학의 선구자 중 한 명으로 평가받는다. 그의 작품은 세심한 관찰과 정교한 문체, 그리고 인간 본성에 대한 깊은 탐구로 유명하다. 플로베르는 당대 사회의 위선과 도덕성, 중산층의 삶을 비판적으로 묘사하며, 인물의 심리적 복잡성을 섬세하게 포착하는 데 뛰어난 재능을 보였다. 《마담 보바리》는 플로베르의 대표작으로, 이 작품은 사실주의적 기법과 심리적 깊이로 큰 찬사를 받았지만, 동시에 음란하다는 이유로 공개 재판에 회부되기도 했다. 플로베르는 완벽주의자로서, 그의 정교한 문체와 사실주의적 묘사는 후대 작가들에게 큰 영향을 미쳤다. 그는 '르 모 쥐스트le mot juste, 딱 맞는 단어'를 찾기 위해 끊임없이 노력했으며, 이는 그의 작품이 지닌 정밀함과 깊이의 상징이 되었다.

또 다른 인문 고전

《참된 시작》

《노동의 새벽》에 이은 박노해의 두 번째 시집이다. 시집의 제목이 흥미롭다. 1980년대 그는 진보적 이상주의가 새로운 출발로 나아가기를 희망하며 노동 현장의 가혹함에 분노하던 노동자 시인이었다. 이제는 살아볼 만한 세상을 꿈꾸는 따뜻하면서도 힘찬 시편들이 수록되어 있다.

50

유럽을 울린 여성주의

헨리크 입센《인형의 집》

문제 제기

20세기에 들어와서야 여성이 남성의 보조자가 아니라 스스로 주체적인 의지에 의해 살아가는 인간으로 평가받기 시작했다. 활발한 여성 운동을 바탕으로 남성과 동등한 가치를 인정받은 시기는 20세기 중반이 지난 이후였다. 백 년 전만 해도 여성은 남성을 위한, 또는 남성의 부수적인 존재로 이해되었던 것이다.

입센의 희곡《인형의 집》은 여성에 대한 이전의 인식을 가장 극명하게 보여 줌과 동시에 여성의 의식 각성을 자극하는 작품으로 유명하다. 평범한 가정주부 노라는 남편의 폭언을 계기로 자신이 남편에게 수동적인 귀여움만 받는 인형 같은 존재였다는 사실을 자각한다. 책임 있는 한 인간으로 살아가기 위해 노라가 과감히 집을 나서는 장면은 19세기 유럽을 뒤흔들었다. 혹자는 '노라가 집을 나서며 문이 닫힐 때 난 소리가 전 유럽에 울렸다.'고 평했다. 물론 주인공 노라의 가출을 두고 '극단적인 행동이다.', '아내와 어머니로서의 의무를 위반했다.' 등의 비난도 잇따랐다. 그럼에도 여성으로서, 한 개인으로서 권리를 대변했다는 찬사가 더욱 우세했다. 작품 발표 이후 '노라'는 신여성의 대명사가 되었고, 《인형의 집》은 여성 해방 운동의 이념을 담고 있는 대표적인 사회극으로 인정받았다.

내용 개괄

노라는 세 아이의 어머니이며 변호사 남편에게 사랑받고 있다. 남편이 새해에 은행장으로 취임하게 되어 기쁨이 겹친 크리스마스를 배경으로 이야기는 전개된다. 신혼 무렵 남편이 병을 앓아 전지 요양을 해야 했다. 노라는 이미 세상을 떠난 아버지의 이름을 대필하여 고리대금업자에게 돈을 빌려 남편을 살렸다. 악질 고리대금업자는 지금 은행에 근무하고 있다.

사정을 모르는 남편은 행장 취임을 계기로 그를 해임하려 한다. 고리대금업자는 예전 대필 사건을 내세워 남편을 실각시키겠다고 노라를 위협한다. 드디어 사실을 알게 된 남편은 사랑하는 아내에게 배신당했다며 욕을 퍼붓는다. 자신은 지금까지 단순히 인형처럼 귀여움을 받은 것에 불과하다고 생각한 노라는 아내 이전에 책임 있는 한 인간으로 살기 위하여 집을 뛰쳐나간다.

한 구절 경구

당신은 제 응석을 받아 주셨어요. 우리 가정은 놀이하는 방 같은 거였답니다. 저는 친정에 있을 적엔 아버지의 아이 인형이었어요. 여기서는 당신의 여자 인형입니다. 그리고 다음에는 저 아이들이 제 인형이 되었지요. 당신이 저를 가지고 놀아 주셨을 때에 저는 단지 즐거워했답니다. 하지만 그건 마치 우리가 아이들을 데리고 같이 놀아 주면 아이들이 즐거워하는 것과 조금도 다르지 않았어요. 이게 우리의 결혼이었지요.

문답 하나

남성들은 여성에 대해 관심과 배려라는 수준을 뛰어넘지 않는 경향이 있다. 존중의 대상이지만 남자와 동등한 관계는 아니라는 것이다. 그러한 생각은 여성의 사회진출이 활발해져 가는 현실에서는 많은 문제를 낳을 수 있다. 자신의 생각을 말해 보라.

답변의 길잡이

여성을 존중하는 태도는 서양의 기사도 정신에서 기인

한다. 위급한 상황에서 어린이와 노약자, 여성을 먼저 고려한다는 긍정적인 측면이 있다. 하지만 기본적으로 남성의 교양일 뿐이지, 사회생활의 중요한 부분을 함께할 동반자로서 여성을 인식한 것은 아니다. 여성은 남성과는 다른 특성을 가진 절반의 인류이다. 섬세하고 포용하는 여성적 가치는 남성적 가치에 비해 결코 작지 않다. 오히려 여성적 가치는 정보화 사회의 성격에 부합하기도 한다. 여성적 특징을 적극 활용하고 발휘할 분위기를 만들어 다가오는 미래 사회에 대응하려는 시도는 인간적으로 정의로우며, 시대 대응으로도 현명한 판단이다.

지은이

헨리크 입센 1828~1906

노르웨이 극작가. 극장 지배인으로 재직하면서 1864년에 《잠왕들》을 완성하고 국가 장학금을 받아 로마로 떠났다. 그는 수 편의 단막물을 발표했으나 빛을 보지 못하다가 이탈리아로 가서 《사회의 기둥》《인형의 집》을 발표하여 명성을 얻었다. 《인형의 집》을 통해 그는 근대극의 일인자가 되었다.

<설씨녀薛氏女>

신라 시대 설화이다. 가실은 설씨녀의 아버지를 대신하여 변방 군역을 치르러 간다. 설씨녀는 약속한 기간이 지나도 끝까지 가실을 기다려 결혼한다. 설씨녀는 약속을 지키는 건강한 여성상으로 손색이 없다. 남성을 기다리며 순종하는 여성으로 이해하는 측면도 있으나, 여성주의적 관점에서 적극적으로 해석하여 자신의 의지를 실현한 여성으로 보는 것이 작품의 본래 성격을 잘 이해하는 방법이다. 《삼국사기》 <열전列傳>에 실려 전해지는 이야기이다.

11부

학문과 진리 탐구

진선미眞善美는 인간이 추구해야 할 지고지순한 가치이다. 그중 진실을 추구하는 '진'은 학문의 영역이다. 도덕 영역인 '선'과 예술 영역인 '미'와 구별되면서 이성의 가치를 확인해 주는 중요한 가치이다. 그럼 진실은 어떻게 획득할 수 있을까? 학문의 선구자들은 다양한 방법론을 제시하면서 진실을 추구하고 획득하려는 시도를 그치지 않았다. 방법론의 타당성이 진리 획득에 중요한 관건임을 염두에 둔다면 방법의 차이와 가치에 주목하여 의미를 탐색할 필요가 있다.

보고 듣고 만지는 감각이 모두 조금의 거짓도 없는 참이라면 우리는 감각 기관을 효과적으로 활용하여 진리에 도달할 수 있다. 문제는 눈과 귀가 있는 그대로의 세계를 똑같이 받아들이지 않고 왜곡하기 십상이라는 것이다. 곧은 빨대라도 컵 안에서는 굽어 보이고, 강물 소리는 밤에 더욱 크게 들린다. 감각을 받아들이는 순간이나 조건의 차이이지 진실 자체는 아니다.

감각 기관의 문제를 극복할 대안은 무엇일까? 조선 후기의 문호인 연암 박지원은 편견 없는 맑은 평등안을 통해 극복하라고 갈파했다. 근대적 경험철학을 연 베이컨은 우리의 경험이 가지는 편견을 4가지 우상으로 규정하여 극복해야 할 대상으로 판단했다. 결국 진리를 탐구하기 위해서는 경험적 관찰이 주는 오류를 극복할 비판적인 인식, 다시 말해 이성이 필요하다. 이성을 통해 경험의 오류를 극복하려는 시도가 요청된다고 할 것이다.

그렇다면 진리 인식은 이성적인 판단만으로 가능할까? 세상의 모든 것을 의심하기 시작한 데카르트가 마지막에 이르러 도저히 의심할 수 없는 사실로 받아들인 것은 모든 것을 의심하고 있는 자기 자신의 존재였다. 의심하고 있는 자기 자신을 회의하여 제외해 버린다면 결국 세상에는 아무것도 남지 않기 때문이다. 마침내 데카르트는 그 유명한 '나는 생각한다정확하게는 의심한다, 그러므로 존재한다.'라는 명제를 도출할 수 있었다. 그는 방법적 회의를 통해 도저히 의심할 수 없는 것에서 논리적인 인과 관계를 거쳐 나온 사실은 틀림없는 진리로 받아들이자고 제안했다.

데카르트가 수학을 적극적으로 활용한 이유는 무엇일까? 누구나 받아들일 가장 보편적인 진리를 표현하는 방식으로 수학이 더할 나위 없이 적합했기 때문이다. 부정할 수 없는 사실에서 연역하여 개별 사실을 이끌어 내는 연역법이 데카르트에 이르러 확고하게 제출된 것이다. 다만 연역법이 가지는 최대 난점은 방법상의 선명함에도 불구하고 최초 전제가 되는 '부정할 수 없는 사실'을 스스로는 획득하지 못한다는 것이다. 결국 다시 위의 경험적 사실에서 축적된 가장 적은 오류의 사실, 다시 말해 진리에 가깝다고 판단되는 사실을 수용해야만 하는 처지에 놓이게 된다. 진리 인식은 귀납적 사실을 통해 획득된 사실을 연역적 방법으로 확장해 가는 방식을 쓸 수밖에 없다는 결론에 도달한다.

여기서 한 가지 더 검토할 것이 있다. 위의 두 방법 모두 진리를 탐구하는 중요한 수단임에도 불구하고 방법론상 가설일 뿐 방향성이 제시되어 있지는 않다. 획득된 진리가 그 자체로 의미를 가진다고 한다면 문제가 없다. 그러나 인간에게 체화되는 진리는 삶에 비추어 보는 탐구와 목표에 좀 더 의식적인 과정이 필요하다. 덕성의 함양이 동양적 관점에서만 학문의 목적으로 유용한 것은 아니라는 의미이다.

51

경험적 지식만이 진리다
프랜시스 베이컨《신기관》

문제 제기

인간은 감각 기관을 이용하여 사물을 관찰한다. 감각 기관을 통해 보고 듣고 느끼고 확인하는 것이다. 어린아이 때부터 감각 경험으로 확인한 사실은 중요한 지식의 원천이 된다. 만약 감각 경험의 산물이 분명한 사실이고 전혀 오류가 없다면 감각 기관을 이용한 축적은 지식의 확장에 매우 중요하다. 대부분의 지식을 경험으로 획득할 수 있을 것이다. 하지만 경험에는 한계가 있고, 제한된 경험 세계라도 종종 부정확하다. 컵 안의 굽어 보이는 빨대는 전혀 굽지 않았으며, 밤에 더 크게 들리는 강물 소리는 낮에도 똑같이 나는 소리다. 다만 빛의 굴절 현상 때문이고, 낮에는 눈으로 주의력이 분산되어 적게 들릴 뿐이다.

프랜시스 베이컨은《신기관》에서 경험을 통해 지식을 확대하고 생각을 정립할 수 있다고 주장했다. 그는 "감각과 개별자에서 출발하여 지속적으로 그리고 점진적으로 상승한 다음, 궁극적으로 가장 일반적인 명제에까지 도달해야 한다. 지금까지 시도된 바는 없지만 이것이야말로 진정한 과학적 방법이다."라고 주장했다. 가장 일반적인 명제에 도달하기 위해 경험이 가지는 오류와 인간적 편견에서 벗어난다면 진리는 금방 밝혀진다는 말이다.

내용 개괄

책에는 '자연의 해석과 인간의 자연 지배에 관한 잠언'이라는 부제가 붙어 있다. 근대의 문을 연 획기적인 저작으로 이름이 높다. 베이컨은 귀납법만이 자연의 질서를 이해하고 진리를 탐구하는 유일한 방법이라고 역설한다. 경험이 가지는 오류, 다시 말해 네 가지 우상을 날카롭게 비판하기도 하지만, 다양한 사례가 담겨 있는 자연지와 경험지만 있으면 별다른 기술 없이 정신 본래의 힘만으로 자연에 대한 올바른 해석이 가능하다고 하였다. 고정 관념에서 벗어나고, 성급한 일반화의 오류만 극복하면 가능하다는 것이다. 근대 정신의 특징 가운데 하나가 과학적 접근 방법이라고 한다면 베이컨의 귀납적 관찰 방법은 근대 과학 정신의 초석이 되었다고 하겠다.

한 구절 경구

내 생각에는 사람들이 제대로 된 자연지와 경험지를 앞에 놓고 다만 두 가지만 주의하면 별다른 기술 없이 정신 본래의 힘만으로도 우리가 설명한 자연에 대한 해석 방법에 도달할 수 있다. 첫째로 고정 관념을 버리는 일이며, 둘째로 적당한 시기가 될 때까지 성급한 일반화의 유혹을 물리치는 일이다.

문답 하나

베이컨도 이미 지적한 바와 같이 오류 없는 경험의 확대를 통한 지식 축적은 가장 근원적인 앎의 자양분일 것이다. 다만 경험 세계에 반드시 오류가 없다고 확신할 수 없다는 문제가 남는다. 문제를 극복하기 위한 방법은 무엇일까?

답변의 길잡이

감각 기관을 통한 경험의 축적은 의미 있는 학문 탐구 활동이지만, 감각 기관이 가진 한계는 오류의 가능성을 항상 내포하고 있다. 경험의 오류에 대하여 조선 후기의 문인이었던 연암 박지원은 '눈으로 보지 말고 마음으로 보라.'는 명심冥心, 다시 말해 편견 없는 마음을 주장했다. 이 말이 좋은 힌트가 된다. 편견 없는 마음은 감각 기관의 오류를 줄이는 비판적 이성의 역할을 할 것이다.

지은이

프랜시스 베이컨 1561~1626

엘리자베스 여왕 시대에 국새상서였던 니콜라스 베이컨 경의 아들로 태어났다. 케임브리지 대학의 트리니티 칼리지에서 공부했고, 스물세 살에 하원에 올랐다. 1603년 제임스 1세가 즉위하자 법무장관, 국새상서의 자리에 올랐고, 대법관이 되었다. 왕실과 의회의 대립이 격화될 때 왕실의 특권을 옹호하던 베이컨은 뇌물을 받은 혐의로 공직을 떠났다. 정치적으로는 보수적인 노선을 견지한 그였지만, 과학 정신은 무척 진보적이었다. 우주를 관찰하고 실험하여 인간의 지배권에 넣어야 한다고 역설했다. 관찰과 실험에서 과학적 접근법을 강조하는 근대 과학 정신은 그에게서 시작되었다.

《학문의 즐거움》

히로나카 헤이스케. 공부하다가 도통해 버린 수학자의 삶을 스스로 들려 준다. 평범하기 그지없는 소년이 수학의 노벨상이라는 필드상을 받기까지의 일화가 흥미롭게 전개된다. 끈기 하나로 이룬 그의 성과는 능력이 부족한 많은 학생들에게 적지 않은 용기를 준다.

52

의심한다. 그러므로 존재한다
르네 데카르트 《방법서설》

문제 제기

정말 의심할 수 없는 사실이 있고, 그 사실에 기초하여 논리적인 사고 과정을 밟는다면 틀림없는 진리를 찾아가는 방법임이 분명하다. 반드시 확인해야 할 것은 의심할 수 없는 사실의 존재와 정확한 논리적 사고 과정이다. 모두 쉽게 획득할 만한 것이 아니다. 르네 데카르트의 《방법서설》은 두 가지 의문을 푸는 이야기가 실려 있다. 그가 찾은 의심할 수 없는 사실은 누구나 인정하는 수학적 공리이고, 논리적 사고 과정은 논리학이다. 근대 이성을 열어젖힌 비판적 이성의 선구자인 데카르트가 진리를 찾고자 했던 노력은 지금도 방법의 치밀함과 문제의식에서 눈여겨 볼 내용이 많다.

내용 개괄

근대 철학의 방향을 결정한 기념비적 저작. 이성은 만인에게 구비되어 있다는 이성주의적 신념을 가진 데카르트가 학자와 성직자만이 아니라 부녀자도 이해하도록 모국어인 프랑스어로 집필했다. 《방법서설》은 '나는 생각한다, 그러므로 존재한다.'라는 언명으로 유명한 책이다. 방법적 회의라는 비판적 사고 과정이 잘 나타나 있다.
모든 것을 의심하다 보면 결국 의심하면 안 되는 한 가지 사실에 직면하게 된다. 의심하고 있는 자신의 존재이다. 이것마저 의심하면 생각을 시작할 실마리를 얻지 못한다. 시작 기준이 바로 '나는 생각한다그 사실을 인식한다, 그러므로 존재한다.'라는 명제이다. 여기서 출발하여 누구나 동의할 수학적 방법을 동원하여 사실을 추구해 간다면 분명 합당한 결론에 도달한다는 것이다. 이른바 원리로부터 합당한 논리 과정을 거쳐 진리를 탐색하는 연역법을 알려 준 것이다.

한 구절 경구

인간 인식의 범위에 들어갈 수 있는 모든 사물은 똑같은 방식으로 서로 이어져 있으므로, 그런 사물 가운데 진실 아닌 어떠한 것도 진실로서 받아들이는 일 없이, 한편 그런 사물의 어떤 것을 다른 것으로부터 연역하는 데 필요한 순서를 항상 지키기만

한다면 아무리 멀리 떨어져 있다 하더라도 결국은 도달할 수 있는 것이며, 아무리 숨겨진 것이라도 결국은 발견할 수 있다.

문답 하나

수학자들이 설정하고 있는 공리와 논리적 전개는 누구도 이의를 제기 못 할 명백한 사실이다. 그러나 공리나 수학적 전개 과정 역시 결국에는 이성적 사고의 적용일 뿐, 현실 세계의 복잡다단한 실상을 충분히 설명하기에는 무리가 있지 않을까? 자신의 견해를 말해 보자.

답변의 길잡이

데카르트가 수학을 설정한 이유가 있다. 진리 탐구는 의심할 수 없는 사실에서 출발해야 한다. 수학적 사실 외에는 마땅한 것이 없어 불가피하게 수학적 방식을 도입한 것이다. 우리가 데카르트의 방식에서 배울 것은 명백한 사실과 치밀한 논리적 과정을 거친 지식만 믿으려는 학문 정신이다. 검증되지 않는 사실은 의심하고, 비약 없는 논리 전개로 진리를 찾고자 하는 정신이다. 분명 편견을 걷어 내고 비논리적인 사실을 검증하는 방향이며, 진리 추구에 적지 않은 도움을 준다.

지은이

르네 데카르트 1596~1650

프랑스 귀족 가문 태생. 대학에서 법률학과 의학을 배우고 장교로 지원했다. 네덜란드에서 베크만과 친분을 쌓아 근대 과학의 주요 동향인 수학에 눈을 떴다. 1619년 난로 앞에서 사색하다 '놀랄 만한 학문의 기초'에 눈을 떠 철학의 출발점으로 삼았다. 친구 메르센느를 통해 이름이 알려지기도 하였으나, 명성이 도리어 학문 연구에 도움이 되지 않는다고 판단했다. 그는 사상의 자유가 보장되는 네덜란드로 떠나 21년을 거처하며 집필에 몰두한다. 스웨덴 여왕에게 초대되어 스톡홀름으로 갔다가 아침 일찍 시작하는 강의가 화근이 되어 다음 해 폐렴으로 사망하였다. 대표적 저술로는 《성찰》《철학의 원리》《정념론》 등이 있다.

또 다른 인문 고전

《의지와 표상으로서의 세계》

쇼펜하우어의 주저. '세계는 나의 표상이다.'라는 그의 주장이 잘 나타나 있다. 자신의 신체는 과학적으로는 한 객체이지만, 동시에 자기 의지의 직접적인 표현이기도 하다. 신체는 물物 자체인데, 이성적인 의지가 아니라 비이성적이고 무의식적인 '생에 대한 의지'이다. 대상과 실체에 관한 흥미로운 접근은 사물을 바라보는 또 다른 관점을 제시해 준다.

53

학문의 목적은 덕성 완성

순황《순자》

문제 제기

동양의 고전으로 흔히《맹자》와 대비하여 거론되는 책이《순자》이다.《순자》의 첫머리는 핵심 사상이라고 할〈성악편性惡篇〉이 아니라〈권학편勸學篇〉이다. 인간 세상의 질서는 내면의 본성인 '성선性善'의 원리를 확충하기만 하면 바로잡힌다고 맹자는 생각했다. 반면 순자는 인간이 본성적으로 '성악性惡'의 측면을 어느 정도 가지고 있기 때문에 외면으로 나타나는 질서, 다시 말해 예禮의 실현을 통해 사회 질서가 회복된다고 주장했다. 예를 실현하기 위해서는 성현의 학문을 배워야 한다. 순자는〈권학편〉에서 학문을 지식으로만 습득할 것이 아니라 도덕적인 면을 동시에 함양해야 한다고 강조했다.

사실 동양에서 학문은 단순한 지식 축적이 아니다. 내성외왕內聖外王이라고 해서 수신과 치국의 목적을 선명하게 실현하는 것이다. 덕성이 겸비되지 않으면 지식 습득은 해서도 안 되고, 할 수도 없다고 인식했다. 진리 인식이나 지식 습득을 덕성과 분리하는 서구식 학문 탐구 자세에서 빚어질 수 있는 도덕의 부재 문제를 상당 부분 해소한다는 점에서 적지 않은 가치가 있다.

내용 개괄

일반적인 유교 계승자들은 하늘이 배후에 있으므로 인간 사회는 근본적으로 안정과 질서가 유지된다는 전통적인 낙관론을 가지고 있다. 그와 달리 순자는 전국 시대의 혼란상을 직면하면서 인간에게는 욕심이라는 본성적인 측면이 있음을 간파했다. 그는 예를 실현하여 각자 명분을 지키며 살아가는 세상을 역설했다. 순자의 주장은 맹자의 성선설과 혁명 사상에 반대하는 성악설, 위아래 계층의 고착을 강조하는 명분 우위의 사상으로 발전하게 된다. 또한 예의 중요성에 대한 인식은 그 강제성을 보완한 법가 사상으로 발전하기도 했다. 사회 질서를 유지하는 방법을 인간의 자연적인 본성 회복에서 찾지 않고 예의 확립이라는 사회 사상으로 발전시킨 순자의 생각은 결국 법가 사상으로 발전시켜 통일을 달성한 진나라에 의해 찬란하게 빛났다.

순자는 기본적으로 예를 구비하기 위하여 학문에 정진해야 한다고 역설했다. 그의 학문 강조와 권면이 〈권학편〉에 잘 나타나 있다.

한 구절 경구

옛날의 학자들은 오로지 자기 몸을 위해 학문을 하였건만 오늘날의 학자들은 남에게 과시하기 위해 학문을 한다. 군자의 학문은 그것으로 자기를 아름답게 하지만, 소인의 학문은 그것으로 자신을 짐승으로 만들 뿐이다. 덕망 있는 기품을 가진 연후에야 안정할 수 있고, 그런 뒤에야 모든 사물에 응대할 수 있으니, 능히 안정하고 응대할 수 있다면 이런 사람을 가리켜 완성된 사람이라고 한다. 하늘은 그 밝음으로써 나타내고 땅은 그 광대함으로써 나타내니, 군자는 그 학문의 완성을 가장 귀하게 여기는 것이다.

문답 하나

선현들이 기본적으로 가졌던 삶의 자세는 군자와 성인이 되려는 것이었다. 당시에는 도덕적인 삶이 압도적인 가치를 지녔다. 학문의 궁극적인 목표를 인격 수양에 놓고 노력하는 자세는 분명 의미가 있다. 하지만 지금은 과학 기술의 발달로 학문 세계가 다양하게 분화되었다.

이제는 배워야 할 지식이 많아진 상황에서 모든 사람들이 그러한 자세를 견지하기는 쉽지 않다. 그럼에도 덕성 함양이 학문에서 필수적이어야 한다면 그 가치는 무엇인가?

답변의 길잡이

많은 지식을 배워 실생활에 활용해야 하는 현대인들은 전문적인 기술 습득에 몰두하는 경우가 많다. 어떠한 지식이라도 어디에 활용될지를 우선 설정한 후에 배우는 것이 일반적이다. 물론 당장 필요를 충족하는 목적에 그치고 만다면 단편적인 지식 활용에는 문제가 없다. 그러나 생활 전반에 많은 영향을 끼치는 핵융합 기술이나 복제 배아줄기세포처럼 연관되는 쟁점이 많은 문제에는 대응하기 어렵다. 삶에 대한 깊이 있는 통찰이 있어야 가능한 답변이기 때문이다. 덕성 함양은 이러한 관점에서 유용하다.

지은이

순자 B.C.298~B.C.238

본명은 순황荀況. 당시 사람들이 그를 높여 순경荀卿이라 불렀다. 조나라에서 출생하여 성장하였고, 공자의 제자인 자하子夏 계통의 학파에 속한 것으로 알려졌다. 진나라와 조나라에서 유세하였고, 만년에 초나라로 가서 초나라 재상인 춘신군의 천거로 난릉의 수령이 되었다. 춘신군이 암살당하자 벼슬을 그만두고 강학과 저술에 전념하여《순자》를 남겼다. 사람들의 본성에 내재한 이기적인 마음을 간파하여 전국 시대의 사회 무질서를 해결할 방안으로 예를 통한 사회 질서의 회복을 주장했다.

또 다른 인문 고전

《퇴계의 생애와 사상》

이상은. 퇴계 이황의 학문과 사상에 대한 간결하면서도 깊이 있는 저작. 퇴계의 학문과 사상에 관한 한 이 책을 넘어서는 저작이 아직 나오지 않았다는 점에서 가치가 각별하다. 앎의 참된 실천을 지향했던 퇴계의 학문적 이력과 의미가 고스란히 녹아 있다.

54

진리 인식의 방법

아리스토텔레스《니코마코스 윤리학》

문제 제기

사실을 알아 가고 진리를 인식하기 위해 필요한 것은 경험과 이성이다. 여러 가지 경험에 기초하여 귀납적으로 확인한 사실 중 가장 신뢰할 만한 객관적인 사실이 하나의 공리가 된다. 공리를 바탕으로 다시 논리적인 연역 전개를 통해 세상에 대한 시야를 넓히는 것은 이성의 역할이다. 경험은 인식의 지평을 넓혀 주고, 이성은 경험이 가진 오류를 수정하는 근간이 된다. 아리스토텔레스의《니코마코스 윤리학》은 그런 관계를 명확하게 알려 주는 저술이다. 다음은 귀납과 연역의 보완적인 관계를 가장 잘 말해 주는 진술이다.

“귀납은 보편적인 것의 인식에서조차도 거기서 출발하지 않을 수 없는 출발점이다. 연역은 보편적인 것들로부터 출발한다. 그러므로 연역으로써는 도달할 수 없으면서 연역이 거기서 출발하는 출발점들이 있다. 그런데 이 출발점들은 귀납에 의하여 획득된다."

내용 개괄

아리스토텔레스는《정치학》의 마지막에서 어떠한 형태가 최선의 정치 형태인지를 탐구하면서 '인간에 대한 철학'을 말했다. '인간에 대한 철학'을 다룬 책이 바로《니코마코스 윤리학》이다.
《정치학》이 좋은 국가가 갖추어야 할 내용을 중점적으로 다루는 반면,《니코마코스 윤리학》은 좋은 국가에서 실현될 훌륭한 삶의 형태가 무엇인지를 다룬다.
《니코마코스 윤리학》은 서양 근대 윤리학의 2대 조류인 규범주의와 공리주의 어느 쪽에도 귀속되지 않고 제3의 윤리학으로 가치를 인정받고 있다. '최고의 선善'이 무엇인가 하는 물음에서 출발하여 '선의 가치'는 공동체 내부의 가치에 의한 것임을 논증한다.

한 구절 경구

무엇을 가르친다는 것은 그 어느 경우에나 '이미 알려진 것'에서 출발하는 법이다. 왜냐하면 그것은 때로는 귀납을 통해서, 때로는 연역을 통해서 행해지기 때문이다. 그런데 귀납은 보편적인 것의 인식에서조차도 거기서 출발하지 않을 수 없는 출발점인

데, 한편 연역은 보편적인 것들에서 출발한다. 그러므로 연역으로써는 도달할 수 없으면서 연역이 거기서 출발하는 출발점들이 있다. 그런데 이 출발점들은 귀납에 의하여 획득된다.

문답 하나

우리가 학문적 대상을 논증할 때 사용하는 것은 무엇이며, 그것은 참으로 오류가 없는지에 대하여 위의 내용을 참고하여 견해를 말해 보라.

답변의 길잡이

우리는 기본적으로 이성을 활용하여 지식을 확장하는데, 이성을 잘 활용하는지 여부는 사람마다 동일하지 않다. 일찍부터 철학자들은 이성을 잘 활용하는 방법에 관심을 갖고 많은 연구를 진행해 왔다. 이성의 역할과 능력, 성격은 칸트의 《순수이성비판》에서 언급한 내용들을 참고할 수 있다. 쿤의 《과학혁명의 구조》에서는 '획득한 지식에는 그 지식을 획득한 과학자나 과학자 집단의 가치 인식이 반영되어 있다.'는 점을 지적하였다. 이 점 역시 고려해야 할 중요한 논점이다.

지은이

아리스토텔레스 B.C.384~B.C.322

에게 해 북쪽 연안에서 태어나 17세에 플라톤의 학원 아카데메이아에 들어가 20년 동안 공부하며 토론하는 생활을 하였다. 기원전 348년에 아테네를 떠나 여러 섬을 전전하다가 마케도니아 왕 필립 2세의 부름을 받고 알렉산더의 스승이 되었다. 이후 아테네로 돌아와 자신이 주관하는 학원을 리케이온이라는 곳에 만들어 여러 연구를 주도했다. 알렉산더 대왕이 서른세 살의 젊은 나이로 돌연 바빌론에서 죽자 아테네를 중심으로 반마케도니아 기운이 높아졌다. 그는 아테네를 떠나 어머니의 고향인 칼키스로 가서 한 해 뒤에 죽었다. 그의 학문 세계는 모든 서양 학문의 근원이 되었다고 해도 무방할 정도로 풍부하고 깊다.

또 다른 인문 고전

《정치학》

아리스토텔레스의 명작. 정치에 관한 서양 최초의 체계적인 저술로, 정치학과 정치철학의 고전이다. 플라톤의 《국가》와 쌍벽을 이룬다는 평을 받고 있다. 선거에서 중산층의 문제에 이르기까지 현대의 정치학과 관련한 거의 모든 문제들이 검토되고 있는 점이 흥미롭다.

55

인문학 위기의 대안

아르놀트 하우저《문학과 예술의 사회사》

문제 제기

인류는 역사의 진전과 과학 발전의 방향에 따라 생각하는 인간에서 경제적인 인간으로 전환되어 왔다. 과거 전통적인 학문 분과였던 문학, 사학, 철학이 누렸던 영광은 현대 사회의 필요에 의해 법학, 경제학, 경영학에게 돌아갔다. 자본의 시대, 과학 기술 발전의 시대에 인문학이 가지는 가치는 과연 의미가 있는가 하는 의문이 계속 제기되고 있다. 17~18세기 뉴턴 같은 과학자들로 인해 촉발된 과학 혁명은 산업 혁명을 추동했고, 이제는 정보 혁명으로 나아가고 있다. 과학과 기술의 가치는 더욱 상승하고, 실증성과 실용성으로 무장한 실용 학문들은 합리적 사고와 효율을 중시하는 사회 분위기에 편승하여 더욱 인기를 얻고 있다.

시장 논리에 편승하여 학문을 경쟁 논리로만 인식하는 것은 적지 않은 문제점이 있다. 과학과 기술이 발전을 위해 줄달음칠 때 바른 방향을 일러 주고 비판할 근원적인 학문이 없다면 어떻게 될까? 인류는 당대 최고의 물리학 이론이었었던 핵융합, 핵폭발 기술이 무수한 인명을 살상한 핵폭탄으로 둔갑한 교훈을 되새겨야 한다. 그 균형추 역할을 수행하는 학문이 인문학이다. 전체의 바람직한 성장을 생각하면 인문학은 없어서는 안 된다.

아르놀트 하우저의 《문학과 예술의 사회사》는 르네상스 이후 문학과 예술이 어떠한 사회적 영향 관계 속에서 발전하였는가를 흥미롭게 보여 주는 명작이다. 이 책은 최초 인문학자들의 존재가 지식을 필요로 하는 집단의 생성과 관련 있음을 고찰하고 있다. 인문학자들이란 기본적으로 지식을 필요로 하는 사람들의 요구에 부응하여 탄생된 지식인 집단이라는 사실은 오늘날의 인문학 위기를 해결할 요긴한 시사점이 된다. 지식을 필요로 하는 대중과 단절된 자신만의 지식 세계에 갇혀 있는 오늘날 학자들의 모습에서 묘한 대비를 느낄 수 있기 때문이다.

내용 개괄

《문학과 예술의 사회사》는 서양 문화의 거의 모든 분야를 철저한 사회사적 관점에서 총망라한 저술로 평가받는다. 아직까지도 문학과 예술에 대한 사회사적인 조명에 있어 독보적인 업적으로 인정받고 있다. 예술 작품을 포함한 인간의 모든 정신 활동이 근본적으로 '사회적' 성격을 띠고 있다는 신념, 그러면서도 예술이라는 인간 행위가 지닌 독자성과 복잡성에 존중심을 보이고 있다는 것에 책의 의미가 있다.

한 구절 경구

이론적으로는 자유로운 문인 생활로서의 인문주의가 형성되는 전제 조건은 독자층을 이루는 비교적 광범위한 유산 계급의 존재이다. 인문주의 운동의 가장 중요한 발상지는 처음부터 궁정이나 관청이었지만, 이 운동의 대부분의 후원자들은 돈 있는 상인들과 자본주의의 발달로 인해 부를 얻었거나 권력에 오른 사람들이었다.

문답 하나

'인문학 위기'라는 진단은 정당한가? 아르놀트 하우저의 《문학과 예술의 사회사》에 나오는 인문학의 생성 배경과 관련하여 부활 가능성에 대해 자신의 생각을 말해 보라.

답변의 길잡이

인문학 발생의 근본적인 배경과 관련해 보면 인문학이

위기에 직면하는 원인은 인문학자들에게 있다. 대중에게 필요한 지식을 제공하고 의미를 창출하는 것이 인문학이 가지는 기본적인 성격이다. 만약 위기라면 대중에게 걸맞은 지식 제공을 인문학자들이 적절하게 수행하지 못한 것이다. 물론 인문학 자체만으로도 의미가 있다고 하겠으나, 어느 학문이든 사회의 필요에 따른 변화를 동반하지 않는다면 박제화될 가능성이 높다.

지은이

아르놀트 하우저 1892~1978

헝가리 태생. 부다페스트, 비엔나, 베를린, 파리 등지에서 문학과 철학, 미술사를 공부하고 1938년 이후 영국에 거주하며 저술 활동을 했다. 말년에는 부다페스트로 돌아와 86세를 일기로 세상을 떠났다. 《예술사의 철학》《매너리즘 연구》《예술 사회학》 등의 저술이 있다. 토마스 만은 "저자의 박식에 놀라지 않을 수 없다. 방대한 소재에서 오는 압축의 필요에도 불구하고 복잡 다양한 현상에 대한 그의 묘사는 거듭 깜짝 놀랄 통찰에 도달하곤 한다."고 평가하였다.

《지식인을 위한 변명》

사르트르. 1966년 일본에서의 강연 내용을 모아 정리한 책이다. '지식 전문가'와 '지식인'을 구분하면서 지식인의 역할에 대한 고민의 흔적이 담겨 있다.

12부

교육

한국에서 자녀 교육은 병역 문제만큼이나 전 국민들의 관심사가 높은 분야이다. 출산율이 떨어지고, 아파트 값이 차이가 나고, 이민을 가고 하는 근본적인 원인 중 하나가 자녀 교육이다. 가히 그 영향의 정도가 헤아려진다. 교육을 통한 계층 이동이 중요한 기회인데도 불구하고 점점 부모의 경제 수준에 따라 투자가 달라진다. 자녀의 학력과 사회적 신분이 부모에 따라 결정되는 학력 세습의 경향이 점점 강화되는 현실은 교육 문제에 대한 관심을 더욱 높이는 분위기를 조성하고 있다.

교육 문제에 있어서는 가장 핵심적인 요소, 다시 말해 교사와 학생의 관계를 분명하게 설정해야 한다. 교사와 학생 가운데 누구를 더 중요시하는가에 따라 교육을 바라보는 시선은 근본적으로 차이가 난다.

우선 교사를 중시하는 교사 중심 교육을 보자. 교사가 학생들에게 자신의 지식을 전달하는 방식을 취하는데, 일반적으로 주입식 교육 형태가 되기 쉽다. 해당 분야의 전문가인 교사가 집중적으로 가르치기 때문에 단기간에 많은 학생들에게 양질의 지식을 전달해 효율성이 매우 높다. 대신 다양한 학생들의 흥미와 적성을 고려하기 어렵고, 교사 한 명의 단일한 지식이 주입되어 획일화되는 폐단이 있다. 다원화된 세계에서 다양한 문제 상황에 대응해야 하는 현대 사회의 현실에 적절하게 대응하기 어렵다는 약점도 있다.

교사 중심 교육의 문제의식을 바탕으로 한국에서 새롭게 조명받는 방식이 학생 중심 교육이다. 창의성 발휘를 가장 중요한 교육 목적으로 삼아 학생들의 적성을 고려하고 소질을 개발하려는 시도는 7차 교육 과정의 핵심적인 대목이다. 이른바 열린 교육을 표방하며 과목 선택, 수준별 학습, 재량 활동, 수업량 최적화라는 상당히 획기적인 방안을 시도했다.

하지만 계획, 교사, 교육 과정, 교육 환경 등의 준비가 미흡하여 아직 기대했던 만큼의 효과를 보지 못하고 있다. 오히려 학력 저하라는 부작용이 먼저 나타나는 실정이다. 더구나 일찌감치 창의적 교육, 열린 교육을 시도했던 미국과 일본에서는 효율성 저하로 다시 교과목과 수업 시간을 늘리는 등 주입식 교육으로 회귀하는 현상을 보이고 있다.

한국의 현실에서 교육은 지식을 효율적으로 습득하고 다양한 환경에서 창의적으로 활용하는 문제를 고민해야 하는 때에 이르렀다. 주요한 교육 쟁점 역시 이러한 문제의식에 기반하여 고전들을 뽑고 생각해 보는 방향으로 전개되고 있다.

이제까지 한국 교육에서 가장 큰 제도적인 축으로 적용되었던 평준화 문제도 경쟁력을 강조하는 자유주의 분위기와 맞물렸다. 경쟁력을 높인다는 명분 아래 자립형 사립 고등학교나 기여 입학 제도 등을 유도하여 이미 사회적인 토론 현안으로 올라와 있는 실정이다. 아울러 큰 영향력을 고려할 때 교육의 기능이 가진 사회적 의미에 대한 논쟁 역시 매우 의미심장하게 검토해야 할 사안이다. 대학 입시 정책 중 본고사, 기여 입학, 고교 등급제 등을 불허하는 3불 정책을 어떻게 생각하는지가 대통령을 선발하는 중요한 기준이 되고 있는 지금 상황은 교육의 중요성을 점차 높이고자 하는 모두의 인식을 반영한 모습이라 볼 수 있다.

56

창의적 교육 이론의 철학적 기초
장 자크 루소《에밀》

문제 제기

주입식 교육이 가진 병폐를 이미 익숙하게 들어 온 학생들은 모두 미래의 교육이 창의성을 존중하는 방향으로 가야 한다고 주장한다. 그런데 창의적인 교육 방법은 구체적으로 어떤 것이냐는 질문에는 뚜렷하게 대답하지 못한다. 주입식 교육이 가진 효율성을 염두에 두지 않았고, 대중 교육에서는 창의적으로 교육하기가 매우 어렵다는 생각도 구체적으로 해 본 적이 없기 때문이다.

루소의《에밀》은 창의적 교육의 필요성과 방법을 알려 주는 고전 중의 고전이다. '인간은 선하고, 조물주가 만들 때부터 잠재적인 능력을 부여했다. 교사는 그 능력을 이끌어 내기만 하면 된다.'는 루소의 생각은 창의적 교육의 기본 이론이 되었다. 또한 지덕체를 갖춘 전인 교육을 위한 시도는 서구 시민 사회의 형성과 변화에 지대한 영향을 끼쳤고, 이제는 세계적인 보편 이념으로 작용하고 있다.

내용 개괄

'또는 교육에 대하여'라는 부제를 붙인 《에밀》은 교양 소설풍의 교육론이다. "나는《에밀》을 탄생시키기 위해 20년의 사색과 3년에 걸친 노작을 하였다."고 루소는 또 다른 저서《고백》에서 회고했다. 루소는 교육을 자연과 사물과 인간이 결합된 것으로 인식했다. 그는 교육 대상인 어린이에게 내재된 자연적인 본성을 계발하는 것에 일차적인 관심을 가졌다.

루소가 강조하는 교육의 핵심은 크게 세 가지로 볼 수 있다.

첫째, 교과 과정이나 교사보다 어린이를 교육의 중심으로 설정했다. 어른의 욕심과 규범을 주입하는 교육이 아니라 어린이 자신의 관심과 욕구, 흥미를 길러 주는 교육을 주장한다. 어린이를 작은 어른으로 보지 말고 어린이 자체로 보아야 한다는 것이다.

둘째, 자유를 위한 교육을 강조했다. 정의롭지 않은 사회적 관계에 물들지 않으면서도 자기 몫을 다하며 타인에게는 꼭 필요한 것만 요구하는 자유로운 인간을 길러 내는 교육이 올바르다는 생각이다. 타락한 사회 속에서 스스로의 사고에 의해 진정한 자아를 보존하는 자유인을 양성하려면 유아기 단계에서부터 독립적으로, 그리고 존엄하게 성장하도록 배려해야 한다. 셋째, 교육 방법은 인간들보다는 자연에 의존해야 한다고 주장했다. 인간에게 있는 어떤 자연적이고 선천적인 성향들과 조화를 이루는 교육을 해야 한다는 것이다. 다시 말해 교육은 한 개인에 내재된 자연적 본성의 계발이다.

한 구절 경구

아이가 감각적인 사물에 의해서만 자극을 받는 동안에는 아이의 모든 관념이 감각에 머무르도록 하는 것이 좋다. 아이가 주위 어디를 보아도 감각적인 세계만을 볼 수 있게 해 주는 것이 좋다.

문답 하나

루소 당시의 사람들은 이제 막 태어난 인간은 아무런 지식이 존재하지 않는다고 생각했다. 이른바 '인간 백지론'이다. 루소는 그렇게 생각하지 않았다. 사람들은 저마다 타고난 소질과 재능이 있고, 교사가 계발해 주기만 하면 된다고 생각했다. 루소의 생각은 과연 옳은가? 참교육의 의미와 관련하여 자신의 견해를 밝혀 보라.

답변의 길잡이

문화 전달이 교육의 중요한 일부라고 보면 한 인간을 교육하여 해당 사회의 문화에 적응시키는 사회화로서의 교육을 강조한 '인간 백지론'도 어느 정도 의미가 있다. 그러나 계승해야 할 문화도 있지만 버려야 할 폐습도 있다. 1980년대에 북한 주민들을 붉은 도깨비로 묘사한 그림은 전달과 주입하는 교육이 가지는 폐단을 단적으로 보여 준다. 그런 점에서 루소의 인간에 대한 인식은 의미가 적지 않다. 다만 학교 교육을 대중 교육으로 표방하는 현대 교육 제도의 특성을 고려하면 사회화의 입장을 강조하는 '인간 백지론'은 여전히 영향력이 크다.

지은이

장 자크 루소 1712~1778

프랑스의 계몽 사상가. 《인간 불평등 기원론》《신엘로이즈》《사회계약론》《에밀, 《고백》《루소, 장 자크를 심판하다》 등 발표하는 저술마다 숱한 화제와 논쟁을 불러일으켰다. 자연설을 바탕으로 18세기의 사회 윤리를 가장 독창적으로 탐구하였다. 자연은 선이고 문화는 악이며, 만인은 원래 평등하지만 오직 계급을 구분하는 사회 제도 때문에 불평등이 생겼다는 주장을 펼쳤다. 그의 모든 저작은 잃어버린 개인과 사회를 회복하는 방법을 제창한 것이다. '정치적 권력의 원칙'이라는 부제가 붙은 대표적인 저술《사회계약론》은 근대 민주주의 이론에 관한 대표적인 논문이다. 민주 공화 정치가 인권의 본질에 가장 적합한 자연 정치 형태임을 논증하여 미국 독립 당시의 헌법이나 프랑스 혁명의 인권 선언에 지대한 영향을 끼쳤다. 유작이 된《고백》은 열렬한 자아의식과 비상한 상상력, 감정과 자연 서정에 대한 탁월한 묘사로 아름다운 영혼의 기록이라 추앙받고 있다.

또 다른 인문 고전

《선인들의 공부법》

박희병 편저. 중국 고대의 공자에서 한국 근대의 최한기까지 공부하는 자세의 전범을 보여 준 16인의 학인들이 공부에 대해 언급한 것을 발췌하여 정리한 책. 공부하는 방법과 자세 등 실천적이고 흥미로운 글들을 읽을 수 있다.

57

동양 영재 교육의 기원

맹자 《맹자》

문제 제기

서양의 'education'은 근대에 일본을 통해 동양으로 유입되었다. 최초로 번역한 일본 학자는 '가르치고 기른다.'는 뜻의 '교육敎育'을 택하였다. 천하의 영재를 얻어 교육한다는 '得天下英才而敎育之'에서 따온 단어로 《맹자》에서 가져온 구절이다. 학생을 주체로 설정하여 재능을 이끌어 낸다는 education과 달리 '교육'은 가르치고 기르는 주체가 되는 교사를 중심에 놓은 것이다. 물론 스승의 존재를 교육에서 더욱 비중 있게 다루는 동양적 정서의 산물이기도 하다. 교육이라는 용어의 출전이 되는 《맹자》의 대목은 영재를 교육하는 전통이 동양에서는 상당히 오래전부터 있어 왔다는 사실을 알게 해 준다. 변화하는 환경, 특히 지식 정보의 고급화와 인재 육성이 미래 산업의 중요한 동력임을 확신하는 여러 분위기에 발맞추어 영재 교육은 더욱 고양되고 있다.

내용 개괄

맹자는 전국 시대 인물이다. 《사기》를 지은 사마천은 맹자가 공자 손자인 자사子思의 제자에게서 배웠다고 기록하고 있다. 공자보다 백 년 정도 뒤에 태어나 공자의 사상을 보존, 발전시킨 공로로 유가에서는 그를 '공자 다음가는 성인'이라는 뜻에서 아성亞聖이라 일컫는다.

사람의 본성은 선하다는 확신을 기반으로 맹자는 사람은 모두 선해질 수 있다고 했다. 그는 인간의 가능성에 무한한 기대와 불변하는 신심을 가지고 있었다. 성선性善 사상으로 인하여 맹자는 서양의 루소와 곧잘 비교된다. 호연지기를 통해 잃어버린 인의의 마음을 회복하는 것을 핵심으로 하는 맹자 사상을 전한《맹자》는 공자의《논어》와 함께 정치, 경제, 교육, 철학 분야에 상당한 영향을 끼쳤다.

맹자의 어머니가 맹자에게 행한 '맹모삼천지교'는 교육에서 환경의 중요성을 일깨우기 위해 회자되는 대표적인 일화이다. 맹자 이후에 만들어졌다는 설이 유력하지만, 적어도 동양에서는 어머니의 자식 교육 열성이 반영된 일화로 생명력을 유지하고 있다.

한 구절 경구

부모가 다 계시며 형제가 사고가 없는 것이 한 가지 즐거움이요, 우러러서는 하늘에 부끄럽지 아니하며 구부려서는 사람에게 부끄럽지 아니함이 둘째 즐거움이요, 천하의 영재를 얻어서 교육함이 셋째 즐거움이니, 군자에게는 세 가지 즐거움이 있으나 천하의 왕 노릇 하는 것은 그 속에 있지 아니하다.

문답 하나

영재 교육은 영재성이 있는 아동을 대상으로 하는 수월성秀越性 교육이 기본적인 과정이다. 인간의 학습이 단순한 지식 확대가 아닌 인격 성장임을 고려한다면 영재 교육에 따른 부작용은 없을지 검토해 보자.

답변의 길잡이

영재라도 정상적인 정서 발달 단계를 밟아야 한다는 점에서 매우 사려 깊게 다루어야 한다. 대학생이 된 12살 영재가 수업 시간에 토론을 할 수 있을지언정 동기들과 맥주 한잔을 마시며 수업 뒤풀이를 하는 장소에 함께하기는 어렵다. 지식과 인격의 성장이 동시적이고 자연스럽게 이루어지는 또래들과 달리 지식 성장만을 위한 사회적, 국가적 도구 내지는 수단화될 우려가 완전히 없지는 않다.

지은이

맹자 B.C.372~B.C.289

전국 시대의 사상가이자 교육자. 자신의 정치적 이상을 이루지 못하자 제자들과 함께 《맹자》를 저술했다. 《맹자》는 중국 송대 이후 사서四書의 하나로 인정, 과거 시험에서 핵심 과목이 되면서 동양 지식인들의 필독서로 자리 잡았다. 법과 질서를 통한 유가 질서 확립을 주장한 순자와 달리, 인간 본성에 구비된 인의의 회복과 확충을 통한 왕도 정치를 주장한 논객이기도 하다. 백성과 함께 즐거움을 나누기를 역설하고, 의롭지 못한 군왕이라면 혁명으로 정권 교체를 해야 한다고 주장한 그의 정치사상은 현대 민주주의 관점에서 보아도 여전히 파격적이고 신선한 감이 있다.

유가를 지킨 웅변가의 저술답게 《맹자》에는 재미난 비유와 함께 상징이 풍부한 일화가 많이 수록되어 있어 문학적인 가치도 높다. 상대가 꼼짝도 못하게 하는 논리적 화법은, 노자의 사상을 발전시켰으면서도 다양한 방면에서 독자적인 위치를 차지하는《장자》와 비교될 만하다.《맹자》가 논리적이면서도 사변적이라면《장자》는 우화적이면서 직관적인 면에서 흥미로운 대비가 된다.

또 다른 인문 고전

《맹자와 계몽철학자의 대화》

프랑수아 줄리앙. 서구의 대표적인 맹자 연구자인 저자는 맹자가 계몽철학자 루소, 칸트를 인간의 도덕 정감이라는 근원적 가치에서부터 압도하고 있음을 논증한다. 서구 철학자의 눈으로 본 맹자가 그려져 있다는 점에서 객관적인 시선이 돋보인다.

58

만남을 통한 전인격의 대화
마르틴 부버《나와 너》

문제 제기

교육의 목적은 무엇인가? 아니, 교육의 목적은 무엇이어야 하는가? 교육 내용을 결정짓는 매우 궁극적인 물음이다. 사회생활에 잘 적응하는 문화인을 길러 내는 과정이라면 사회화와 정신문화 계승에 목적을 두었던 플라톤의 이상을 따르는 것이고, 다방면에 걸친 지식 습득이 중요하다면 코메니우스의 교육관에 동의하는 것이다. 인간 능력의 연마라면 로크와 생각이 같고, 조화로운 성장이나 경험의 재구성에 의의를 둔다면 페스탈로치나 존 듀이와 일치된 견해이다.

만일 교육은 어떠한 이유에서가 아니라 온전한 만남이어야 하며, 만남을 통한 각성일 때 진정한 교육이 이루어진다는 생각에 동감한다면 마르틴 부버의《나와 너》를 읽어야 한다. 교육이 단순한 인식이나 기술적 습득에서 그치지 않고 알고 이해한 지식을 실천하는 과정까지 포함한다고 설정한다면 마르틴 부버의《나와 너》는 더욱 정독되고 완미되어야 한다.
백 페이지도 되지 않는 책이 20세기 가장 탁월한 저작 중 하나로 여전히 의미를 가지는 이유는 무엇일까? 실천을 담보할 수 있는 전인격을 기울인 만남과 각성의 교육이 아직 교육 현장에서 진지하게 행해지지 못하고 있기 때문이다.

내용 개괄

1923년에 저술된《나와 너》에 나타난 사상은 키르케고르의 사상과 함께 20세기 사상을 주도했다고 평가된다. 부버를 이해하는 중요한 키워드는 '대화적 실존'으로 인간과 인간, 인간과 사물의 관계를 이해하는 것이다. 내가 자연 대상인 나무를 그림으로, 생명 운동체로, 연구 대상으로, 인과 법칙으로 본다면 나무는 하나의 대상으로만 남는다. 이것이 나와 '그것'의 관계이다.
만일 내가 나무를 사랑으로 대하면 나무는 하나의 '그것'이 아니라 '너'가 된다. 나무와 나와의 인격적인 관계가 형성되는 것이다. 부버는 자연, 인간, 신과의 관계에서 인간의 본래적 모습은 모두 '나'와 '너'의 관계였으나, 목적이 아닌 수단으로 대하는 '나'와 '그것'의 관계로 변질된 것이 현대의 비극이라고 보았다.

한 구절 경구

관계는 상호적이다. 내가 나의 '너'에게 작용하고 있듯이 나의 '너' 역시 나에게 작용하고 있다. 나에게 가르침을 받는 자가 나를 형성하고, 내가 만드는 작품이 나의 인격을 구축한다. 참으로 우리는 기이한 인연의 사슬에 얽히어 온 우주의 상호적 생명의 흐름에 잠기면서 삶을 영위하고 있는 것이다.

문답 하나

1. 교사와 학생의 만남이 전제되지 않은 교육은 없다. 직접이든 간접이든 만남은 교육의 기본적인 전제 조건이다. 그럼에도 굳이 만남의 의미를 강조한 마르틴 부버의 사상이 교육에서 중요한 이유는 무엇인가?

답변의 길잡이

마르틴 부버가 강조한 만남은 단순한 미팅의 문제가 아니다. 인격과 인격의 교감을 강조한 주장이다. 서로의 존재를 인식하면서, 수단으로 존재하는 '그것'이 아닌 목적으로 이해되는 '너'로 대하라는 것이다. 교육의 궁극적인 목적이 실천을 통한 행동 변화라고 한다면 행동 변화를 이끌어 내기 위한 '각성'이 요청된다. 각성은 진정한 만남, 다시 말해 인격적 교감 없이는 이루어질 수 없다.

문답 둘

2. 한국의 교육열은 세계적으로도 유명하다. 턱없이 부족한 자원에도 비약적인 경제 발전을 이룬 원동력은 높은 교육열에서 기인한다는 평가도 있다. 교육에 지대한 관심이 있는데도 현실에서 교사와 학생의 인격적 만남은 이루어지지 않고 있다. 교사와 학생의 인격적인 만남을 가로막는 요인은 무엇인가? 그것을 극복하기 위한 방안으로는 무엇이 있을까?

답변의 길잡이

인격적 만남을 방해하는 것은 높은 교육열이 내 자식만을 위하는 이기적인 방향으로 흘렀기 때문이다. 교사와 학생의 공평하고 공정한 만남은 촌지를 통해 가로막혔고, 경쟁 심화는 사교육의 번창을 낳았다. 대안으로 현실에 대한 개인의 깊은 각성과 성찰이 요청되지만, 그보다는 공동체 의식과 연대 의식의 향상이 더욱 궁극적이다. 나와 내 자식만이 아니라 더불어 향유할 수 있는 사회적 분위기가 조성될 때 근본적인 면에서 해결될 여지가 있다.

지은이

마르틴 부버 1878~1965

사상가, 교육자, 사회 운동가. 오스트리아 비엔나에서 출생하여 이스라엘 예루살렘에서 생을 마쳤다. 종교적 원칙에 기초한 공동 사회를 건설하자는 운동인 하시디즘Hasidism에 공감하여 적극적인 실천가가 되었다. '유대-아랍 연방' 수립을 통한 두 민족의 공존을 주장한 운동은 좌절되었지만, 극한 대립으로 치닫는 오늘날의 중동 사태에 여전히 유효한 측면이 있다. 진정 그의 위대함을 확인시켜 주는 것은 사상이 주는 독창성과 심오함이 아니라 사상과 행동, 신념과 실천의 통일성에 있다.

또 다른 인문 고전

《자아를 찾은 딥스》

버지니아 M. 액슬린. '딥스'라는 이름을 가진 다섯 살짜리 자폐아가 놀이 치료를 통해 자아를 되찾는 과정을 기록한 아동 상담 사례집. 액슬

린은 놀이 이론을 개발하여 실제로 아동 상담에 적용하였다. 1985년에 번역된 《자아를 찾은 딥스》를 통해 놀이 치료 이론이 국내에 처음으로 소개되었다. 대단히 전문적인 아동 교육 서적임에도 자폐아가 놀이 치료를 통해 마음을 열고 화해하는 과정을 기록한 내용은 감동적인 수기나 소설처럼 읽히는 맛이 있다.

59

대안 교육의 실험
A.S. 니일 《서머힐》

문제 제기

대중 교육의 시대다. 학교는 교과서와 정규 교과 내용을 바탕으로 수많은 학생들에게 어느 정도는 정해진 일률적인 지식을 가르친다. '참되고 씩씩한 새 나라의 일꾼'을 길러 내는 것이다. 일률적으로 전달되는 교과 지식과 지도 내용은 때로 정권과 권력의 부당한 지배 이념을 그대로 전달하거나, 개성적인 아이들의 창의적인 사고와 활동을 획일화하기도 한다.
1980년대 초반까지 초등학생들이 북한군과 북한 사람들을 빨간 도깨비로 그렸던 우울한 추억, 에디슨이 알을 품어 비웃음을 샀던 일화가 좋은 사례이다. 상영 당시 선풍적인 인기를 얻었던 영화 〈죽은 시인의 사회〉에서 키팅 선생이 시를 가르치면서 교과서를 버리게 하거나, 책상 위로 올라가게 하여 내재적인 창의성과 재능을 일깨우려는 장면에는 학교 교육이 가진 문제점을 비판하는 시선이 담겨 있다.

요즘 늘어나고 있는 한국에서의 대안 학교들이 시사하는 바는 무엇일까? 학교 교육이 가진 문제점이 표출된 현상일 가능성이 크다. 대안 교육의 선구자 A. S. 니일은 대안 학교 서머힐을 통해 자유주의 교육을 실천했다. 아동이 원하는 대로 교육을 시켜 궁극적으로 삶의 준비 과정이 되도록 진행했다. 아동의 흥미와 선택을 억압하는 교과서와 학교를 가장 못마땅하게 여겼다. 서머힐은 대규모 학교가 아닌 작은 소학교였다. 소학교에서의 실험은 대중 학교 교육이 가진 문제점을 지적하고 대안을 마련하는 데 적지 않은 시사점을 던져 준다.

내용 개괄

《서머힐》은 교육에 대한 니일의 투쟁 기록이다. 통제와 억압이 주로 이루어지던 권위주의적 교육에 반대하여 철저한 자유 교육을 실천한 혁신적인 교육 사상가의 생각이 전편에 걸쳐 잘 나타나 있다. 총 6장으로 구성되어 있는 책은 먼저 서머힐 학교의 기본적인 학습 목표와 학교생활을 소개한 후 어린이 교육, 성교육, 종교와 도덕, 어린이의 문제, 부모의 문제로 목차를 나누어 니일의 생각을 보여 주고 있다.

니일은 인생의 궁극적인 목적과 교육의 목표는 행복의 발견과 추구라고 보았다. 삶에 흥미를 가지고, 지식만이 아닌 전인격을 삶에 반응시키는 것을 교육이라고 생각한 니일의 학교에서 학생들은 자신의 선택에 따라 교육을 받는다. 어린이를 학교에 맞추는 것이 아니라 학교를 어린이에 맞추는 식이다. 원리와 구체적인 방법들이 흥미롭게 기술되어 있다.

한 구절 경구

나는 삶의 목표란 행복해지는 것, 다시 말해 흥미를 찾아가는 것이라고 생각한다. 교육이란 삶을 위한 준비 과정이다. 많은 교육학들은 어린이에게 '무엇'을 주입시키기만 하면 될 뿐, 어린이가 무엇을 배우고자 하는지는 문제가 되지 않는다고 믿고 있다. 또한 가르치는 것 자체가 가장 중요하다고 생각하는 교사들이 그 외에 다른 무엇을 할 수 있단 말인가? 이는 오늘날의 학교가 인간이라는 상품을 생산하는 공장 구실을 하는 한 계속 이어질 것이다.

문답 하나

흥미로운 교육 과정과 학생들의 창의성을 고양한 서머힐은 왜 확대되지 못하고 소학교로 머물러야 했을까? 서머힐의 교육이 대중 학교 교육에 던지는 시사점이 무엇인지 생각해 보자.

답변의 길잡이

다양한 학생들의 요구를 수용하려면 많은 인내와 노력이 필요하다. 다양한 교육 프로그램은 물론 학생들을 감당할 교사도 준비가 필요하다. 소수의 아이들이라 높은 교육비도 적지 않은 문제점이 된다. 아울러 학교 교육으로 사회에 적합한 인력을 양성해야 하는 현대 자본주의의 사회 원리에도 부적합한 면이 있다. 그럼에도 학생의 흥미에서 출발해야 교육 활동 내에서 주체적인 의지를 가지고 흥미롭게 진행된다는 점에서 서머힐 교육은 좋은 실험일 수 있다.

지은이

A. S. 니일 1883~1973
스코틀랜드의 초등학교 교장인 아버지와 전직 교사였던 어머니 사이에서 태어났다. 공부에 흥미를 느끼지 못한 니일은 기대할 것이 없는 아이로 취급받았다. 그의 어린 시절 경험은 학과 공부나 교과서가 어린이 교육에 결코 중요하지 않다는 교육관을 형성하게 했다. 1921년 프랑스에서 열린 제1회 국제 신교육협회에 영국 대표로 참석하면서 몇몇 학부형의 후원으로 독일의 드레스덴에 국제 학교를 세웠다. 그 학교를 오스트리아를 거쳐 영국으로 옮기고 '서머힐'로 이름을 고쳤다.
그 경험을 바탕으로 책을 기술하고 강연을 하면서 서머힐은 대표적인 대안 학교로 세계적인 관심을 불러일으켰다. 1973년 세상을 뜰 때까지 50여 년을 서머힐의 학교 교육에 헌신하였다. 그의 사후에 서머힐은 딸에 의해 운영되고 있다. 《문제 교사》《문제 부모》《문제 가정》 등 20여 권의 저서를 남겼다.

또 다른 인문 고전

《아이의 발견》

《아이의 발견》은 저명한 유아 교육자인 마리아 몬테소리가 쓴 대표작 《몬테소리 교육법》의 내용을 담고 있다. '아이는 무기력한 존재가 아니라 스스로 발전할 능력을 가진 존재이고, 그 능력의 원동력은 바로 흡수하는 마음'이라는 몬테소리의 아동관을 내세운다. 아이들 관찰법, 아동 교육의 내용과 방법, 교육과 교구의 활용 등에 대한 교육 원리와 방법이 잘 나타나 있다.

60

억압받는 자를 위한 교육

파울로 프레이리 《페다고지》

문제 제기

사회의 일원으로서 자기 역할을 수행하며 행복하게 살기 위해 교육을 받는다. 좀 더 높은 가치를 부여하자면 삶의 의미를 찾고, 자아를 실현하며, 교양을 확대하고, 인식의 지평을 넓혀 삶의 질을 향상시키는 활동이다. 교육의 기본적인 목적이 왜곡되는 사회라면 교과 내용은 도리어 잘못된 사회 체제를 유지시키는 인습의 기제가 될 수 있다. 사회화되는 보수적인 교육을 통해 잘못된 사회 체제가 더욱 강화된다는 것이다.

프레이리의 《페다고지》는 '학생들과 더불어 영광과 동격인 지식을, 이성과 동격인 참된 지식을 전환하는 여건을 창조하는 것이 곧 문제 제기식 교육자의 역할'이라고 주장한다. 자본주의적 산업 사회에서 개인을 억압하는 사회적 상황을 교육을 통해 극복하고자 한, 인간 해방의 교육론 자체다.

내용 개괄

《페다고지》의 원제는 '피억압자의 교육Pedagogy of the Oppressed'으로, 줄여서 간단히 '페다고지'라고 했다. 실존주의, 마르크스주의, 인격주의 철학을 바탕으로 저술되어 '의식화 교육론'이라는 흥미로운 이론을 제시하고 있다. '의식화 교육'이라는 책의 성격으로 말미암아 전 세계, 특히 제3세계 국가에서 사회 변혁과 정의를 실현하려는 민중 교육의 지침서가 되었다. 교육학은 물론이요, 철학, 인류학, 역사학, 사회학, 예술학 등 많은 분야에 큰 영향을 미쳤다.

책은 총 4장으로 구성되어 있다. 서문은 민중에 대한 새로운 희망과 민중 세상의 창조 가능성을 기술했다. 1장은 피억압자를 위한 교육학의 의미와 성격, 조건을 기술했다. 2장에서는 은행 저금식 교육과 문제 제기식 교육을 설명하고 있다. 3장은 대화의 본질과 조건, 교육 내용으로 다루어야 할 주제의 성격을 말한다. 4장에서는 정복, 통치, 조작, 문화 침략과 같은 반대화적인 활동과 협동, 단결, 조직, 문화 통합 등과 같은 대화적 활동의 성격을 비교하고 있다.

한 구절 경구

문제 제기식 교육은 '되어 가는' 과정에 놓여 있는 존재, 마찬가지로 미완성의 현실과 더불어, 그리고 그 현실 속에 존재하는 불완전하고 미완성의 존재로서의 인간을 긍정한다. 역사적인 존재는 아니지만 미완성 상태에 있는 여타의 동물들과는 달리 인간들은 스스로가 미완성적 존재임을 안다. 오로지 인간만의 발로인 교육이 뿌리내리고 있는 곳이 바로 이 불완전성과 자각이다. 인간은 미완성적인 존재이고 현실 변혁적인 성격을 지녔기 때문에 교육은 부단히 실시되어야 한다. 그리하여 교육은 실천 속에서 끊임없이 개조된다.

문답 하나

은행 예금식 교육이 실재하는 것은 교과서의 사용에서 알 수 있듯이 대중 교육의 현실에 기인하는 바가 크다. 문제 제기를 통한 교육을 진행하기 위해서는 적절한 문제 제기의 방향과 논점에 대한 교과 계획이 필요하며, 충분히 훈련된 교사와 비판 의식으로 각성된 학생이 전제 조건이 된다. 다시 말해 은행 예금식 교육이 가진 일반적이고 대중적인 효용에 비해 상대적으로 비효율적일 가능성이 크다. 두 교수법의 득실을 따져 견해를 말해 보자.

답변의 길잡이

교육이란 궁극적으로 무엇을 위한 것인가에 관한 입장 정립이 필요하다. 교육을 당대의 사회적 환경과 관습을 익히는 '사회화' 과정으로 이해한다면 프레이리의 의식화 교육은 무의미하다. 반면 사회에 아직 많은 모순이 존재해서 끊임없는 변화와 비판적 사고를 요구한다면 프레이리의 문제 제기식 교육은 매우 큰 의미가 있다. 현실에 토대를 내리고 진전하는 역사의 주체적 존재로 살아가기 위해서는 항상 각성된 의식과 실천이 요구되기 때문이다.

지은이

파울로 프레이리 1921~1997

사회 운동 사상가이자 민중 교육 실천가. 브라질 동북부의 빈민 지역에서 태어났다. 빈민들이 겪는 '침묵의 문화'를 보고, 그 침묵과 무기력이 경제적·사회적 억압에서 비롯되었음을 간파했다. 빈민들은 교육을 통해 현실 세계를 비판하는 것이 아니라 오히려 무비판적으로 수용한다. 전통적인 교육 방법은 매우 권위적이고, 빈민들이 배우기에 어려운 편파적인 내용이다. 프레이리는 민중들의 주체적이고 비판적인 의식을 불러일으키는 의식화 교육을 시행하여 상당한 성공을 거둔다. 1964년 군부 쿠데타 직후 잠시 투옥되었다가, 하버드 대학에 교환교수로 가 있을 때 《페다고지》를 저술한다. 농촌과 도시의 빈민 계층 성인들을 대상으로 하는 독특한 교육 이론과 실천으로 전 세계에 이름을 떨치며 세계적인 교육 실험에 참여하는 등 국제적인 활동을 펼쳤다.

또 다른 인문 고전

《국가》

플라톤의 대표적인 저작이자 서양 교육학에서 《에밀》과 함께 거론되는 고전이다. 쇠사슬로 묶여 동굴 속에 갇힌 인간들이 동굴 벽에 비친 그림자만을 보고 실재의 세계로 착각하며 산다고 비유하였다. 교육은 인간의 삶을 동굴 밖으로 안내해 태양 아래에 실재하는 세계를 인식하도록 도와주는 기능을 한다고 역설했다. 이데아의 세계 속에 존재하는 진리를 깨닫도록 도와준다는 것이다.

61

디지털 교육의 역습

닐 포스트먼 《교육의 종말》

문제 제기

기술의 급속한 발전은 교육 방법과 접근성을 대폭 확장시켰지만, 동시에 디지털 격차, 학습자의 주의 분산, 인간적 상호작용의 감소와 같은 새로운 도전을 제기한다. 4차 산업혁명과 같은 기술의 급속한 발전이 교육에 가져온 이러한 변화는 교육자와 정책 입안자들에게 교육 체계를 재고하고 새로운 교육 모델을 개발할 기회를 제공합니다.

AI 시대의 교육은 단순히 지식을 전달하는 것을 넘어서, 학습자가 정보를 비판적으로 분석하고 창의적으로 활용할 수 있는 능력을 개발하는 데 중점을 둬야 한다. 이를 위해서는 기술적 수단을 활용하는 동시에 학습자 중심의 교육 접근법을 채택하여, 각 학습자의 개별적인 필요와 관심사에 맞춘 맞춤형 학습 경험을 제공할 필요가 있다.

내용 개괄

닐 포스트먼의 《교육의 종말》은 교육과 학교 시스템에 대한 깊은 성찰을 담은 저작으로, 현대 사회에서 교육의 본질과 목적을 재고하자는 메시지를 전달한다. 포스트먼은 교육이 단순히 직업 준비나 기술 습득의 수단이 아니라, 학생들에게 삶의 의미를 탐구하고 공동체의 일원으로서의 역할을 수행할 수 있는 능력을 길러주어야 한다고 주장한다. 이 책에서 그는 현대 교육이 직면한 여러 문제점들을 지적하며, 교육이 단지 경제적 이익이나 소비자 문화에 봉사하는 도구로 전락했다고 비판한다.

포스트먼은 교육의 진정한 목적은 학생들이 자신의 존재와 세계에 대해 의미 있는 질문을 할 수 있도록 격려하고, 이를 통해 보다 나은 사회의 구성원이 되도록 하는 것이라고 강조한다. 그는 교육이 다시 의미를 갖기 위해서는 '신화' 혹은 '이야기'가 필요하다고 주장한다. 이러한 신화는 학생들에게 공통의 가치와 목적을 제공하며, 교육이 단순한 정보 전달을 넘어서 사회적, 도덕적 성장을 촉진하는 틀이 될 수 있도록 해야 한다. 포스트먼은 여러 가지 대안적인 교육 신화를 제시하며, 이를 통해 교육이 인간의 정신적·도덕적 발달을 지원하는 방향으로 재구성될 필요가 있다고 논한다.

《교육의 종말》은 현대 교육 시스템의 근본적인 재평가를 촉구하는 동시에, 교육이 인간 삶의 깊이와 폭을 확장하는 데 어떻게 기여할 수 있는지에 대한 희망적인 비전을 제시한다. 포스트먼의 이 책은 교육가, 학부모, 정책 결정자 모두에게 교육의 본질에 대해 다시 생각해 보도록 도전하는 중요한 작품이다.

한 구절 경구

학교는 시민들의 사회적 신념을 반영하는 거울이다. 하지만 그 거울은 한 위치에만 고정되어 있는 것은 아니다. 그것은 시간과 장소에 따라 여러 방향으로 조정되어 어떤 것은 반영하면서 어떤 것은 반영하지 않는다. 하지만 학교는 항상 거울 앞에 존재하는 어떤 것을, 다시 말해 학교가 만들어낸 것이 아니라, 학교를 지원하며 다양한 목적으로 학교를 이용하고 있는 우리 사회에 의해 창조된 그 무엇을 반영한다.

문답 하나

포스트먼은 교육이 단순히 정보의 전달이나 기술적 능력의 향상을 넘어, 인간적 가치와 사회적 책임을 심화시키는 과정이어야 함을 강조한다. 이러한 견해에 따르면, 디지털 기술의 확산이 학생들의 의미 있는 학습, 창의력,

비판적 사고 능력을 어떻게 촉진하거나 저해할 수 있는지 탐구해 볼 필요가 있다. 기술 통합이 교육의 근본적인 목표인 인간의 정신적·도덕적 발달을 지원하는 방향으로 이뤄지고 있는지, 아니면 포스트먼이 우려했던 바와 같이 교육의 질적 하락을 초래하고 있는지에 대한 심도 있는 논의가 필요하다. AI 기술이 교육에 통합될 때 발생할 수 있는 문제들에는 어떤 것들이 있을까

답변의 길잡이

닐 포스트먼의 우려에 따르면, AI 교육의 도입은 여러 문제를 야기할 수 있다. 첫째, 인간적 상호작용의 감소는 학생들이 필요로 하는 비판적 사고, 의사소통 능력, 사회적 기술의 개발을 방해할 수 있다. 둘째, AI의 맞춤형 학습은 표면적 학습을 촉진시켜 학생들이 지식을 깊이 있게 탐구하는 것을 소홀히 하게 만들 수 있다. 셋째, AI 교육이 기술적 지식 습득에만 중점을 둘 경우, 교육의 본질적 목적인 인간의 도덕적·윤리적 발달 지원이 소홀해질 위험이 있다. 넷째, 기술 의존도 증가는 학생들의 자기주도성과 창의성을 저해할 수 있다. 마지막으로, AI 교육은 디지털 격차와 교육 기회의 불평등을 심화시킬 수 있으며, 이는 교육이 모든 학생에게 공평하게 제공되어야 한다는 포스트먼의 주장과 상충된다.

지은이

닐 포스트먼 1931-2003

미국의 저술가, 교육자, 미디어 이론가로, 공공 담론에서 기술, 특히 텔레비전과 컴퓨터 기술이 인간의 의사소통, 교육, 문화에 미치는 영향을 비판적으로 분석한 것으로 유명하다. 포스트먼은 뉴욕 대학교에서 커뮤니케이션 이론을 가르치며, 기술 비판과 교육 철학 분야에서 중요한 공헌을 했다. 그의 가장 유명한 저서 중 하나는《우리는 자신을 즐겁게 할 권리를 어떻게 잃었나》1985이다.

이 책에서 포스트먼은 텔레비전이 사회의 공공 담론을 훼손하고, 심각한 정치적, 사회적 문제를 엔터테인먼트로 전락시키며, 궁극적으로는 문화의 질적 하락을 초래한다고 주장한다. 포스트먼은 텔레비전과 같은 매체가 정보를 제공하는 방식이 사람들의 사고 방식과 문화를 어떻게 변화시키는지 분석했다.

《교육의 종말》1995 에서는 현대 교육 시스템의 목적과 가치를 재검토하고, 교육이 단순히 직업을 준비하거나 기술을 습득하는 수단이 아니라, 학생들이 삶의 깊은 의미와 목적을 탐구할 수 있도록 하는 데 중점을 두어야 한다고 강조한다. 포스트먼의 작업은 기술과 미디어가 사회에 미치는 영향을 비판적으로 바라보는 시각을 제공하며, 정보 시대를 살아가는 우리에게 중요한 사유의 기회를 제공한다. 그는 기술이 인간의 삶과 문화에 가져온 변화를 이해하고, 이에 대해 의미 있는 대화를 나눌 수 있도록 도와 주는 중요한 사상가로 기억될 만하다.

또 다른 인문고전

《고전 읽기의 즐거움》

정약용, 박지원, 강희맹 등 지음. 고전에 등장하는 다양한 일화를 모은 책이다. 일상의 행간 속에서도 삶의 통찰을 짚어 내는 선인들의 안목을 볼 수 있다. 강희맹이 아들을 훈계한 《훈자오설訓子五說》에서는 스스로 터득한 진리만이 참으로 쓸모 있는 지식이라 알려 주는 <도자설盜子說>이 가장 유명하다.

13부

인간과 경제

현대 사회를 이끌고 있는 경제 구조는 자본주의 시장 경제이다. 경쟁을 통한 효율 추구가 주요한 삶의 방식일 수밖에 없는 구조이다. 문제는 경쟁 결과에는 항상 승자와 패자가 존재하고, 효율 추구에는 항상 이면에 소외되는 가치들이 존재한다는 사실이다. 우승열패優勝劣敗 인식이 커지고, 소수의 승자에 의해 다수의 패자가 상대적 박탈감에 허덕인다면 사회 분열과 위화감을 조장한다. 결국 사회적 통합을 저해한다는 점에서 중요한 사회 문제로 심각하게 인식할 필요가 있다.

경쟁을 통한 성장과 효율을 추구한 미국이 세계적으로 뛰어난 기업과 대학, 인재들을 가지고 있지만 동시에 빈부 격차와 의료비 등을 포함한 사회 복지에서 형평과 분배를 추구한 서유럽보다 취약하다는 사실은 주목할 만하다. 평균적인 학력도 서유럽의 핀란드에 비해 매우 낮다고 드러났다. 경쟁을 통한 효율 추구에는 반드시 보완해야 할 여러 측면들이 있다는 점을 보여 준다. 허리케인 '카트리나'가 휩쓴 뉴올리언스의 광경을 아프리카의 가난한 빈국으로 오해한 어린아이의 눈은 자본주의 경제 대국 미국의 정확한 이면이다.

경쟁을 통한 자연스러운 시장 가격을 믿었던 애덤 스미스는《국부론》을 집필하기에 앞서 타인에게 동정심을 가진 존재로서의 인간을 상정한《도덕감정론》을 먼저 집필하였다. 그는 적어도 동정심을 가진 개인에 의한 시장 형성을 염두에 두었기 때문에 어느 국가나 세력에도 영향을 받지 않는 '시장'의 성립을 열망할 수 있었던 것이다. 자본 시장은 동정심을 가진 개인만큼이나 자신의 이익에 철저한 개인과 기업의 존재를 확인시켜 주었다. 1980년대 이후 불기 시작한 신자유주의 열풍과 세계화 물결은 오로지 자본 논리에 철저한 다국적 기업의 횡행을 눈앞에 보여 주었다. "세계화는 지구적 약탈이다."라고 선언한 앤서니 기든스의 발언은 세계화가 가진 단면을 단적으로 지적하는 말이다.

세계대전 와중에 누구보다도 자본주의 폐해를 직시했던 니어링 부부의 자족적인 삶의 실천, 독립 운동에서 나아가 인간 삶의 독립을 구상한 간디의 수공업 경제의 구상 등은 공상적인 대안이 아니다. 그들은 자본주의적 삶에 대한 실질적이고 실천적인 대안으로서의 가치를 확인시켜 준다. 자신의 의지를 관철시키며 자연과 조화를 이루고 살아갈 수 있다는 깨우침을 주고 있기 때문이다.

사람들은 때로 현실의 강고한 벽에 막혀 각성이 쉽게 실천으로 연결되지 않는 일상을 살아간다. 다양한 삶의 방식과 태도의 결정은 결국 사회를 바라보는 개인의 기준과 가치관 정립에 달려 있음을 부정할 수 없다. 논술은 그러한 다양한 관점을 두드려 쟁점의 사방을 확인하는 것에서부터 시작해야 한다.

62

'보이지 않는 손'의 경제
애덤 스미스 《국부론》

문제 제기

어떠한 경제 체계가 가장 효율적인 것인가? 어떠한 경제 체계가 인간의 자연스러운 욕망을 충족시켜 주는 동시에 경제 활동에 참여한 사람들의 이익을 극대화해 주는가? 어떠한 경제관이 사회 내에서의 경제 활동을 활발하게 하고, 궁극적으로 여러 사람을 행복하게 하는가? 모두 경제와 관련된 절실한 질문이다. 먹고사는 문제를 다루는 가장 직접적인 문제여서 경제 제도는 사회 구성원들에게 직접적인 영향을 미친다. 경제에 대한 접근은 항상 실제 생활을 염두에 두고 진지하게 접근해야 실상을 바로 안다.

서구에서 구체적인 체계를 바탕으로 가장 먼저 질문에 대답한 사람 중 하나가 애덤 스미스이다. 그의 《국부론》은 저명한 고전 경제학 책이자 신자유주의 물결이 강화되는 요즘에 다시 재조명되는 책이기도 하다. 각자의 이익을 위해 노력하는 합리적 이기주의를 표현한 '보이지 않는 손'은 마법의 손으로 이해되기도 했다. 진정 경제 문제에 있어 최상의 선택인지 검토해 볼 필요가 있다.

내용 개괄

스미스는 경제학의 목적을 두 가지로 설정한다. 하나는 국민에게 풍부한 수입 또는 생계의 원천을 공급하는 것이고, 또 하나는 공공사업을 수행하는 국가 또는 연방체에 충분한 수입을 공급하는 것이다. 《국부론》은 시장 경제와 정부의 분업 체계를 다루려고 한 책이다. 노동력 생산의 원인과 자본의 성질, 역사상 각 나라들의 국부 성장 차이, 중농과 중상주의의 경제학 체계, 재정 이론 등이 기술되어 있다.
스미스는 방대한 작업을 통해 경제 이론을 집대성하고, 자연적 질서관에 입각한 경제적 자유주의 이념을 제공한다. 민간 주도형 경제 질서에서 '보이지 않는 손'에 대한 통찰은 사회주의 경제권이 몰락한 이후 더욱 의미가 부각되고 있다.

한 구절 경구

각 개인이 자신의 생산 활동에 도움이 되도록 자본을 투자 운용하는 데 최대한 노력하고, 그리하여 제품이 최대의 가치를 확보하도록 운용한다면, 각 개인은 결국 사회 전체의 연간 소득을 늘리는 데 그가 할 수 있는 모든 것을 다한다고 할 수 있다. 자본을 투자하고 운영하는 일에서 국가가 지시하고 감독하는 것은 거의 모든 경우에 전혀 쓸모없거나 오히려 '규제'에 지나지 않는다.
만일 국산품이 외제만큼 저렴한 값에 공급될 수 있다면 이러한 규제는 불필요하며, 그 반대의 경우라면 이러한 규제는 해로운 것이 되고 만다. 생산 비용이 구매 비용보다 더 높을 때는 스스로 생산하지 말라는 것이 가족의 생계를 꾸려 나가는 현명한 가장들이 받아들여야 할 금언이라고 하겠다.

문답 하나

저마다의 이익을 위한 움직임이 시장에 의해 합리적인 가격을 형성하고, 그 가격이 생산과 소비를 결정한다는 내용이 '보이지 않는 손'의 핵심 원리이다. 문제는 이익을 바라는 개개인의 노력이 반드시 합리적인 방향으로만 흐르지는 않는다는 것이다. 각종 독과점이 발생하거나 이익이 발생하지 않는 산업에 대한 무관심을 초래하고 환경 문제를 불러오기도 한다. 자신의 견해를 말해 보라.

답변의 길잡이

시장 가격은 보통 바람직한 정도에서 형성되기도 하지만, 때론 불공정 거래가 일어나기도 한다. 또한 분명 여러 사람들에게 필요해도 지나치게 많은 자본이 필요하거나 실익이 없는 분야에는 투자가 미흡하기도 하다. 지난 세기 몇 차례 있었던 경제 공황은 시장 가격에 의한 조정이 반드시 선순환하지는 않는다는 점을 보여 준다. 따라서 정부의 규모 있는 개입이 필요하다. 세계의 복지국가라고 칭해지는 대부분 나라는 정부가 적극적으로 개입하여 시장의 부정적인 요소들을 정리했다는 사실을 간과하면 안 된다.

지은이

애덤 스미스 1723~1790

영국의 경제학자. 세관 관리의 아들로 태어나 유복하게 자랐고, 글래스고 대학과 옥스퍼드 대학에서 공부했다. 모교 글래스고 대학에서 도덕철학을 강의하며 《도덕감정론》을 썼다. 이후 교수직을 버리고 귀족 자제의 개인 교수로 프랑스에 거주하면서 프랑수아 케네를 비롯한 몇몇 중농주의 학자들과 교류했다.
고향으로 돌아온 그는 《국부론》을 출간하면서 '경제학의 아버지'로 불리게 된다. 당시는 산업 혁명의 전야에 농업에서 공장제 수공업으로 산업 비중이 옮겨 가고, 분업과 노동 생산성이 고도화될 시기였다. 국부와 경제 발전을 극대화할 방안을 수립한 그의 《국부론》은 자유주의 경제학의 고전으로 자리 잡고 있다.

또 다른 인문 고전

《부자의 경제학 빈민의 경제학》

유시민. 경제 전반에 걸친 큰 틀을 알려 주는 책. 물질적 부의 원천, 개인의 이익과 사회의 이익, 자본주의의 모순 등 애덤 스미스에서 케인즈에 이르는 경제학 이론을 쉽게 설명한 책이다. 삶을 위한 경제가 만인에게 이롭게만 흘러온 것이 아님을 확인하게 된다.

63

기독교와 자본주의

막스 베버 《프로테스탄트 윤리와 자본주의 정신》

문제 제기

자본주의 시장 경제는 역사와 함께 자연스레 시작된 것이 아니다. 역사의 여정에서 사회의 필요와 시대적 요구에 따라 발생했다. 종교 개혁 시기에 칼뱅은 자본주의 발전에 지대한 영향을 끼쳤다. 금욕과 청빈은 기독교 근본 교리에 나오는 내용이지만, 칼뱅은 예정설과 직업소명설을 펼치며 검소, 절약, 저축으로 획득한 부를 인정했다. 이른바 '청부淸富'로 추구될 가치이다. 부자가 천국에 들어가기는 낙타가 바늘구멍을 통과하기보다 어렵다는 이야기가 《성경》에 나온다. 부에 대한 부정적 생각은 칼뱅의 직업소명설 이후로 전환되기 시작했다.

막스 베버의 《프로테스탄트 윤리와 자본주의 정신》은 자본주의 경제 환경에서 기독교인들이 부를 획득하는 근거를 규명한 책이다. 자본주의 환경에서 능동적으로 움직이는 기독교인들을 관찰하여 어떠한 점이 자본주의 윤리와 부합하는가를 잘 보여 주고 있다. 아울러 성실하고 부지런한 기독교인의 윤리 의식이 자본주의 환경을 살찌우는 과정이 담겨 있다.

내용 개괄

개신교 윤리와 자본주의 정신과의 관계를 규명하였다. 사랑과 나눔의 종교가 현실 지향적이고 이윤 극대화를 지향하는 자본주의와 어떻게 연관을 맺고 있는가를 알려 준다. 근대 산업 사회의 직업 통계를 보면 자본 소유자, 기업 경영가, 고급 숙련 노동자 등의 프로테스탄트 교인의 수가 인구 비율로 볼 때 상대적으로 많았다. 개개인의 문제가 아니라 16세기 부유한 도시에서 프로테스탄트로 개종하는 사람들이 많았던 것이다.《프로테스탄트 윤리와 자본주의 정신》은 두 연관 관계를 다양한 사례를 들며 설명한다. 현세적 금욕주의와 자본주의 정신의 결합을 폭넓은 지식과 풍부한 자료를 바탕으로 설명해 많은 공감을 얻고 있다.

한 구절 경구

근면과 검소 이외에 모든 일에서 시간 엄수와 공정보다 젊은이를 출세시키는 것은 없다. 그러므로 당신이 빌린 돈을 결코 당신이 약속한 것보다 한 시간이라도 지체시키지 말라. 이는 그것에 대한 분노로 인해 당신 친구의 돈 주머니가 당신에게 영영 닫히지 않도록 하기 위해서이다.

문답 하나

직업을 뜻하는 영어 단어로 calling이 있는데, '예정되어 있는 신의 섭리'라는 의미가 내포되어 있다. 종교 개혁에서 받은 영향이 크다는 것을 알 수 있다. 구원은 예정된 직업을 성실하게 수행하여 성공하는 것이며, 직업에서의 성공은 신의 섭리에 충실하고 구원을 확인하여 정신의 위안을 얻는 일이다. 이러한 생각이 자본주의의 발달에 어떠한 영향을 끼칠지 말해 보라.

답변의 길잡이

금욕주의와 직업에 대한 성실함은 신의 섭리를 따르는 행동이라고 생각한다. 당연히 자본주의 발달에 기여함은 물론이다. 지나치게 소비하거나 사치하지 않고 금욕하며 기업을 위해 재투자한다면 개인과 사회의 지속적인 성장을 이끌 것이다.

지은이

막스 베버 1864~1920

독일 태생의 사회학자. 20세기 초 사회과학, 사상계의 거목. 야스퍼스에 의해 '실존 철학의 살아 있는 구현자'라는 칭송을 받았다. 경건한 프로테스탄트 가문에서 태어나 번영된 나라를 구가하던 시기에 살았다. 독일의 발전과 서구 이성의 행방에 관심이 깊었다. 종교나 경제사뿐 아니라 정신사적인 전망과 정교하고 치밀한 성찰은 비교사회학의 업적이자 현대 문명 비판으로 해석되고 있다.

또 다른 인문 고전

《진보와 빈곤》

헨리 조지의 명작. 조지는 부의 증가에도 계속 빈곤해지는 원인을 지대 상승으로 보고 토지 국유화나 공유화를 주장했다. 토지의 생산력을 높여 지대를 올린 노동자와 사회 환경이 오히려 그로 인해 고통받는 현실을 통렬하게 지적했다. 부동산 가격 상승으로 도시 근로자들이 자기 주택을 마련하지 못하는 한국 현실에 적지 않은 시사점을 준다. 고 노무현 대통령이 부동산 정책을 검토할 때 참고하였다 하여 화제가 되기도 했다.

64

세계화의 그림자
마르틴 · 슈만《세계화의 덫》

문제 제기

한미 FTA 협상 타결로 세계화의 영향이 코앞에 닥쳐와 세계화 현상을 제대로 이해하려는 노력이 매우 필요해졌다. 세계화 물결이 삶의 형태를 좌지우지할 것이기 때문이다. 세계화는 각국의 관세를 철폐하여 무역 장벽을 없애고, 지구를 하나의 거대한 단일 세계로 만들자는 것이다. 자원의 효율적인 사용과 비교 우위에 의한 무역으로 이익을 도모하며, 지구 전체적인 부의 성장을 기대한다. 하지만 세계화가 진행된 이후 발생한 여러 문제들은 전망이 반드시 밝기만 하지는 않다고 각성시켜 주고 있다.
독일 시사 주간지《슈피겔》의 기자였던 마르틴과 슈만은《세계화의 덫》이라는 책에서 세계화를 '20 대 80의 사회'로 규정한다.

'일하는 20퍼센트가 배척된 80퍼센트를 먹인다.'는 뜻이다. 세계화는 금융 자본, 정치가, 다국적 기업의 논리이며 실상은 다수의 민중들을 옥죄는 역할을 할 것이라는 주장이다. 다양한 자료와 지표를 바탕으로 논의를 전개하고 있어 세계화에 관한 새로운 안목에 요긴한 도움을 준다.

내용 개괄

세계화 논리는 환상의 구호일 뿐이다. 세계화는 오히려 사회 복지, 민주주의, 생태계 측면에서 '민주주의를 옥죄는 덫'으로 작용할 것이다. 세계화가 한창 진행 중이던 1996년 독일 실업자는 6백만 명으로, 1948년 건국 이래 최고치를 기록했다. 세계화가 일자리를 창출한다는 말은 거짓이다. 세계화는 소수의 승리자와 다수의 패배자를 만든다.

전 세계 인구의 4분의 1은 심각한 빈곤에 허덕이고 있으며, 13억 명은 하루 1달러 미만의 생계비로 살아간다. 세계 갑부 358명은 25억 명의 재산과 맞먹고, 주 자체만으로 세계 7위의 경제력인 미국 캘리포니아 주의 감옥 유지 예산은 교육 예산을 압도한다. 살인적인 경쟁에서 살아남은 자에게는 거대한 시장을 주지만, 낙오자는 실업과 빈곤에 허덕여야 한다. 자본을 바탕으로 한 경쟁이 우위를 보이는 자본주의 체제에서 처음부터 공정한 경쟁을 기대하기란 어렵다.

한 구절 경구

초국적 기업들은 임금이 가장 헐하고 사회 보장 지출이나 환경 보호 비용을 전혀 물지 않는 곳에서 상품을 생산하도록 조직함으로써, 그때마다 상품 비용의 절대적인 크기를 줄이고 있다. 그리고 이와 함께 상품 가격뿐만 아니라 노동력의 가격도 떨어지게 된다. 생산과 자본이 더 무제한적으로 국경선을 넘어 이동 가능하게 될수록 저 거대한 조직, 초국적 콘체른들은 더욱 강력해졌고 통제 불가능해졌다. 오늘날 초국적 콘체른들은 각국 정부들과 유권자들을 모두 다 위협하고 있으며, 그들에게서 정치적·경제적 권력을 박탈하고 있다.

문답 하나

세계 시장 형성이 모든 국가에 이득을 주지 못하는 까닭은 무엇인가? 경쟁을 통한 성장은 고품질 상품을 시장에서 획득할 수 있다는 점에서 의미가 있다. 동시에 경쟁에서 낙오한 사람들을 배려하지 않으면 심각한 양극화가 진행될 가능성이 높다. 세계화의 의미를 전 지구적인 삶의 질 측면과 연결해 견해를 말해 보라.

답변의 길잡이

경쟁을 통한 성장은 기술 혁신과 창의적인 성장 가능성을 가지고 있지만, 일단 공정한 경쟁이 이루어질 토대 마련이 중요하다. 국제 경제는 자국 이익을 극대화하는 방향으로 전개되는 것이 현실이다. 공정한 경쟁이 이루어지지 않는다. 경쟁력을 갖추지 못한 나라나 산업을 충분히 고려하지 않으면 성장한 부는 경쟁력을 가진 일부에게 편중된다. 경쟁력이 없는 집단의 빈곤은 더욱 가중될 수밖에 없다. 전 지구적인 삶의 질 또한 하락하고 만다.

지은이

한스 페터 마르틴 1957~

법학 박사, 오스트리아 브레겐츠 출생. 빈에서 대학을 다녔고, 1986년 이후 시사 주간지 《슈피겔》의 편집위원을 역임했다. 저서로 《야간 작업조》, 공저로 《건강한 삶과 알약》 등이 있다.

하랄트 슈만 1957~

공학 석사, 독일 카셀 출생. 독일 마르부르크 대학과 베를린 대학에서 공부했다. 여러 신문의 편집장을 거쳐 현재 《타게스슈피겔》의 편집장으로 근무하고 있다. 공저로 《아탁》 《신자유주의의 종언과 세계화의 미래》 등이 있다.

또 다른 인문 고전

《허울뿐인 세계화》

《오래된 미래》의 저자 헬레나 노르베리 호지와 그가 이끌고 있는 국제 생태 운동 조직인 '에콜로지 및 문화를 위한 국제협회'가 펴냈다. 거대 기업에 의한 세계화를 거부하고 작은 지역 공동체의 부활을 통해 인간다움을 회복하자는 주장을 담은 책이다. 세계화와 자유 무역을 넘어서야 하는 이유를 교육, 에너지, 인프라, 연구 등 각 분야의 많은 자료를 토대로 명료하고 설득력 있게 전달한다.

65

세계화는 지구적 약탈이다
앤서니 기든스 《질주하는 세계》

문제 제기

시민들이 국내에서 집단을 형성하여 연대하고 외국 집단과도 우호를 맺던 국제화에서 시민이 없어지고 소비자만 남는 상황이 세계화이다. 세계화에서는 민족이나 국가라는 정치적 개념보다 시장이라는 경제적 개념이 더욱 우세하다. 물론 민주주의 인권이 보편화, 규범화되고, 국제적 상호 이해가 증진되며, 환경이나 질병 같은 공통 문제 해결을 위한 노력이 향상되는 이점도 있다. 시장 원리에 따라 기업 효율이 극대화되고, 소비자는 양질의 다양한 상품을 소비하여 좀 더 향상된 삶이 실현될 수도 있다. 반면 세계화가 진행되면 자본과 상품이 국경을 초월하여 이동하면서 다국적 기업과 거대 금융 자본에 약소국이 종속된다. 국민

경제 내에서 안정적이던 노동 시장이 불안해지면서 실업률이 만성화되는 부작용이 일어나기도 한다. 자유주의 시장 경제 논리가 득세하면서 소득을 분배하는 복지 정책이 후퇴하고, 사회적 불평등이 심화되면 심각한 사회 현상으로 이어진다. 문화 제국주의는 각국의 고유문화가 사라지게 만들며, 획일화되고 표준화된 단일 문화가 세계를 지배할 가능성도 점차 커진다. 초국적 기업의 노동, 환경 기준을 개도국에 강요하면서 경쟁력 약한 기업이 도산하는 문제도 만만치 않다.

기든스의 《질주하는 세계》는 세계화 시대의 약탈적인 성격을 조명한 책이다. 강한 경쟁력을 바탕으로 약한 나라들을 위협하는 현상은 결코 작은 문제로 치부할 수 없다.

내용 개괄

세계화 현상이 세계 각국에 미친 영향을 다양한 방면에서 점검해 본다. 시민운동을 세계화했고, 세계의 여러 나라들이 가지고 있었던 빈부 격차 문제를 더욱 악화시켰다. 노동 시장의 유연화는 실업으로 이어졌고, 노동자들의 삶은 더욱 어려워졌다. 세계화 이후 전체적인 삶의 질은 향상되지 않았으며, 경쟁력을 가진 일부만이 열매를 따 먹는다. 경쟁 시장에서 낙오한 많은 나라의 시민들이 빈곤의 나락으로 떨어지고 있다.

"세계화는 이제 외부에서 불어오는 변화의 바람이 아니다. 세계화는 이미 우리의 생존을 규정하는 흐름이며, 우리가 살아가고 있는 방식 그 자체, 즉 우리가 숨 쉬는 호흡, 마시는 공기이다."

한 구절 경구

세계화는 시민운동도 세계화했다. 세계적 차원의 사회 문제가 나타났고, 더 나아가 그 문제가 사람들의 일상에 큰 영향을 미치기 시작했기 때문이다. 참으로 통계는 가공할 만하다. 세계 인구 가운데 가장 가난한 5분의 1이 세계 소득에서 차지하는 소득의 비율은 1989년과 1998년 사이에 2.3퍼센트에서 1.4퍼센트로 떨어졌다. 반면에 가장 부유한 5분의 1이 차지하는 소득의 비율은 증가했다. 어떤 초국가적 회사들은 저질의 의약품, 지구를 황폐화시키는 제초제, 또는 타르와 니코틴 함유량이 많은 궐련과 같이 산업 국가에서는 통제되거나 금지되고 있는 상품들을 저개발국에 판매한다. 이러한 행위는 지구촌global village을 만드는 것이 아니라 지구적 약탈global pillage을 하는 것이다.

문답 하나

지구적 약탈을 가져온다고 혹평되는 세계화 흐름이 저지되지 않고 계속 강한 영향력을 발휘하며 역사를 끌고 가는 이유는 무엇인가? 세계화가 가진 긍정적인 기능이 더욱 많기 때문일까?

답변의 길잡이

세계화의 지속은 국제적으로 영향력을 행사하는 사람들 중 이익을 보는 쪽에 의해 강요되는 측면이 강하다. 역사는 반드시 모든 사람들이 염원하는 방향이 아니라 힘을 가진 자의 의도대로 움직이는 경향이 있기 때문이다. 궁극적으로 세계화로 이익을 보는 사람들이 많아지지 않는다면 방향 전환은 불가피할 것이다. 소수를 위한 정책은 생명력이 길지 못하기 마련이다. 세계화의 열매가 더욱 많은 사람들에게 긍정적인 영향을 미치도록 하는 제도적 개선이 필요하다.

지은이

앤서니 기든스 1938~

현대 사회학계의 거목이자 영국이 배출한 세계적인 석학. 런던에서 태어나 런던 정치경제대학과 케임브리지 대학에서 수학했다. 1970년 케임브리지 대학에서 사회학 강의를 맡으며 본격적인 학자 활동을 시작했다. 계급, 계급 사회, 국가 같은 거시적 주제에서 자아, 자아 정체성 같은 미시적 주제까지 아우르는 다양한 관심사로 인해 그의 학문적 안목은 '학문 융합적'이라고 평가된다. 독일의 위르겐 하버마스와 함께 유럽 지성계의 쌍벽을 이루고 있으며, 영국인들은 그를 '영국의 자존심'이라고 부른다. 《성찰적 근대화》《제3의 길》 등 30여 권에 이르는 저서는 전 세계에 29개 언어로 번역되어 읽히고 있다.

또 다른 인문 고전

《서양경제사론》

최종식. 경제사학계의 역저로 손꼽히는 책으로, '아시아적 생산 양식'이라는 논쟁에 불을 지핀 책이기도 하다. 연구로 인한 지병 재발로 결국 저자의 손으로 책을 마무리하지는 못했으나, 1980년대 한국 젊은 이들의 과학적 경제학에 대한 관심을 이끌었다.

66

자본주의적 삶을 넘어
니어링 부부 《조화로운 삶》

문제 제기

프랑스 국제금융관세연대ATTAC는 세계화가 삶의 질을 낮추었다는 보고서를 내놓았다. 자본주의 시장 경제의 새로운 흐름인 신자유주의와 세계화가 전 인류의 삶에 긍정적인 기여를 하지 않았다는 것이다. 소득 증가율은 급락했다. 정부의 재정 지출이 컸던 1960~1980년대의 1인당 실질소득의 연평균 증가율이 세계화 시대보다 훨씬 높았다. 더구나 소득 증가율도 빈익빈 부익부 현상을 보였다. 자국 산업을 키우기도 전에 미국 같은 선진국의 개방 압력을 받는 나라들은 자국 산업을 육성할 기회조차 가지지 못한다. 평균 수명과 교육 투자도 1980년대 이후 둔화되었다.

일찍이 '자본주의적 삶의 형태는 인류에게 행복을 가져다주지 못할 것'이라고 예견한 사람이 있다. 미국의 경제 공황을 경험한 스코트 니어링이다. 그와 아내 헬렌 니어링이 뉴욕을 떠나 시골에서 살아간 기록인 《조화로운 삶》은 자족하는 경제생활의 실제를 보여 준다. 거대한 이윤 체계인 자본주의의 문제점을 직시하며 그에 반하는 삶의 형태를 실천해 나간 니어링 부부의 자족주의적 통찰은 예리하고도 신선하다.

내용 개괄

헬렌과 스코트 니어링이 버몬트 숲 속에서 산 스무 해의 기록이다. '삶은 만족감을 얻어야 한다.'는 원칙을 지닌 부부는 '서구 문명은 어느 누구에게도 안전한 삶을 보장해 주지 못한다.'고 생각해 뉴욕을 떠나 버몬트 시골로 들어간다. 둘은 자연 속에서 서로 돕고 기대며 자유로운 시간을 실컷 누리면서 창조하는 삶을 살아간다. 먹고사는 데 필요한 것들은 자급자족하고, 땀을 흘려 집을 짓고, 땅을 일구어 양식을 장만하며 이윤을 추구하는 경제에서 최대한 벗어난 생활을 영위한다. 한 해를 먹고살 만큼 충분한 양식을 모았다면 돈 버는 일은 하지 않는다. 평생 동안 계속된 단순하면서도 충족스러운 부부의 삶은 세상 어떠한 방식보다 '조화로운 삶'이었다.

한 구절 경구

우리가 먹고사는 데 필요한 것을 절반쯤은 자급자족할 수 있게 되기를 바란다. 우리를 에워싸고 있는 이윤 추구의 경제에서 할 수 있는 한 벗어나기를 희망한다. 대공황은 몇 백만이 넘는 가장들을 위기에 몰아넣었다. 우리가 생각해 낸 대안은 절반쯤은 자급자족하는 생활이다.

문답 하나

니어링 부부가 살아가는 방식을 희망할 수는 있어도 실천하기는 쉽지 않다. 현실적 사회에서 자신과 관계된 모든 것을 정리하지도 못하고, 세속적 삶의 욕망을 다스리기도 쉽지 않다. 그럼에도 부부의 삶이 오늘날 자본주의 체제에서 살아가는 현대인들에게 주는 시사점은 무엇인가?

답변의 길잡이

니어링 부부는 자본주의적 삶에서 자세를 전환하여 살아가는 모습을 실천으로 확인해 주었다. 자본주의적 삶만이 우리가 선택할 유일한 길이 아닌 것이다. 부부의 삶은 자본주의의 체제적 문제점을 직시할 자각과 실천을 몸소 보여 주었다는 점에서 의미가 크다. 누군가의 말처럼 니어링 부부의 철저한 삶은 한편으로 경건한 기분마저 자아내게 한다.

지은이

헬렌 니어링 1904~1995

1904년 미국 뉴욕에서 태어나 바이올린을 공부했고, 명상과 우주 질서에 관심이 많았다. 스물네 살에 스코트 니어링을 만나 삶의 길을 바꾸었다. 두 사람은 뉴욕 생활을 청산하고 버몬트 숲에 터를 잡고 농장을 일궜다. 스코트는 1983년 세상을 떠났고, 헬렌은 8년 뒤 《아름다운 삶, 사랑 그리고 마무리》를 쓰고 1995년에 조용히 세상을 떠났다.

스코트 니어링 1883~1983

1883년 미국 펜실베이니아의 사업가 집안에서 태어나 할아버지가 경영하는 광산에서 가난한 노동자들에 대해 배우고 깨달았다. 펜실베이니아에서 교수로 활동하며 저술과 강연을 하던 중, 아동 노동 착취를 반대하는 운동을 하다 해직된다. 이후 톨레도 대학에 재직 중 제국주의 국가들이 일으킨 세계대전을 반대하다 다시 해직당했다. 가장 힘든 시절 헬렌을 만나 사랑을 나누었다. 자본주의 경제에서 벗어나 자연 속에서 자신을 잃지 않고 조화롭게 살기로 마음먹고 1932년 뉴욕을 떠나 버몬트 시골로 갔다.

또 다른 인문 고전

《조화로운 삶의 지속》

니어링 부부가 버몬트를 떠나 메인 주 하버사이드에 뿌리내리고 산 스물여섯 해의 기록이다. 농사를 짓겠다고 마음먹지 않은 사람에게도 큰 감동을 준다. 투기와 개발 바람으로 더 이상 조용하지 않은 버몬트를 떠나 하버사이드에서 살아간 삶을 다룬다.

14부

문화

'문화란 무엇인가?'는 사회교과서나 사회문화 교과서의 첫머리를 장식하는 질문이다. 정의 역시 다양하다. 다만 문화의 성격을 알기 위해서는 '문화'라는 말의 앞뒤로 말을 덧붙여 보면 된다. '문화'의 앞에는 미국 · 한국 같은 나라, 청소년 · 노인 같은 세대, 남도 · 호남 같은 지역, 히피 · 로하스 같은 성향 등 다양한 말들이 올 수 있다. 다양한 지역, 계층, 세대, 경향을 포함하는 삶의 방식으로서 문화에는 정신적인 측면이 있다.

'문화'의 뒤에는 유적, 유물, 자산 등의 말을 붙일 수 있다. 구체적 유물과 유적으로서 문화재적 측면을 강조한 것이다. 결국 문화란 다양한 시간과 공간에서 생성된 삶의 형식과 흔적이다. 다양한 시공간에서 생성된 문화를 어떠한 일정한 잣대로 함부로 평가할 수는 없다. 바로 문화 상대주의 관점이다.

우리는 곧잘 문화 선진국이니, 우수한 문화를 가진 민족이니 하는 말들을 사용한다. 자문화에 자부심을 드러내 자긍심을 고취한다는 의미가 있다. 하지만 문화를 어떠한 기준으로 재단하여 평가한다는 문화 절대주의 시선이 잠재되어 있어 경계해야 한다. 자문화만 우월하게 여기고 타문화를 오랑캐 문화로 본 중화주의 같은 자문화 중심주의가 있는 반면, 자문화의 가치를 잊고 타문화 숭배와 이입에만 골몰하는 문화 사대주의가 있다. 모두 잘못된 우월주의와 열등감에 기초한 인식이어서 문화를 바르게 보는 관점으로는 부적절하다.

그렇다면 문화는 상대주의적 관점으로 보아야 하기 때문에 어떠한 문화 형태라도 절대적으로 평등한 가치 기준으로 보아야 하는가? 이를테면 식인 풍습, 유아 노동, 순장 제도 등도 고유한 문화로 받아들여야 하는가? 서구의 기독교적 관점에 입각한 도덕주의자들은 인간의 보편적 가치를 내세워 모두 없애야 할 문화로 비판한다. 레비스트로스의 《슬픈 열대》는 기독교적 관점이 가지는 문제점을 예리하게 지적한 책이다. 식인 풍습은 해당 부족의 고유한 의례적 행위이며, 서구인들의 시체 해부와 다르게 평가할 이유가 없다고 그는 못 박았다. 문화를 평가하는 잣대로 쓰이는 '보편적 가치'라는 기준은 매우 주의 깊게 적용되어야 한다는 사실을 일깨워 준다.

문화가 가지는 가장 중요한 속성은 생성 조건의 다양함에 있다. 어떠한 문화적 현상이라도 아주 세심하고 적극적인 관점에서 해석해야 한다. 유네스코에서 채택한 '문화 다양성 협약'은 각국의 문화적 다양성을 인정하고자 맺은 국제적 협약으로 그 의미가 크다. 문화는 자신과 자신이 가진 문화에 대한 애정과 정체성을 바탕으로 포용과 다양성을 존중하는 방향으로 나아가야 한다. 상대를 존중해야 결국 나를 존중하도록 요구할 수 있다. 상대성은 문화에 있어서 더욱 절실한 관점이다.

67

식인도 풍습

레비스트로스 《슬픈 열대》

문제 제기

문화를 두고 가장 일반적으로 받아들여지는 생각은 문화 상대주의이다. 문화에서 우열 구분 없이 서로를 존중하는 개념으로, 절대주의와 대립된다. 절대주의 입장에서는 '나의 것'만이 항상 절대적인 가치를 가져 상대방의 가치를 인정하지 않는 반면, 상대주의는 나와 다른 '타자'의 가치를 인정하는 인식을 내재하고 있다. 문화 다양성 협약이 맺어진 근래의 세계 상황과 다양성이 존중되고 다원화를 지향하는 현실에서 매우 의미 있는 태도이다.

《슬픈 열대》는 프랑스 석학인 레비스트로스의 명작으로, 문화 상대주의 관점을 학술적이면서도 서정적인 문체로 지적한 책이다.

열대 밀림의 부족들이 행하는 식인 풍습은 과연 지탄받아야 할 문화이며 미개인의 표상인가? 문화에는 진정 우열이 있는가? 매우 구체적이고 통찰력 있는 관찰을 통해 이와 같은 물음에 명쾌하게 답한다. 열대를 슬프게 하는 것은 자신들의 진정성을 왜곡하는 시선이다.

내용 개괄

《슬픈 열대》는 브라질 내륙 지방에 살고 있던 원주민 부족에 관한 기행 보고서이다. 책의 내용과 체제를 살펴보면 단순히 보고서라고만 할 수는 없는데, 레비스트로스의 사상 편력과 체험, 왜 민족학자가 되었는가 등도 밝히는 자서전 성격이 강하기 때문이다.

책의 내용은 전체 9부로 나뉘어 있다.

제1부는 레비스트로스가 뉴욕으로 여행하기까지의 과정과 선상 여행을 회상하는 형식으로 기술되었다. 제2부는 1부의 시간보다 앞으로 돌아가 브라질 대학 교수에 취임하는 과정과 어떻게 민족학자가 되었는지를 설명하는 내용이다. 제3부에서는 항해 중 적도 부근 무풍지대를 통과하면서 느낀 감정과 열대 지방에 대한 인상을 기록하고 있다. 제4부에서는 브라질에서의 생활과 현지 조사를 위한 예비 답사가 언급되어 있다. 제5부에서 제8부까지는 네 개의 원주민 부족들을 조사하는 과정과 각각의 원주민 사회의 문화를 소개 분석한다. 제9부에서는 현지 조사의 내용들

을 정리하면서 저자가 인류학 연구에서 직면했던 문제점과 모순, 해결책 등을 제시하고 있다.

한 구절 경구

조상의 신체의 일부분이나 적의 시체의 살점들을 먹음으로써 식인종은 죽은 자의 덕을 획득하려 하거나 또는 그 힘들을 중화시키고자 한다. 우리가 식인종을 비난하는 이유인 죽음의 신성함에 대한 무시의 정도는, 우리가 해부학 실습을 용인하고 있는 사실보다 더 크지도, 더 작지도 않은 것이다. 그들이 오직 우리와는 대칭적인 관습들을 지니고 있다는 이유만으로 우리가 그들을 야만적이라고 간주하듯이 우리들 자신도 그들에게는 야만적으로 보이게 될 것이다.

문답 하나

문화를 바라보는 상대주의 관점은 다원화된 세계와 문화를 고려하면 당연하다고 하겠다. 다만 상대주의를 지나치게 강조하면 10세 미만의 아동 노동이나 식인 풍습마저 옹호하게 되어 인류의 보편 도덕에서 벗어날 가능성이 있다는 지적도 있다. 자신의 생각을 말해 보라.

답변의 길잡이

상대주의 관점이 가지는 근본적인 문제인 절대 가치의 부재를 극복하여 인류 보편의 도덕을 설정하려는 노력은 합당한 면이 있다. 문제는 인류 보편의 가치가 서구 기독교 국가 같은 어느 특정한 나라의 도덕 기준일 가능성이 있다는 것이다. 전사를 양성하기 위해 어린이에게 가혹한 노동을 시킨다면 부족의 생존이 걸린 상황이다. 식인 풍습은 이미 레비스트로스가 밝힌 바와 같이 덕의 흡수, 힘의 중화와 관련된다. 보편의 잣대로 상대주의의 문제점이라고 생각되는 점을 평가할 때는 매우 신중할 필요가 있다. 문화는 생성 배경에 따라 서로 다르게 형성된다는 본질적인 특징을 갖고 있다.

지은이

레비스트로스 1908~2009

유태계 프랑스인으로 인류학자이자 사회학 교수. 인류학에 구조주의를 응용한 대표적인 학자인 그는 원시인의 사고가 단순하고 질서가 없어 보인다는 일반적인 생각에 반대한다. 인류의 역사는 지식 축적에 의해 발전 진보된 것이 아니라 동일한 구조가 다양하게 변모되어 왔다고 보았다. 상파울루 대학의 사회학 교수로 초빙되어 1937~1938년까지 내륙 지방의 네 부족을 실지 조사하고 저술한《슬픈 열대》로 큰 명성을 얻었다.

또 다른 인문 고전

《한국의 문화》

문일평. 을유문화사에서 문고본으로 나온 소책자 형태의 저술이다. 한국 문화에 대한 깊이 있고 공감할 만한 내용이 잔잔한 수필 형태로 서술되어 있다. 편안한 문체지만 내용은 결코 가볍지 않으며, 한국 문화에 대한 초기 연구의 한 단면을 생생하게 접할 수 있는 명작이다.

68

동양을 바라보는 서구인의 시선
에드워드 사이드 《오리엔탈리즘》

문제 제기

일본 기생들의 삶을 다룬 영화 〈게이샤〉에서 주인공 역을 맡은 사람은 일본 배우가 아닌 중국 배우 장쯔이다. 서양인들의 시각에는 중국인과 일본인이 별 차이가 없다는 뜻이다. 중국의 기녀와 일본의 게이샤는 전혀 다른 느낌인데도 말이다. 동양인 중 일부도 종종 서구인들이 갖는 동양에 대한 인식을 자신의 정체성인 양 받아들인다. 서양인들이 설정해 놓은 것을 근대화 이후 무비판적으로 받아들인 자세이다.

에드워드 사이드는 《오리엔탈리즘》에서 서양인들이 가지는 생각의 원형과 문제점을 조목조목 짚어 준다. 그는 오리엔탈리즘을 '동양에 대한 서양의 사고방식이자 지배 의식'이라고 규정한다. 팔레스타인 사람으로 예루살렘에서 태어나 이집트와 레바논에서 어린 시절을 보내고 미국으로 건너가 미국 대학에서 학생을 가르친 저자의 삶은 서구인의 동양에 대한 시선을 파헤치기에 좋은 자양분이다.

내용 개괄

유럽과 동양이라는 두 개의 상반된 개념은 유럽 학자들, 특히 유럽 제국주의 학자들이 유럽의 우월적이고 강력한 이미지를 부각시키고 비유럽을 정복하기 위한 도구로 만들어 낸 것이다. 푸코의 영향을 받아 이전의 오리엔트에 대한 유럽인들의 작품을 분석하였다. 유럽인들은 지배 대상인 비유럽적인 것을 오리엔트라는 추상적인 세계로 설정하고 오리엔탈리즘이라는 세계관을 상정하였다.

여기에 오리엔트의 부정적인 개념이 들어와 보수적이고 침체된 사회, 비자각성과 무반성, 관능적이고 신비한 세계 등의 허구적이고 그릇된 동양관이 구축되었다. 반대로 유럽은 진보와 발전, 성찰과 자각 같은 합리적이고 이성적인 사회라는 자기중심적인 우월의식에 빠졌다. 유럽인들은 자기중심주의로 오리엔트를 이해하고 식민지적 역사관을 고취하였다. 주체와 타자의 관계이며, 주인과 종의 관계로 말이다.

한 구절 경구

동양 세계의 이해 가능성intelligibility과 정체성은 스스로의 노력의 결과로서가 아니라, 서양이 동양을 규정하기 위하여 사용한 일련의 복잡하고 교묘한 조작을 통해서 주어진 것이다. 동양에 대한 지식은 힘을 배경으로 하여 발생한 것으로서 동양과 동양인 그리고 동양 세계를 '창조한다'고 할 수 있다. 밸푸어와 크로머의 용어에 따르면, 동양인들은법정에서와 같이 판단의 대상으로 묘사되며, 교과 과정에서처럼 연구와 서술의 대상으로 묘사되며, 학교나 감옥에서처럼 훈육의 대상으로 묘사되고, 또 동물도감에서처럼 도해의 대상으로 묘사된다. 요컨대 동양인은 이런 모든 경우들에서 지배적인 틀에 의하여 '재단되며' '표상되는' 존재이다. 그렇다면 이 틀은 도대체 어디에서 오는가?

문답 하나

자국의 문화와 가치 이해는 자긍심을 심어 주고 세계 문화에 기여할 여지를 찾아내게 하는 등 긍정적인 요소가 많다. 반면 제국주의 침략에 이념적 근거를 제공한 오리엔탈리즘이 갖는 문제는 적지 않다. 구체적으로 무엇이 문제가 되며, 어떠한 방식으로 문화를 바라보는 것이 합리적인지 견해를 말해 보자.

답변의 길잡이

자국 문화에 자긍심을 느끼고 세계 문화의 증진에 참여하려는 자세는 매우 바람직하다. 오리엔탈리즘의 문제는 자국 문화에 대한 자긍심이 자문화 중심주의로 진행하여 다른 문화에 부정적이고 허구적인 인식을 가지게 한다는 것이다. 다시 말해 우월주의 문화 의식으로 변모하면서 열등한 문화국을 침략하는 행위를 긍정하게 된다. 문화는 저마다 다른 환경에서 탄생한다. 양식과 수준의 차이는 있을지언정 모두가 소중하고 존중받아야 한다는 인식이 필요하다. 유네스코에서 제정한 문화 다양성 협약은 그래서 더욱 의미가 깊다.

지은이

에드워드 사이드 1935~2003

예루살렘에서 출생하여 팔레스타인 국회의원을 지냈다. 미국 컬럼비아 대학의 영문학과 비교문학 교수로 재임했으며, 《오리엔탈리즘》을 통해 서양인들의 왜곡된 동양관, 혹은 지배적인 동양관을 적나라하게 비판함으로써 서양의 제국주의적 침략의 배경을 설득력 있게 설명하였다. 서양 우월주의로 인해 문화적 다양성과 상대성이 얼마나 위협받고 있는지를 환기시켰다.

또 다른 인문 고전

《우리 안의 오리엔탈리즘》

이옥순. 프랑스를 예술의 나라로 받아들이거나, 우리보다 산업 발전이 늦은 동남아 출신 외국인 노동자들을 멸시하거나, 아프리카 사람들을 미개하다고 보는 인식 역시 서양인의 시선을 그대로 복제한 '복제 오리엔탈리즘'이라는 주장을 펼치고 있다. 인도가 영국보다 열등하다는 주장은 영국의 교묘한 담론 전략임을 짚어 주는 대목이 특히 흥미롭다.

69

문화의 힘에 대한 관점

조지프 나이《소프트 파워》

문제 제기

드라마를 선두로 2000년 이후 '한류'는 일본을 비롯한 아시아에 흘러넘쳤다. 문화 콘텐츠의 부가가치는 무한대라는 사실을 증명한 좋은 사례이다. 특히 '한류'는 문화 상품이 경제 상품의 경쟁력을 높여 주는 측면이 있음을 실질적으로 보여 준다. 드라마 〈겨울연가〉 덕분에 춘천의 남이섬이 종합 관광 단지로 탈바꿈하고, 〈대장금〉의 인기 덕분에 한국의 궁중 요리가 홍콩에서까지 인기를 끌었다. 문화의 힘이 얼마나 큰 부가가치를 창출하는지 확인시켜 준 사례다. 김구 선생은 다음과 같이 말했다. 그의 말에 담긴 염원이 이제 현실적인 힘을 획득하고 있다.

"나는 우리나라가 세계에서 가장 아름다운 나라가 되기를 원한다. 가장 부강한 나라가 되기를 원하는 것은 아니다. 오직 한없이 가지고 싶은 것은 문화의 힘이다. 문화의 힘은 우리 자신을 행복하게 하고 나아가서 남에게 행복을 주기 때문이다."
조지프 나이의《소프트 파워》는 문화의 힘에 대한 정치적인 저술이다. 세계 최강의 힘을 가진 미국이 걸맞은 존경을 받지 못하는 이유는 바로 소프트 파워가 부족하기 때문이라는 주장이다.

내용 개괄

경제력이나 군사력보다는 문화력인 '소프트 파워 Soft Power'를 앞세워야 한다. 이미 선진국들은 감성을 중시하는 소프트 파워 시대로 진입했다. 앞으로 국가 수준은 하드가 아닌 소프트에 좌우된다. 국민 수준도 각자의 '소프트 마인드'에 달려 있다. 미국이 소련을 누르고 냉전의 승자가 된 것은 미국의 군사력인 하드 파워 덕분이었다.
이후 전 세계인의 마음을 사로잡아 세계에서 유일한 강대국 대접을 받았던 것은 다름 아닌 미국의 문화적 매력인 소프트 파워 때문이었다고 조지프 나이는 주장한다. 지금 미국은 소프트 파워의 이점을 소홀히 하면서 하드 파워만을 내세운 채 오만과 일방의 제국주의자로 전락하고 있다고 지적한다. 미국에게는 소프트 파워를 강화하여 세계와 함께 가는 강한 리더십이 필요하다는 것이 글의 요지다.

한 구절 경구

한 나라의 소프트 파워는 주로 세 가지 형태의 자원에 좌우된다. 그 나라의 문화, 정치적 가치관, 그리고 대외 정책이 그것이다. 어느 나라의 문화가 보편적 가치를 지니고 또 제반 정책을 통해 다른 나라들이 공유하는 가치와 이익을 증진시킨다면, 그 나라가 바람직한 성과를 얻을 가능성은 커지게 된다. 그런 문화가 만들어 내는 매력과 의무 사이의 연관성 때문이다. 편협한 가치와 지역에 한정된 문화는 소프트 파워를 생성하기 어렵다.

문답 하나

한 나라의 문화적 힘이 가지는 가치는 무엇인지, 위에서 제시한 소프트 파워를 바탕으로 구체적인 사례를 들어 말해 보자.

답변의 길잡이

경제력이나 군사력보다는 문화력, 다시 말해 소프트 파워를 앞세워야 하는 이유가 있다. 진정으로 지구촌 사람들에게 공감을 주어 저항 없이 문화의 힘을 받아들이게 하기 때문이다. 서울 올림픽과 '붉은 악마'가 보여 준 소프트 파워는 역동하는 대한민국의 건강한 이미지를 심어 주었으며, 경제적인 가치를 넘어서는 호감을 불러일으켰다.

지은이

조지프 나이 1937~

미국의 외교 전문가. 하버드 대학교 케네디 행정대학원 학장을 역임했다. 그는 한 나라의 정치적 가치관 및 대외 정책과 함께 문화가 소프트 파워를 구성하는 중요한 요인이라 이해했다. 궁극적으로 소프트 파워가 경제적·군사적 자산보다 훨씬 큰 영향력을 미친다고 주장했다. 매파가 물러난 미국 행정부에서 그가 외교 요직을 차지한 것은 그의 주장이 어필했기 때문이다.

또 다른 인문 고전

《드림 소사이어티》

롤프 옌센. 덴마크의 미래학자인 그는 다가올 세계에서는 '이야기'와 '감성'이 주목받을 것이라는 주장을 내놓았다. 《해리 포터 이야기》나 한류 열풍을 통해 본다면 '드림 소사이어티'는 정보 사회 다음에 오는 아득한 미래가 아니라 현재 진행형의 사회라는 사실을 확인할 수 있다.

70

전 국토가 박물관인 나라

유홍준《나의 문화유산답사기》

문제 제기

우리나라의 문화재는 과연 어느 정도의 반열에 놓여 있을까? 영국의 대영박물관이나 프랑스의 루브르박물관처럼 문화 강국들의 심장부에는 어김없이 자국의 문화적 유산을 알리는 거대한 박물관이 존재한다. 그에 비해 우리의 문화유산은 규모나 성격에 있어서 조금 낮은 위치는 아닐까?

유홍준 교수는 그렇지 않다고 대답한다. 그는《나의 문화유산답사기》에서 '문화재라는 것은 박물관에 있을 때가 아니라 그 문화재가 만들어진 그 자리에 있어야 참다운 가치가 있는 것'이라고 역설한다. 문화와 문화재는 '아는 만큼 보이는 것'이므로 애정과 관심을 가지고 가치를 발굴하라는 말이다. '전 국토가 박물관인 나라'라는 자부심을 일깨우며 우리 문화의 가치를 맛깔스럽게 소개한 그의 책은 우리 인문학의 수준을 한 단계 올린 저서이다.

내용 개괄

제목 그대로 답사기이다. 현장에 가보면 미술사나 건축학적인 설명만으로 그친 우리의 문화 유적을 만나게 되는데,《나의 문화유산답사기》는 이면에 감추어진 다양한 이야기를 들려준다. 역사학, 고고학, 민속학, 미술사를 아우르는 문화 해설의 깊이는 문화재가 가진 형태상의 아름다움, 내용과 역사적 배경, 만든 사람, 현재적 의의까지 자세하게 알려 준다.

남도 답사 일번지라는 강진과 해남에서 시작해 전 국토의 구석구석을 훑는다. 한국인이라면 누구든 감동과 놀라움 속에서 미처 몰랐다는 부끄러움과 전통의 가치를 새삼 깨닫는 계기가 될 만하다. 단순한 문화재 설명보다는 답사 과정에서 만나는 소소한 일상 이야기까지 곁들여 답사지에 데려갈 안내자로도 손색이 없다.

한 구절 경구

"우리나라는 전 국토가 박물관이다."

1987년, 뉴욕 메트로폴리탄미술관의 한 관계자가 내게 한국의 박물관 실태를 물어 왔을 때 내 대답의 요지는 그것이었다. 서구의 미술관들은 경쟁적으로 그 규모의 방대함을 자랑하고 있지만 그것은 제국주의 시대의 산물로 한결같이 '이국 문화의 포로수용소'일 뿐, 낱낱 유물의 생명력은 벌써 잃어버린 상태다. 그래서 프랑스의 한 평론가는 '명작들의 공동묘지'라는 혹독한 자기비판을 하기에 이르렀다.

예술을 비롯한 문화미란 아무런 노력 없이 획득되는 것이 아니다. 그러면 그것을 아는 비결은 따로 없을까? 이에 대하여 나는 조선 시대 한 문인의 글 속에서 훌륭한 모범 답안을 구해 둔 것이 있다.

"사랑하면 알게 되고, 알면 보이나니, 그때 보이는 것은 전과 같지 않으리라."

문답 하나

문화재에 따라 규모와 크기는 물론 예술미도 다르다. 장대해 보이는 문화재도, 초라해 보이는 문화재도 있다. 그런 점에서 문화와 문화재에 등급을 부여하고 차등의 가치를 두는 것은 나름대로 이유가 있어 보인다. 문화와 문화재의 등급화를 어떻게 생각하는지 말해 보라.

답변의 길잡이

'선진 문화', '고급 문화'라는 말이 일반적으로 쓰인다. 문화와 문화재에 등급을 부여해야 한다는 논리는 일견 일리가 있어 보인다. 사실 그 논리는 많은 문제점을 가지고 있다. 우선 문화란 각자 다른 환경에서 생성되는 생활 양식과 유적이다. 각자 독특함이 존중되어야 한다. 만약 등급을 부여한다면 독자성을 훼손하는 측면이 있다. 또한 규모와 세밀함에 차이가 있다고 하더라도 미의식에 일률적인 기준이 적용될 수는 없다. 역시 등급화에는 무리가 있다. 야트막한 야산이 많은 우리나라에서 중국의 거대한 건물들은 도무지 조화롭지 않다. 꾸밈없는 백자의 아름다움은 화려한 명나라 청자와는 또 다른 품격이 있는 우리 문화의 산물이다.

지은이

유홍준 1949~

미술 평론가, 명지대 교수. 서울 출생으로 서울대학교 미학과를 졸업하고 홍익대학교에서 미술사학을, 성균관대학교에서 예술철학을 전공했다. 《동아일보》 신춘문예 미술 평론으로 등단하면서 미술 평론가로 활동하였고, 한국문화유산답사회 대표와 문화재청장을 역임했다. 조선 후기 서화의 전문 연구가이기도 한 그의 《나의 문화유산답사기》는 인문과학 서적으로는 공전의 히트를 기록했으며, 답사 열풍을 불러일으키기도 했다.

또 다른 인문 고전

《나의 북한 문화유산답사기》

《나의 문화유산답사기》의 소재를 북한 지역으로 확대한 저술. 금강산 외에는 가보고 싶어도 갈 수 없는 지역에 대한 다양한 사진 자료와 답사기는 전 국토가 박물관인 우리나라의 실상을 좀 더 자세하게 말해준다. 동시에 통일의 중요성을 간접적으로 일깨운다.

71

문화다원론의 지리적 요소

재레드 다이아몬드 《총 균 쇠》

문제 제기

문화다원론은 서로 다른 문화적 배경과 가치를 인정하고 존중하는 관점을 말한다. 이 관점에서 문화의 발전 격차를 바라볼 때, 우리는 각 문화가 지닌 독특한 역사와 지리적·환경적 조건을 이해하고 평가해야 한다. 이러한 격차는 단순히 기술적 또는 경제적 발전 수준의 차이를 넘어, 각 문화가 겪은 역사적 과정과 그 과정에서의 선택, 적응의 결과로 볼 수 있다. 문화 발전의 격차를 문화다원론적 측면에서 접근하면, 우리는 문화 사이의 차이를 더 깊이 이해하고, 각 문화의 가치를 인정할 수 있다.

내용 개괄

재레드 다이아몬드의《총 균 쇠》는 인류 역사와 문명의 발전에 대한 지리적 결정론적 접근을 탐구하는 저서다. 이 책은 왜 어떤 문명들이 다른 문명들보다 기술과 군사적으로 앞서 나갈 수 있었는지, 그리고 왜 세계의 부와 권력이 특정 지역에 집중되었는지를 인간의 유전적 차이가 아니라, 주로 각 지역의 환경적 조건과 자원의 차이에서 비롯된 것이라 설명하고 있다.

특히 농업의 발달이 역사와 문명의 차이를 낳는데 큰 역할을 했으며, 유리한 기후와 재배 가능한 식물, 가축화할 수 있는 동물의 유무 역시 중대한 차이를 만들었다고 설명한다. 이러한 환경적 요인은 인구 증가, 사회 구조의 복잡성 증가, 기술 발전을 촉진하여, 일부 문명이 다른 문명보다 더 발전할 수 있는 기반을 마련하였다.

또한《총 균 쇠》는 유럽인들이 신세계를 정복할 수 있었던 중요한 요인으로 질병을 들고 있다. 유럽인들이 가져온 천연두와 홍역 같은 균들은 신세계의 원주민 사회에 대규모 사망을 초래했고, 이는 유럽인들의 정복을 용이하게 만들었다.

이 책은 인류의 역사를 통해 환경적 요인이 사회의 발전에 어떻게 결정적인 영향을 미쳤는지를 상세히 분석하며, 문화와 사회의 발전이 단순한 인간의 선택이나 우연이 아니라 광범위한 환경적 조건에 의해 영향을 받았음을 강조한다. 다이아몬드의 작업은 인류 역사를 이해하는 데 있어 새로운 관점을 제시하며, 현재의 글로벌 불평등을 이해하는 데 통찰을 제공한다.

한 구절 경구

특히 중요한 것은 문화적 요인과 개인의 영향력이다. 먼저 문화적 요인부터 살펴보자면, 인류의 문화적 특징들은 세계의 각 지역에 따라 크게 다르다. 이 같은 문화적 차이의 일부는 분명 환경적 차이의 산물이며 이 책에서도 많은 사례들을 거론했다. 그러나 각 지역에서 환경과 무관하게 작용한 문화적 요인들의 의의를 확인해 보는 것도 중요한 일이다.

어떤 지역에서는 그 지역만의 사소하고 일시적인 이유로 인해 별로 중요치 않은 어떤 문화적 요소가 발생했다가 그대로 굳어짐으로써 그곳 사회로 하여금 여러 가지 더 중요한 문화적 선택을 하게 만들 수도 있다. 가령 카오스 이론이 다른 과학 분야에도 두루 응용되듯이 말이다. 이러한 문화적 과정은 역사를 예측 불가능하게 만드는 한 요소이기도 하다.

문답 하나

다이아몬드는 인류 역사 속에서 관찰되는 문화 사이의 격차가 주로 자연 환경과 지리적 조건에 의해 형성되었다고 주장하였다. 이 주장은 문화 발전의 불평등한 분포를 설명하는 데 중요한 역할을 한다. 지리적 결정론의 관점에서 문화다원론과 어떻게 상호 작용하며, 우리가 다양한 문화의 존재와 발전을 어떻게 이해해야 하는가.

답변의 길잡이

문화다원론은 다양한 문화가 각자의 가치와 독특성을 가지고 있으며, 이들이 공존할 수 있는 사회를 지향하는 이념이다. 문화다원론은 사회적·정치적 차원에서 다양한 문화의 존재를 인정하고 존중하며, 각 문화 간의 교류와 상호 이해를 통해 사회의 풍부함과 다양성을 증진시키려는 목표를 가진다.

《총 균 쇠》에서 다루어진 지리적 결정론은 문화다원론과 직접적으로 관련되어 있는 것처럼 보이지 않을 수 있다. 그러나 다이아몬드의 작업은 문화다원론적 관점에서도 중요한 의미를 가진다. 그의 연구는 문화 간의 차이가 단순히 문화 내부의 가치나 신념의 차이 때문만이 아니라, 각 문화가 직면한 외부적, 환경적 조건의 차이에서 기인할 수 있음을 보여준다.

이는 다양한 문화적 배경을 이해하고 존중하는 데 있어 외부 환경과 지리적 요소를 고려하는 것이 중요함을 시사한다. 다이아몬드의 이론은 문화다원론적 관점에서 문화 사이의 차이를 이해하고, 이를 존중하며, 서로 다른 문화적 배경을 가진 사람들 간의 상호 이해를 증진시키는 데 기여할 수 있다.

지은이

재레드 다이아몬드 1937~

미국의 지리학자, 생물학자, 인류학자로서 다양한 분야에 걸친 폭넓은 연구로 잘 알려진 학자다. 그는 주로 문명의 발전과 붕괴, 인간 사회와 환경 간의 상호 작용에 대한 연구로 유명하다. 다이아몬드는 캘리포니아 대학교 로스앤젤레스 UCLA 에서 교수직을 역임하며, 생물학, 지리학, 환경학 분야에서 활발한 연구 활동을 해왔다.

그의 가장 유명한 저서 《총 균 쇠: 인류 사회의 운명》은 1997년에 출간되었다. 이 책에서 다이아몬드는 지리적 · 환경적 요인이 인간 사회의 발전과 세계 역사에 미친 영향을 탐구하였다. 《총 균 쇠》는 퓰리처 상을 수상하는 등 국제적으로 큰 호평을 받았고, 다양한 언어로 번역되어 널리 읽히고 있다.

다이아몬드의 저작은 과학적 연구와 인문학적 성찰을 결합한 것으로 평가되며, 그의 통찰력과 다방면에 걸친 지식은 인류학, 생물학, 지리학, 환경 과학뿐만 아니라 역사와 경제학 분야에도 기여했다.

《대중문화의 겉과 속》

강준만. 대중문화의 흥미로운 측면을 다양한 사례를 중심으로 살펴본다. 대중문화에 대한 실질적인 접근이라 하여 상당한 반향을 불러일으켰다.

15부

역사

현대 역사학의 거장으로 통하는 에드워드 카는 “사료 없는 역사가는 존재 의미가 없고, 역사가가 없는 사실은 무의미하다.”며 역사적 사실과 역사가의 관계를 통찰한 바가 있다. 역사는 역사적 사실과 그를 검토하는 역사가의 안목에 의해 정립된다. 그렇다면 역사적 사실은 어김없어야 하며 역사가의 안목은 엄정하고 객관적이어야 한다.

이순신과 원균을 바라보는 시각은 역사적 사실의 취사 선택이 가지는 난점을 잘 보여 준다. 이순신을 민족의 영웅으로, 원균을 민족의 반역자로 이해하는 가장 1차적인 자료는 《난중일기》와 《징비록》이다. 《난중일기》는 이순신의 일기이고, 《징비록》은 유성룡의 역사 저술이다. 전자는 개인적인 감정에서 자유로울 수 없고, 후자는 정치가의 기록인 만큼 정치적 이해관계가 반영되지 않을 수 없다. 유성룡은 이순신을 천거한 장본인이다. 원균은 정적의 장수이다. 이순신이나 유성룡 모두 원균을 객관적인 시각으로 서술할 수 없었을 것이다. 원균으로서는 민족의 반역자라는 평가가 부당할 수 있다. 역사적 사실에 대한 이해는 엄밀하고 비판적인 사료의 고증에서 시작해야 한다는 점을 알려 준다.

한편 동학 농민 운동과 광주 민주화 운동에 대한 평가는 엄정한 역사가의 안목이 쉽게 획득되지 않는다는 사실을 일깨워 준다. 동학 농민 운동은 요즘 '동학 농민 혁명'으로까지 의미가 높이 평가되고 있다. 불과 십여 년 전만 해도 '동학 난'으로 인식되었고, 당대에는《매천야록》의 저자로 이름 높은 황현이 쓴《동비기략東匪紀略》에서 '동쪽 도적 떼'로 평가받기도 하였다. 광주 민주화 운동은 더욱 드라마틱하다. 광주 폭동에서 광주 사태로, 다시 광주 민주화 운동으로 재평가되는 과정이 20년도 채 되지 않은 사이에 일어났다. 가담했던 사람들은 폭도에서 시민군으로, 다시 민주화 영령으로 거듭났다.

동일한 사건을 오늘의 시각으로 새롭게 평가하는 일은 역사가들을 진땀 나게 함은 물론이요, 어느 정도 일관된 역사의식을 가지려는 현대인들에게도 적지 않은 혼란을 준다. 보다 확고한 역사의식을 가지려면 냉철한 역사 인식을 바탕으로 당대의 이데올로기와 편견에서 한발 물러나 객관적 시선을 가지려는 노력이 필요하다. 역사 서술의 두 축은 역사적 사실과 오늘날 가지는 의미이다. 과거의 역사적 사실과 현대 역사가의 관계 정립이 새로운 역사 서술에 큰 영향을 끼칠 것은 자명하다. 그렇다면 '역사는 과거와 현재의 끊임없는 대화'라는 에드워드 카의 견해는 '역사는 비판적 고증을 통해 알게 된 과거 사실과 냉철한 역사 인식을 소유한 현대 역사가의 끊임없는 대화'라고 수정되는 것이 타당하다.

우리는 자료를 발굴하고 해석하는 시각에 따라 역사적 사건이 전혀 새롭게 이해되고 기술된다는 점을 확인했다. 광해군 시대나 대원군 시대에 대한 평가 등도 해당된다. 샐먼이 말한 "역사는 결코 절대적인 진리에 도달할 수 없다고 하더라도 이에 접근하기 위해 항상 새롭게 쓰인다."의 의미는 여전히 유효하다.

72

역사를 보는 눈
자와할랄 네루 《세계사 편력》

문제 제기

역사, 특히 세계사를 보는 바른 눈은 우리의 역사적 존재감을 확인하는 데 매우 요긴하다. 하지만 세계사 교과서를 보면 오늘의 우리가 아니라 서구 중심의 역사의식을 그대로 옮긴 수준에 불과하다. 세계의 중심은 각각의 나라이니 만큼 저마다 세계사를 보는 눈이 있어야 한다. 우리 안의 오리엔탈리즘적인 시선은 아직 서구의 역사 서술과 평가를 수용하기에 급급하다. 우리나라 대학에서 세계사 연구를 했다고 하면 미국, 영국, 프랑스, 독일 등 대부분 서구가 대상이다. 가끔 일본, 중국, 러시아가 연구 대상이 되기도 하지만 아프리카나 남미, 아시아 지역의 역사를 연구하는 경우는 극히 미흡한 실정이다.

인도의 초대 수상인 자와할랄 네루가 옥중에서 편지를 보내 자기 딸을 가르친 이야기는 부녀의 행적만큼이나 유명하다. 인도의 독립 투쟁에 나섰던 네루는 영국 식민 치하에서 무려 아홉 차례나 감옥 생활을 했다. 여섯 번째 투옥 당시 딸 인디라 간디는 열세 살이었다. 할아버지와 어머니까지 구속되어 혼자 옥 밖에 남은 딸에게 아버지는 자신들이 헤어져 있는 이유를 세계사적인 의미로 설명한다.

"민중의 역사야말로 존경할 만한 가치가 있으며, 그런 역사는 유구한 세월을 통하여 인간이 계속 싸워 온 투쟁사란다. 자연에 대한 투쟁, 맹수와의 투쟁, 그리고 자기의 이익을 위해 타인을 구속시키고 착취하려는 소수의 동족에 대한 가장 어려운 투쟁, 이런 것이 인간의 생존을 위한 투쟁이다. 손으로 생산해 내는 사람들이 다름 아닌 인류사의 주인공인 것이다."

평이한 문체로 이어지는 아버지의 세계사 강의는 제국주의 사관에 침윤된 서구의 논리가 아닌 제3세계의 논리를 바탕으로 삼고 있다.

내용 개괄

"참된 역사는 몇몇 개인이 아니라, 하나의 민족을 형성하고 일터에서 생활필수품을 생산하는 민중을 다루어야 한다. 밭이나 공장에서 일하는 농민이나 노동자야말로 식량과 재물을 생산하는 사람들인데도 불구하고 가난한 생활을 하고 있다. 우리는 조국의 자유를 떠들지만, 이 거꾸로 된 상태가 바로 세워져 일하는 사람들에게 땀의 결실을 나누어 주는 것이 아니라면 어찌 자유라고 할 수 있을까?"

네루는 강대국이 만든 냉전적 사고에 덮여 있던 역사를 펼쳐 보이며 제국주의에 짓밟힌 각 민족의 피맺힌 숨결을 들려 준다. 로마 제국의 부패와 몰락, 봉건 제도, 종교 개혁, 영국과 프랑스의 혁명, 19세기 문제, 1차 세계대전, 볼셰비키 혁명과 세계 공황의 문제 등 역사적 쟁점들에 대한 날카로운 안목이 딸의 눈높이에 맞추어져 전해지고 있다.

한 구절 경구

대로마 제국이 주변의 부족들에게서 사소한 공격을 받고 허무하게 무너지고 만다는 것은 참으로 이해하기 어려운 일이 아니겠느냐? 그러나 로마는 이미 부패하고 나약해져서 공허한 껍질만 남아 있었다. 장기간에 걸친 로마 제국의 번영이 든든한 받침이 되어 다른 나라 국민들이 로마를 세계의 지도자로 생각하고 존경심과 무의식적인 두려움을 갖게 했지만 빛 좋은 개살구였다. 그러나 로마는 여전히 제국의 여왕으로 비추이고 있었다. 근사한 허울과 극장, 경기장, 시장은 언제나 들끓는 군중으로 풍성했지만 로마는 급속한 몰락으로 치닫고 있었다. 그것은 단순히 로마가 약했기 때문이 아니라 대중의 빈곤과 노예 노동 위에 부유계급의 문화가 건설되었기 때문이다.

문답 하나

네루는 각 민족의 흥망성쇠를 바라보면서 로마 제국의 몰락 원인을 다음과 같이 말했다.

"근사한 허울과 극장, 경기장, 시장은 언제나 들끓는 군중으로 풍성했지만 로마는 급속한 몰락으로 치닫고 있었다. 그것은 단순히 로마가 약했기 때문이 아니라 대중의 빈곤과 노예 노동 위에 부유 계급의 문화가 건설되었기 때문이다."

역사적 사실에 그치지 않고 역사 진행의 내적 동인에 주목한 그의 안목이 예사롭지 않다. 진정 건강하고 강한 나라는 어떤 모습이어야 하는지 생각해 보자.

답변의 길잡이

한 나라의 문화가 서민 대중들의 이익 도모가 아니라 일부 부유 계층을 위한 억압과 구속의 구조로 이루어져 있다면 그 나라의 장래는 예측 가능하다. 세계화 물결 속에서 빈익빈 부익부가 심해지고 있는 우리나라도 네루가 던지는 시사점에 주목할 필요가 있다. 증대한 부가 다수 국민에게 효율적으로 분배되어야 국민이 자기 나라를 자랑스러워하며 단결한다. 그럴 때 나라는 부강해진다. 국민 모두가 나라의 주인이라는 생각을 가지기 때문이다.

지은이

자와할랄 네루 1889~1964

인도 정치가이며 독립운동 지도자. 15세에 영국으로 유학하여 케임브리지 대학에서 자연과학과 법학을 배웠고, 1912년에 귀국하여 변호사 개업을 했다. 1916년 간디의 영향으로 국민회의에 참가하여 정치 투쟁을 했고, 아홉 차례나 투옥됐다. 이후 국민회의 집행위원으로 간디의 비폭력 운동에 협력했다. 인도 독립 후 수상에 취임하였고, 공산주의나 민주주의 어느 진영도 편들지 않는 자주 외교를 추진하여 중립 입장을 견지했다.

또 다른 인문 고전

《국사대요國史大要》

손진태. "역사학은 지난날의 사실의 이야기 주머니가 되어서는 안 될 것이요, 민족의 장점만을 자랑하는 선전서가 되어도 안 될 것이다. 오직 진실하고 엄정한 과학이어야 할 것이다."라는 역사에 대한 저자의 투철한 과학 정신을 볼 수 있는 저술. 저자는 민주주의적 민족주의, 곧 신민족주의 입장에서 우리 민족사의 대강령을 논술한 책이라고 설명했다.

73

문명론적 역사주의의 걸작
아놀드 토인비 《역사의 연구》

문제 제기

세계 역사를 움직인 원동력은 무엇일까? 역사는 단절적으로 교체되는가, 아니면 병행적으로 계승되는가? 역사의 동인과 계승 과정을 파악하는 가장 중요한 잣대는 무엇이 되어야 할까? 역사 발전을 문명 성장과 소멸로 볼 수는 없을까?

토인비의 《역사의 연구》는 위의 문제의식을 기반으로 서술되었으며, 모두 열두 권에 이르는 대작이다. 해박한 고대사 지식과 직접 체험한 국제 관계가 바탕이 되었다. 내용이 지나치게 방대하여 독자들의 접근이 어렵자 두 권의 요약본을 만들었다. 대중들에게는 축약본이 더욱 잘 알려져 있다. 토인비 교수 특유의 문명사관이 드러난 창조적이고 탁월한 저술이지만, 문명권을 나눈 기준의 모호함과 실제 나타나는 차이가 이후 연구로 속속 밝혀지면서 다소 평가가 낮아지기도 했다. 그래도《역사의 연구》가 20세기 대표적인 역사 고전이라는 사실은 누구도 부인할 수 없다.

내용 개괄

토인비가 역사 연구의 단위로 설정하고 있는 문명이란 정치, 사회, 경제, 문화 등의 분야에서 인간이 만들어 놓은 일체의 제도, 생활 관습, 정신 활동 등을 포괄하는 폭넓은 개념이다. 그는 28개의 문명 중 성숙한 문명 23개가 보여 주는 성장과 소멸로 역사 흐름을 설명한다. 모든 문명은 발생과 성장, 쇠퇴와 해체라는 두 단계를 거치게 되는데, 발생 과정에서 모든 문명이 성장하지는 않는다. 외부의 도전에 응전하는 문명만이 성장할 수 있다. 도전과 응전은 문명 발생에 대한 토인비의 기본적인 설명이다. 문명 탄생은 창조적 소수자에 의해 이루어진다. 그들은 이전 시기 문명의 정신적·감정적 분열을 극복하고 능동적으로 사회를 변모시킨 정신의 체현자들인 것이다.

한 구절 경구

인간이 최초로 황하 하류 유역의 거친 강물을 치수하기 시작하였을 때 황하는 연중 배가 다닐 수 없었다. 이와 반대로 양쯔 강은 연중 항상 배가 다닐 수 있었고, 그 홍수가 때로는 넓은 지역에 막대한 피해를 주기도 하였으나 황하의 홍수에 비하면 훨씬 빈번하지 않았다. 더구나 양쯔 강 유역의 겨울은 그리 춥지 않다. 그럼에도 중국 고대 문명이 발생한 곳은 양쯔 강 유역이 아니라 황하 유역이었다.

Q 문답 하나

문명이 탄생한 곳은 자연적으로 천혜의 환경을 갖춘 지역일 것이라는 추측이 일반적이다. 하지만 위에서 설명한 내용은 문명 탄생이 반드시 좋은 환경에서만 이루어지는 것은 아니라는 사실을 말한다. 이 사실에서 확인할 수 있는 역사적 교훈은 무엇일까?

A 답변의 길잡이

본문에 소개된 사례는 자연환경의 도전을 극복한 곳에서 문명이 발생한다는 사실을 역사적 증거로 나타낸다. 상대적으로 지리적인 환경이 좋았고 기후도 좋았던 양쯔 강 유역에서는 문명이 발생하지 않았다. 홍수와 기후라는 악조건을 극복한 황하 유역에서 문명이 발생하였다. 문명이 발생하는 근저에는 주어진 환경의 척박함을 개척한 인류의 노력이 깃들어 있음을 알려 준다.

지은이

아놀드 토인비 1889~1975

옥스퍼드 대학을 졸업한 후 1년 동안 그리스 아테네에 있는 '영국고고학연구소'에서 고전학을 연구했다. 1919년과 1946년 파리 평화회의 대표단에 영국 대표로 참석한 바 있다. 정부 관리, 런던 대학의 국제사 연구교수, 왕립 국제문제연구소의 연구부장 등으로 일한 경력은 지식과 현실을 결합하는 좋은 환경이 되었다.

또 다른 인문 고전

《인간의 역사》

미하일 일린. 20년 세월이 걸린 역작으로, 원제는 '인간은 어떻게 거인이 되었나?'이다. 제2차 세계대전이 한창일 무렵 폐결핵으로 전선에 나가지 못하게 되자 '인간이란 무엇인가', '인간의 존엄이란 무엇인가' 등을 고심하다가 저술하게 되었다 한다. '선사'는 일린이 직접 저술했고, '고대'와 '중세'는 그의 부인인 세갈이 일린의 도움을 받아 정리했다.

74

인간을 중심에 두고 역사를 읽는 법

사마천《사기》

문제 제기

우리는 과거의 역사에서 어떤 교훈을 얻을 수 있는가? 권력과 정의, 선과 악 사이에서 우리는 어떤 선택을 해야 하는가? 사마천의《사기》는 이러한 질문에 대한 답을 찾는 여정에 우리를 초대한다. 사마천은 역사를 단순한 사건의 나열이 아닌, 인간의 행동과 선택, 그리고 그 결과에 대한 심오한 탐구라 보았다. 사마천은 자신의 역사관을 통해, 역사를 통해 인간 본성의 이해를 깊게 하고, 교훈을 얻으며, 더 나은 미래를 위한 지혜를 찾을 수 있다고 믿었다.《사기》속 이야기들은 역사가 단순히 과거에 일어난 사건들의 기록이 아니라, 현재와 미래의 인간 사회에도 적용될 수 있는 교훈과 지혜를 담고 있다는 것을 상기시킨다.

내용 개괄

사마천의 《사기史記》는 중국 최초의 체계적인 역사서로, 기원전 1세기에 완성되었다. 사마천은 중국 한漢 왕조의 태사太史로, 그의 작품은 중국 고대부터 한 왕조 초기에 이르기까지 약 2500년의 역사를 다루고 있다. 《사기》는 총 130편으로 구성되어 있으며, 이는 본기本紀, 표表, 서書, 세가世家, 열전列傳의 다섯 부분으로 나뉜다.

- **본기**: 중국의 역대 황제들의 생애와 업적을 기록한 부분으로, 중앙 정권의 역사를 중심으로 서술.
- **표**: 연대기적 표와 각종 목록을 제공하여, 역사적 사건들의 연표와 순서를 보여줌.
- **서**: 당시의 사회, 문화, 과학 기술을 알 수 있는 경제, 음악, 천문, 의례 등 다양한 주제에 대한 문서.
- **세가**: 주요 제후국과 중요한 가문의 역사를 기록한 부분으로, 중앙 정권 외의 지역적, 가문적 역사에 초점을 맞춤.
- **열전**: 유명한 인물들의 일화와 전기를 모은 부분으로, 다양한 사회 계층과 직업군에 속한 인물들의 생애와 업적을 다룸.

《사기》는 중국 역사를 관통하는 다양한 인물들의 이야기를 통해 인간 본성과 권력의 역학을 설명한다. 이 역사서는 항우와 유방의 대립, 사마상여와 정희의 사랑, 병법가 열전 등 다양한 이야기를 통해 권력, 야망, 도덕, 그리고 인간관계의 복잡성을 보여준다. 이러한 이야기들은 당시의 사회적·정치적 맥락을 반영하며, 인간 본성에 대한 보편적 질문을 던진다. 《사기》는 중국 역사학은 물론 문학, 철학, 정치학 등 다양한 분야에 걸쳐 깊은 영향을 미쳤으며, 중국은 물론 동아시아 역사 연구에 있어 필수적인 기초 자료로 평가받고 있다.

한 구절 경구

하의 정치는 질박하고 충성스러웠다. 그 병폐는 소인들이 거칠어지는 것이었다. 그래서 은은 공경함으로 이어받았다. 공경의 폐단은 소인들이 귀신을 숭상하는 것이었다. 그래서 주는 예로 이어받았다. 예의 폐단은 소인들이 천박해지는 데 있었다. 그러므로 그 병폐를 구하는 길은 질박과 충성만한 것이 없다. 삼대의 도는 돌고 돌아 끝나는듯하다가 다시 시작되었다. 주에서 진에 이르기까지는 예로 인한 폐단이었으나 진이 이를 고치지 않고 가혹한 형법으로 정치를 했으니 어찌 잘못이 아니랴? 그래서 한이 일어나 그 폐단의 정치를 이었으나 변혁으로 백성들을 피곤하지 않게 하고 하늘의 법통을 얻은 것이다. 매년 10월 제후들이 조회했다. 황제가 타는 수레는 노란 비단 지붕에 쇠꼬리로 만든 깃발을 왼쪽에 장식하게 했다. 장릉에 안장하였다.

문답 하나

역사적 사건과 인물들의 이야기를 통해 우리는 어떤 현재적 의미와 교훈을 얻을 수 있는가? 고대의 이야기들이 현대 사회의 정치, 윤리, 인간관계 등에 어떻게 적용될 수 있는지 분석하고, 그것이 오늘날 우리에게 가지는 중요성에 대해 논해 보자.

답변의 길잡이

역사를 들여다봄으로써 우리는 정치와 권력에 대해 깊이 있게 이해할 수 있다. 예를 들어 고대 그리스의 역사나 로마 공화국의 몰락은 권력의 상승과 하락, 민주주의와 독재 사이의 긴장, 국가 사이의 갈등과 동맹 등 정치적 역학을 이해하는 데 중요한 교훈을 제공한다. 이러한 이야기는 권력이 어떻게 행사되며, 정치적 결정이 사회에 미치는 영향에 대해 깊이 있는 성찰을 가능하게 한다. 역사는 개인과 사회가 직면한 도덕적 딜레마를 해결하는 데도 여전히 유효하다.

고대 철학자들의 작품, 예를 들어 소크라테스, 플라톤, 아리스토텔레스의 철학이 다루는 윤리와 도덕에 대한 근본적인 질문은 개인의 덕, 정의, 행복, 사회적 책임 등에 대한 현대적 논의에 중요한 토대를 제공한다. 그밖에도 역사를 통해 우리는 인간관계, 충성, 용기, 사랑, 배신 등 인간 본성의 기본적인 측면을 이해할 수 있게 되고, 이러한 이야기들은 개인과 사회, 인간 간의 관계를 이해하는 데 도움을 주며, 우리가 속한 커뮤니티 내에서의 역할과 책임에 대해 고민하게 만든다.

지은이

사마천 B.C.145~B.C.86

중국 한나라 시대의 역사가며 문인다. 그는 중국 역사상 가장 위대한 역사가 중 한 명으로 평가받으며, 그의 대표작인 《사기》는 중국 역사학 및 문학의 기초를 마련한 작품으로 꼽힌다. 사마천은 그의 아버지 사마담에게 어렸을 때부터 역사와 문학에 대한 교육을 받았다. 사마천은 아버지인 사마담의 관직이었던 태사령太史令 벼슬을 물려받아 복무하였기에 태사공太史公이라고 불리기도 했다. 사마담은 사마천에게 자신의 역사 기록 작업을 계승할 것을 당부했다. 이에 따라 사마천은 한나라의 태사太史로서 역사 기록의 책임을 맡게 되었고, 방대한 역사 기록인 《사기》를 저술했다.

사마천은 이릉 장군이 흉노와의 전쟁에서 중과부적으로 진 사건에서 이릉을 변호하다 무제의 노여움을 사서 궁형宮刑을 받게 된다. 사마천은 파면을 당하고 감옥에 갇히는 신세가 되었다. 사마천은 사형을 받게 되었는데, 당시 사형을 면하는 것은 두 가지 방법, 다시 말해, 어마어마한 벌금을 내거나 궁형을 받는 것 둘뿐이었다. 그러나 벌금은 상상을 초월하는 수준이었고, 궁형을 받느니, 죽음을 택하는 것이 옳다고 생각하는 사회 풍조도 있었다. 그러나 사마천은《사기》의 완성을 위해 궁형을 받아들여 죽음을 모면하였다. 이러한 신체적 · 정신적 고통 속에서도 그는《사기》의 저술을 포기하지 않았으며, 이 작품을 통해 후세에 큰 영향을 미쳤다. 사마천의《사기》는 그의 개인적 고난을 극복하고 인류의 지식에 기여한 대표적 사례로 여겨진다.

또 다른 인문고전

《아방강역고我邦疆域考》

정약용. 조선 후기의 역사지리지. 우리나라의 강역에 대한 연혁과 변화 양상을 저술하였는데, 당대까지 연구된 역사지리 저술 가운데 손꼽히는 저작이 되었다.

75

역사는 아我와 비아非我의 투쟁
신채호 《조선상고사》

문제 제기

역사는 유구한 세월을 거쳐 오면서 발전하였다. 많은 역사학자들은 발전의 구체적인 동력을 밝힌 견해를 내놓았다. 토머스 쿤은 패러다임의 전환이라는 역사 발전 이론을 내놓았다. 역사 발전에 대한 주체적 힘을 확인하는 것은 역사를 바라보는 중요한 관점이다. 역사 서술의 핵심이 되기 때문이다.

근대 사학자 신채호는 《조선상고사朝鮮上古史》에서 역사 발전의 동력을 '아'와 '비아'의 투쟁이라고 명확하게 언급했다. 그의 역사관은 민족주의 사학에서 여전히 힘을 가지는 생명력 있는 이론이다. 역사 발전에 대한 당시의 투철한 정신이 묻어 있으면서도 실증적인 연구로 뒷받침하고 있기 때문이다.

내용 개괄

아와 비아의 투쟁이 역사 발전의 원동력이라는 주장은 19세기 말 제국주의가 극성했던 시기에 일제 강점하에 놓였던 시대적 산물이다. 철저히 비타협적인 투쟁으로 맞선 신채호의 정신을 말해 준다. 사대주의, 자치주의, 문화주의 등 '아'가 확립되지 못한 주장과 외교론, 준비론처럼 '아'의 확립을 방해하는 독립운동 노선에 투쟁한 것이다. 이러한 시각을 바탕으로 최초의 문명, 강역의 신축, 사상 변천, 민족의식의 흥쇠, '아'의 현대적 지위와 부흥의 문제 등을 조목조목 활달한 필치로 다루었다. 철저한 역사관을 바탕으로 자신의 논리를 밀고 가는 힘이 역사가로서의 단재 신채호의 저력을 느끼게 해 준다.

한 구절 경구

역사란 무엇이뇨? 인류 사회의 '아我'와 '비아非我'의 투쟁이 시간부터 발전하며 공간부터 확대하는 심적 활동의 상태의 기록이니, 세계사라 하면 세계 인류의 그리 되어 온 상태의 기록이며, 조선사라고 하면 조선 민족의 그리 되어 온 상태의 기록이니라.

문답 하나

신채호의 역사의식에 입각한다면 역사 흐름을 지나치게 투쟁 위주로 이해하는 측면이 있다. 역사 이해에 편견으로 작용할 수 있지 않을까? 역사 발전을 '아'와 '비아'의 투쟁으로 이해한 신채호의 역사관을 어떻게 생각하는지 자신의 견해를 제시하라.

답변의 길잡이

투쟁이 강조되는 신채호의 역사관은 타협하기 어려웠던 당대의 현실과 관련이 있다. 그런 상황을 고려한다 하더라도 역사 발전을 나와 나가 아닌 다른 외부 환경의 투쟁 과정으로 이해하는 것은 의미 있는 역사 해석이다. 역사는 결국 고독한 개인이나 고독한 개인들로 구성된 사회가 외부와 접촉하면서 이루어 가는 과정이다. 대부분의 결정적인 역사 변화는 갈등에 대항한 투쟁의 산물이었다는 것이 역사가 주는 교훈이다. 당대를 떠나서도 신채호의 견해는 여전히 설득력을 가진다.

지은이

신채호 1880~1936

사학자이자 독립투사. 1906년부터 민족의식과 배일사상을 고취하기 위해《대한매일신보》에 많은 논설을 썼고《이태리건국삼걸전》《을지문덕》등의 저작에 몰두하였다. 국권 피탈 직전에 중국에 망명하여 연해주, 북경, 만주 일대에서 독립운동을 하면서 한국사를 연구했다. 비타협 항일 투쟁에 매진하였고, 말년에 접어들어 무정부주의자로서 독립운동을 하다 1928년 체포되어 10년형을 받고 복역 중에 세상을 떠났다.《조선상고문화사》《조선상고사》《조선사연구초》등 고대사 연구에 대한 많은 저술이 있다.

또 다른 인문 고전

《한국통사韓國痛史》

박은식. 독립운동에 대한 뚜렷한 목적의식으로 쓴 책이다. 국권 유지와 무한한 조국 애착심을 가지고 서술하였으며, 일본의 제국주의 침략을 폭로하고 민족정신을 기리는 작업에 역점을 두었다. 일제 강점기에 우리 민족의 깊은 각성을 촉구한 저술이다. 일제가 당황하여 35책의 방대한《조선사》를 편찬하여 한국 역사를 왜곡하게 한 책으로도 유명하다.

76

근대 합리적 역사주의의 고전

에드워드 카 《역사란 무엇인가》

문제 제기

역사를 바라보는 시선에는 크게 두 가지 쟁점이 있다. 하나는 객관적인 사실 자체에 대한 추구이고, 다른 하나는 그 사실에 대한 해석의 문제이다. 사실 추구를 중시할수록 실증주의 역사학에 치우치게 되고, 해석에 더욱 주안점을 두면 주관주의적 역사학에 경도된다. 둘은 역사학 성립에 매우 중요하기 때문에 역사가의 역사관이 어느 경우보다도 투철하게 반영되는 분야이다.

영국의 역사학자 에드워드 카의 《역사란 무엇인가》는 두 관점을 지혜롭게 통합하고 있다. 역사 이해에서 흔히 거론되는 '역사는 과거와 현재의 끊임없는 대화이다.'라는 말이 바로 그것이다. 과거 사실을 철저한 고증을 바탕으로 투철한 역사의식을 가진 역사가가 해석한다면 바른 역사 이해가 가능하다는 진단이다.

내용 개괄

에드워드 카가 1961년 1월부터 3월에 걸쳐 케임브리지 대학에서 '역사란 무엇인가'라는 제목으로 연속 강연한 내용을 묶어서 그해 가을 출판했다. 카는 폭넓은 체험을 바탕으로 특유의 호소력을 발휘하며 견해를 밝히고 있다. 역사에서 문제가 되는 주요 논점들을 설정하고 자신의 생각을 명료하게 제시한다. 강연 원고로 작성된 내용답게 풍부한 예화가 들어 있어 쉽게 읽히고, 다른 입문서에 비해 이해도 빠르다.

카의 역사관은 '역사는 현재와 과거의 대화'라는 역사 상대주의적인 관점이다. 물론 그의 오랜 역사 연구에서 탄생한 역사철학이기도 하다. 역사가는 과거에 비추어 현재를 보고 현재에 비추어 과거를 보면서 언제나 미래를 전망해야 한다는 주장이다. 아울러 역사의 상대성에 주목하여 역사를 끊임없이 변화하는 산물로 보았다.

총 6장으로 나누어, 1장에서는 역사가와 사실, 2장에서는 개인과 사회, 3장에서는 역사와 과학과 도덕, 4장에서는 역사에 있어서의 인과 관계, 5장에서는 진보로서의 역사, 6장에서는 넓어지는 지평선을 주제로 다룬다. 절충주의 입장이 늘 그러하듯 역사에서의 진보, 개인과 사회의 문제, 가치 판단 등의 문제는 여전히 쟁점을 안고 있으며, 카는 양쪽의 공격에서 완전히 자유롭지 못하다.

한 구절 경구

역사가와 역사의 사실은 서로 꼭 필요한 것이다. 사실을 갖지 못한 역사가는 뿌리가 없으며, 따라서 열매를 맺지 못한다. 역사가가 없는 사실은 죽은 것이고 무의미하다. 그러므로 '역사란 무엇인가'라는 물음에 대한 나의 최초의 대답은 역사란 역사가와 사실의 상호 작용의 과정, 즉 '현재와 과거의 끊임없는 대화'라는 것이다.

문답 하나

'역사는 현재와 과거의 끊임없는 대화'라는 에드워드 카의 말은 현재의 역사가와 과거 사실의 끊임없는 상호 작용이라고 할 수 있다. 그러나 사료 제한과 기술된 내용 자체의 주관적인 측면을 고려하면 과거 사실이 확정적이라고 하기 어렵고, 역사 해석이 상대적이라면 역사를 기술하는 일 자체가 불가능해진다는 어려움이 있다. 카가 말한 현재와 과거의 대화가 원활하게 이루어지기 위해서는 어떠한 노력이 병행되어야 하는지 말해 보자.

답변의 길잡이

자료는 부분적이고 제한되어 있어서 자료 자체의 신빙성이 먼저 보장되어야 한다. 아울러 사실을 바탕으로 역사를 해석하는 역사가의 안목도 필요하다. 역사가도 사회의 일원으로서 당대의 편견에서 자유로울 수 없다. 투철한 역사관을 바탕으로 오랜 시간이 지나도 변하지 않을 역사 인식을 가져야 역사 해석이 설득력을 얻는다.

지은이

에드워드 H. 카 1892~1982

영국 태생으로 케임브리지 대학 출신. 1916년 이후로 약 20년 동안 영국 외무부의 외교관으로 국내외에서 활약했다. 1919년 파리 평화회의에서 영국 대표단을 수행하기도 하였다. 1936년부터는 웨일스 대학에서 국제외교학을 강의하는 교수가 되었다. 이후 런던 《타임스》의 부주필로 언론 활동에 참여했으며, 1948년에는 국제연합의 '세계인권선언' 기초위원회 위원장을 역임했다. 1953년에 옥스퍼드 대학에서 정치학을 가르치다가 모교인 케임브리지 대학으로 돌아와 역사학을 가르쳤다.

러시아사가 전공인 그는 러시아사에 관한 한 여전히 가장 중요한 역사가로 기록되고 있다. 저서로 《평화의 조건》《새로운 사회》《볼셰비키 혁명》《소련사》 등이 있고, 한국 독자들에게는 대중 강연서인 《역사란 무엇인가》가 가장 잘 알려져 있다.

또 다른 인문고전

《사기史記》

사마천. 동양에서 가장 오래된 정사이자 이후 기술된 정사의 모범이 된 책. 저자 사마천의 공력은 <열전>에 녹아 있다. 70여 편의 <열전>을 우선적으로 읽기를 권한다. <열전>에 실린 다양한 인물 형상은 현대를 살아가는 우리의 다양한 군상들과 연관을 맺을 여지가 충분하다. 동아시아 문명을 견인한 중국의 고대 역사와 문화에 대한 기록이 생생하게 펼쳐진다.

16부

근대 이성비판

동양의 공동체 정신은 혈연적·지역적·인간적 관계에 충실한 인간관계를 형성한다. 전통 질서를 강조하는 향촌 사회에서는 성문화된 법이 없어도 마을 질서가 대체로 온당하게 유지된다. 공동체 사회의 안정과 동질성, 연대를 중시하여 개인이 깊은 소속감을 가지고 생활한다. 그 결과 현대 산업 사회, 정보화 사회에서 발생하는 고독이나 인간 소외 현상이 적게 나타난다. 반면 개인의 자유가 공동체 질서보다 우선하지 않아 억압되는 측면이 있고, 원로나 촌장에 대한 위계와 권위가 강요되어 아랫사람의 합리적인 의견이 종종 무시된다. 또한 마을 공동체는 종종 외부 세력에 배타적인 풍토가 강하다. 다원화된 가치관을 수용하고 세계 시민을 지향하는 현대 사회의 흐름과는 배치된다.

서구 합리주의는 개인의 가치를 중시하고, 계약에 충실하며, 합리적 설득과 절차적 정의를 강조한다. 개인의 자율성을 존중하여 창의력을 신장시키고, 협의와 협동 과정을 반드시 거쳐 결과의 공정성을 확보한다. 과정과 계약의 투명성은 중요한 검토 사항이 된다. 다원화되고 개인화된 현대의 사회적 흐름에 상당히 부합하는 측면이 있다. 한편으로는 사회의 이익 분야에서 갈등을 초래하거나 사회적 무규범감이 심화되는 결과를 낳기도 한다. 공동체에서 느끼는 유대감은 상대적으로 약화될 수밖에 없으며, 인간 소외의 심화는 본원적 삶이 가지는 안정감을 해치기도 한다.

오늘을 형성하는 저변이 된 근대 사회에서는 서구의 합리주의 이성 정신근대 이성에 의한 산업화와 기술 문명이 우위를 보인다. 산업 기술과 물질적 우위를 점한 서구의 이성적 합리주의 전통은 곧 세계의 보편적인 삶의 방식으로 큰 비중을 차지한다. 개인주의에 기초한 정합적이고 기계적인 세계관은 산업 기술의 발달과 생산력 향상에 기여했지만, 그와 동시에 열정과 사랑, 환상 등과 같은 수치화하기 어려운 감정의 가치들을 잊게 만드는 부정적인 작용을 낳았다. 지능지수IQ보다 감성지수EQ를 더욱 중요시하는 요즘에는 인간이 가진 감정적 측면의 가치를 재검토하게 만든다. 정념이나 신바람 등과 같은 감정 고유의 기능은 이성적으로 계량화되지 않지만 삶에 중요한 기능을 하기 때문이다.

서구의 분석적인 철학이 과학 발전을 이끌었고, 산업 혁명을 가능하게 했으며, 궁극적으로 현대 문명의 저변이 되는 과학 기술의 원동력이 되었다는 사실을 인정한다고 하더라도, 분절 파편화에 따른 인간 소외와 산업 발달에 의한 환경 오염이라는 심각한 문제에서 자유로울 수는 없다. 이제 우리는 이전의 편견과 왜곡을 바로잡고자 사용했던 비판적·성찰적 이성의 기능을 다시금 되살려야 한다. 도구적 이성의 효용은 그 기능을 충분히 다했고, 오히려 부작용을 일으키고 있다. 근대 이성을 태동시킨 성찰적 이성을 회복할 때다.

77

근대의 주체와 객체의 구분

르네 데카르트 《성찰》

문제 제기

근대 이성의 성격을 가장 잘 보여 주는 책으로 평가받는 데카르트의 《방법서설》에서는 '사람이라면 누구에게나 양식이 있다'고 전제한다. 자신이 가진 양식을 잘 사용하면 누구나 진리에 도달한다고 말한다. 여기서 말하는 양식은 바로 이성이다. 근대의 성격에서 두드러지는 특징 중 하나는 신성神聖이 아닌 인간의 이성을 사용하여 사물을 이해하고 자신을 인식한다는 점이다. 이성 사용에는 이성을 통해 인식하는 나주체 와 인식당하는 대상객체 이라는 분리적 인식이 요구된다. 주체와 객체를 구분하는 인식 체계는 이후 인식론에서 가장 기본적인 설정이 되었다.

데카르트의 《성찰》은 주체와 객체 구분을 명확하게 제시한 저작으로 알려져 있다. 자신의 사고 과정을 비판적으로 탐색하면서 생각하는 주체인 나와 생각의 대상이 되는 객체가 있음을 명확하게 인식시킨다.

내용 개괄

6일 동안에 걸친 형이상학적 사색의 악전고투를 기록했다. 근대의 주관과 객관의 이원론을 기초로 확립한 철학서인 동시에 당시의 철학자, 신학자의 반론에 데카르트가 답변하는 내용이 본문보다 방대하게 실려 있어 17세기 전반의 사상 지도서로도 읽을 수 있다. 총 6부로 나누어져 있고 정신의 본성, 신의 존재, 참과 거짓, 물질과 사물의 본질, 정신과 실재의 구분 등을 기술하고 있다. 이성까지도 의심하는 비평 정신은 전례 없는 대담한 시도였다.

한 구절 경구

이 며칠 동안 어떤 것이 이 세상에 현존하는가를 검토하고 내가 그 문제를 검토한다는 사실 자체에서부터 명백하게 나 자신이 현존한다는 결론이 나왔다는 것을 인식함으로써 내가 곁으로 명석하게 깨달은 것이 참으로 진리였다고 판단하지 않을 수가 없었다.

문답 하나

근대 철학은 주체와 객체의 명확한 구분을 통해 인식 체계를 확인하고 그에 대한 분석적인 접근을 하는 것이 일반적이다. 이러한 사유 체계가 가진 장점과 문제점은 무엇인가?

답변의 길잡이

좀 더 명확하게 사물의 특성을 파악하고, 그 특성을 파악한 주체도 분석적으로 비판할 수 있다는 점에서 의미가 있다. 그러나 인간이 가진 감정, 분석적인 접근을 불허하는 순간적인 깨달음, 직관의 가능성 등을 배제해 버리는 오류도 있다. 근대 철학의 문제점을 극복하고자 요즘 새롭게 조명되고 있는 동양 사상이나 불교적 관점의 적용이 저간의 사정을 대변해 준다.

지은이

르네 데카르트 1596~1650

프랑스 귀족 가문 태생. 대학에서 법률학과 의학을 배우고 장교로 지원했다. 네덜란드에서 베크만과 친분을 쌓아 근대 과학의 주요 동향인 수학에 눈을 떴다. 1619년 난로 앞에서 사색하다 '놀랄 만한 학문의 기초'에 눈을 떠 철학의 출발점으로 삼았다. 친구 메르센느를 통해 이름이 알려지기도 하였으나, 명성이 도리어 학문 연구에 도움이 되지 않는다고 판단했다. 그는 사상의 자유가 보장되는 네덜란드로 떠나 21년을 거처하며 집필에 몰두한다. 스웨덴 여왕에게 초대되어 스톡홀름으로 갔다가 아침 일찍 시작하는 강의가 화근이 되어 다음 해 폐렴으로 사망하였다. 대표적 저술로는《성찰》《철학의 원리》《정념론》 등이 있다.

또 다른 인문 고전

《성찰적 근대성》

앤서니 기든스, 울리히 벡, 스콧 래쉬. 앤서니 기든스의 지적이 가장 적절한 소개가 될 것이다.

"한국이야말로 성찰적 근대화가 가장 긴요한 국가이다. 한국은 현재 인구 폭발, 오염, 생태계 파괴 등 '단순' 근대화가 가져온 폐해들에 주목하지 않으면 안 된다. 미래의 생존이나 번영의 핵심적인 전제가 되는 생태 보존 지향적인 정책을 전개하기 위해서 근대화에 대한 성찰은 지금 당장 시작해야 할 시급한 과제라는 사실을 꼭 기억해야 한다."

78

도구적 이성에 대한 비판

헤르베르트 마르쿠제 《일차원적 인간》

문제 제기

현대 사회는 과학 기술의 중립성을 강조하고 인간의 모든 문제는 과학 지식으로 해결할 수 있다는 이성 만능, 과학 만능의 시대이다. 한편으로 지식이 자본주의와 지배 권력의 도구로 전락하여 '의미와 가치의 문제를 소홀히 다루는 상황'도 도래했다.
헤르베르트 마르쿠제의 《일차원적 인간》은 고도로 기술화된 선진 산업 사회 내부에서 전체주의적 관리 지배의 구조를 치밀하게 분석, 폭로하여 부정적 사유의 회복을 통한 인간성 해방의 길을 밝힌 고전이다. 비판적 사고, 다시말해 이성의 본래적 기능 중 하나였던 비판하고 성찰하는 기능의 마비는 삶을 인간답게 만들기보다 산업 사회의 부품으로 전락시켰다는 것이다. 다차원적 사고를 통해 삶을 살아가야 하는 인류에게 붙인 '일차원적 인간' 이라는 칭호에는 매우 강한 비판의 뉘앙스가 배어 있다.

내용 개괄

'선진 산업 사회의 이데올로기 연구'라는 부제가 붙어 있다. 산업 사회의 초기 단계에서 핵심 구성 요소였던 권리의 자유는 보다 높은 단계 앞에서 굴복했다. 그 결과 자유와 권리는 전통적인 합리적 근거와 내실을 상실하고 있다. 사상, 언론, 양심의 자유는 그 도움을 빌어 증진되고 보호받던 자유 경제가 그러했던 것과 마찬가지로 본질적으로 '비판적' 관념이었다.

한 구절 경구

오늘날 개인의 공간은 기술의 효율성 논리에 의해서 침범되어 파괴되고 있다. 대량 생산과 대량 분배는 개인의 '모든 것'을 요구하며, 이러한 산업 심리학은 이미 오래 전부터 공장뿐만 아니라 사회 전반에까지 확대 적용되고 있다. 이 과정에서 기존 질서에 대한 저항이 뿌리를 박을 수 있는 정신의 내적 차원이 소멸되고 있다. 부정적인 사유인 '이성'의 비판력이 자리 잡는 이러한 내적 차원이 상실되고 있는 것이다.

문답 하나

효율성 추구는 현대의 복잡하고 다양한 문제를 해결하는 데 매우 유용하지만, 만일 문제가 있다면 무엇일까?

답변의 길잡이

효율성은 어떻게 하느냐의 관점으로 문제에 접근하는 것이다. 문제 해결 능력을 높이기는 하지만, '왜 그 일을 해야 하는가'에 대한 답을 주지는 못한다. 다시 말해 대상의 근본적인 가치를 비판적으로 성찰하지 못한다는 것이다. 사회의 다양한 상황에 직면한 우리들에게는 일을 하는 의미에 확신이 들어야 근본적으로 효율을 높이는 가장 큰 힘이 된다.

지은이

헤르베르트 마르쿠제 1898~1979

1898년 베를린에서 출생. 1922년 프라이부르크 대학에서 철학 박사 학위를 취득했다. 1928년부터 1932년까지 후설, 하이데거와 함께 연구했다. 유태계 출신인 그는 1933년 나치 독일을 피해 제네바로 갔고, 당시 망명 중인 프랑크푸르트 사회연구소에 참가했다. 1934년 동 연구소와 함께 미국으로 건너갔다. 여러 대학에서 정치학과 철학을 강의했고, 1960년대 중반의 세계적인 학생 운동 때는《일차원적 인간》을 읽은 대학생들에게 교조적인 존재로 떠받들어졌다.

또 다른 인문 고전

《직업으로서의 고전》

독일의 탁월한 사회학자인 막스 베버의 저술. 본문 내용 중 특히 발상을 언급하는 대목을 유의해서 읽을 필요가 있다.

"학문이나 예술의 위대한 업적들은 모두 플라톤이 말하고 있는 '마니아'에 해당하는 삼매경과 영감에서 생겨난 것입니다."

79

대중 사회에서의 비판적 이성

아도르노 · 호르크하이머 《계몽의 변증법》

문제 제기

대중 사회에서 종종 놓치기 쉬운 사실 중의 하나가 대중이 흐름을 주도하지 않는다는 것이다. 대중이 즐기고 환호하는 상당 부분은 소수에 의해 만들어진 내용이 대중에게 강요되는 형태로 전달될 뿐이다. 만화 영화나 영화의 판타지가 대중의 비판 정신을 흐리게 한다는 지적은 이미 고전적이다. 아름다움이라는 가치나 심지어 동정심 같은 대중의 동요 역시 개개인의 주체적인 느낌의 총합이 아니라 강요된 감정일 가능성이 크다.

아도르노와 호르크하이머의 《계몽의 변증법》은 대중문화의 속성을 비판적인 시선으로 고발한다. 대중들이 알지 못하는 사이에 휘둘리는 대중문화의 위력을 제어할 힘은 비판적 이성의 지속적인 활동 외에는 찾기 어려워 보인다.

내용 개괄

대중문화 전반을 수용하는 대중들의 양상과 문제점들이 비판적 안목으로 서술되고 있다. 만화영화와 영화에서 경험하는 심리적 만족감이나 휴식도 결국 사회의 지배적인 이데올로기를 주입하는 과정에 불과하다. 심미적인 활동까지 대량 소비하는 대중 사회에서 가능한 한 기술적으로 즐기려는 노력은 인간이 인간답게 살아가는 데 도움을 주지 못한다. 대중 사회에서 자신의 의지를 관철하는 세력은 사회의 메커니즘을 움직일 수 있는 경제적·기술적 능력을 가진 소수의 사람들이기 때문이다.

한 구절 경구

대중문화의 관계자들은 문화 산업을 기술적 용어로 설명한다. 이러한 기술적 설명 뒤에 은폐되어 있는 것은, 기술이 사회에 대한 통제력을 획득할 수 있는 기반은 사회에 대한 경제적 강자의 지배력이라는 사실이다.

문답 하나

대중 사회의 성격이 다수 대중의 의도대로 진행되지 않고 능력을 가진 특정한 세력에 의해 움직인다면, 대중이 가져야 할 자세는 어떠해야 하는가? 대중 사회를 이루어 살아가야 하는 미래 환경을 고려하여 대중이 어떤 준비를 해야 할지 말해 보라.

답변의 길잡이

비판적인 문화 수용과 건강한 문화 창출이 요청된다. 대중문화가 일부 세력들에 의해 강요되는 측면도 있지만, 기본적으로는 대중들의 힘으로 보완될 가능성도 크다. 여성의 성 상품화를 촉구한다는 비판적 수용자들의 반대로 미스 코리아 대회에서 수영복 심사가 폐지되는 일 등이 좋은 사례가 된다. 건강하지 못한 문화에 비판적이고 적극적으로 제시하는 의견은 분명 대중문화의 충실함에 기여한다.

지은이

Th. W. 아도르노 1903~1969

프랑크푸르트학파의 대표적인 비판 지식인. 특히 제도의 문제와 관련하여 아놀드 겔렌과 벌인 토론이 알려져 있다. 그에게 제도는 자유로운 삶의 자세를 억누르는 억압 기제일 뿐이다.

M. 호르크하이머 1895~1973

독일의 철학자이자 사회학자. 에리히 프롬, 마르쿠제 등과 함께 프랑크푸르트학파를 이루었다. 아도르노와 함께 한 인종적 편견 연구를 담은 5권의 저서《편견 연구》가 남아 있다.

또 다른 인문 고전

에리히 프롬의 명작. 전문가 시대에 개인은 자신이 생각하고 해결해야 할 많은 문제들을 전문가의 의견을 기다려 해결하려는 자세를 취함으로써 자신을 불신하는 경향을 보인다. 다양하게 주어지는 정보 홍수 속에서 비판적인 태도와 주체적인 수용만이 결국 개개인의 삶을 자신의 것으로 만든다는 프롬의 목소리가 분명하게 담겨 있다.

80

패스트푸드의 합리성과 비합리성

조지 리치 《맥도날드 그리고 맥도날드화》

문제 제기

대중 사회에서 합리적이란 높은 효율을 의미한다. 높은 효율은 높은 이윤을 창출하는 핵심적인 요소이면서 현대 사회를 살아가는 미덕이 된다. 효율을 달성하려는 시도는 종종 인간을 기계적인 삶으로 인도하곤 한다. 창의적인 인간 활동보다는 기계 움직임을 보조하는 컨베이어 벨트 아래의 노동자가 그러하고, 패스트푸드점에서 조리되어 나오는 햄버거를 판매하는 판매원과 그것을 사 먹는 현대인들이 그러하다. 고객이 노동자가 되는 비합리성을 자각하지 못하는 사이에 우리는 몸소 실천하고 있는 것이다.

조지 리처의 《맥도날드 그리고 맥도날드화》는 패스트푸드점에서 발견할 수 있는 합리성과 그 이면의 비합리성을 짚어 주는 저작이다. 편리함을 추구하는 삶의 형태 속에 이미 인간적인 관계는 사라지고 기계화된 삶이 자리 잡은 것은 아닌지 되돌아 볼 일이다.

내용 개괄

맥도날드로 대표되는 패스트푸드 산업의 원리에 입각한 사회의 합리화와 그것이 초래하는 불합리성을 '맥도날드화'라고 명명한다. 그는 막스 베버의 이론을 바탕으로 현대 사회의 여러 측면인 교육, 여가, 영화, 기업, 노동, 출생, 죽음, 심지어 죽음 이후의 영역에 이르기까지의 합리화와 비인간화를 날카롭게 분석하고 있다. 한 저명한 평론가는 다음과 같이 평가했다.
"패스트푸드 산업의 효율성, 계산 가능성, 통제를 연구함으로써 합리화가 가져오는 불합리성을 밝혔다. 저자는 우리 시대에 예리한 분석가이자 예언자의 위치를 차지하고 있다."

한 구절 경구

몇 년 전, 패스트푸드 체인 맥도날드는 '우리는 당신을 위해 모든 일을 해드립니다.'라는 슬로건을 들고 나왔다. 하지만 실제로 맥도날드에서는 우리가 그들을 위해 모든 일을 한다. 줄을 서서 기다리다가, 음식이 나오면 식탁으로 가져가고, 식사가 끝나면 쓰레기를 휴지통에 버리고, 빈 식판을 제자리에 쌓아 놓는다. 노동 비용이 올라가고 기술이 발전할수록 소비자는 종종 더 많은 일을 한다.

문답 하나

맥도날드 가게에서 일어나는 효율성 제고 노력은 이미 맥도날드뿐만 아니라 대형화된 많은 가게에서 일어나고 있는 일이다. 현대인들은 그것에 문제점이 있다고 판단하기보다는 당연히 그렇게 해야 비용을 절감하는 효과가 있다고 생각한다. 자신의 견해를 말해 보라.

답변의 길잡이

패스트푸드점에서 고객인 우리가 일을 하는 시스템이 당연하다고 볼 수 없다. 효율성을 제고해야 할 기업에서 존중 대상인 고객을 종업원으로 부리는 것은 비합리적이다. 만약 고객 노력으로 절감되는 비용이 다시 고객에게 환원된다면 재검토할 필요는 있을 것이다.

지은이

조지 리처 1940~

미국의 저명한 중견 사회학자. 사회 이론과 '일의 사회학' 분야의 권위자이다. 현재 메릴랜드 대학에 재직 중이며, 그 대학에서 수여하는 '명강의상'을 받기도 하였다. 저술로는 《고전 사회학 이론》과 《맥도날드화 명제》 등이 있다.

또 다른 인문 고전

《위험 사회》

울리히 벡. 사회 변화의 과정을 전근대성, 단순한 근대성, 성찰적 근대성이라는 세 단계로 구분하였다. 근대성을 산업 사회로, 새로운 근대성을 위험 사회로 등식화하고, 산업 사회의 기초 원리는 재화의 분배지만 위험 사회의 원리는 위험의 분배라고 주장한다. 위험 사회는 자연 환경 및 생태계의 파괴를 넘어 인간의 감각 체계를 무력화시키고, 경제 발전에 대한 확신과 합의를 붕괴시키며, 전체 구성원들을 공포의 공동체로 몰아가 일상적인 삶을 파괴한다. 위험을 분배하는 공존의 대안이 필요하다는 그의 주장은 미래를 향한 적극적이고도 중대한 경고이다.

81

새로운 근대성에 대한 경고

박이문 《생태학적 합리성과 아시아 철학》

문제 제기

서구의 분석적인 철학은 명확한 논리와 실험 정신으로 과학 발전을 이루고, 산업 혁명을 가능하게 했으며, 궁극적으로 현대 인간 문명의 저변이 되고 있는 과학 기술을 이끌었다. 동시에 인간소외와 환경 오염, 전체적으로 사고하기보다는 개별적으로 사고하는 경향의 확대가 가진 문제점 등을 그대로 노출하고 있다. 이제 서구의 철학자들은 인간과 자연의 유기적 관계에서 삶을 바라보려 한다. 그들은 유기적인 연관 관계에 좀 더 주목한 불교의 세계관에 주목하기 시작했다.

서구의 흐름을 우리 관점으로 이해하고 합리적인 해석을 내놓은 글이 박이문의 〈생태학적 합리성과 아시아 철학〉이다. 어느 한쪽에 대한 열렬한 찬사도 비난도 하지 않는다. 각각이 가진 장점을 종합적으로 수용하여 미래를 여는 원동력으로 삼아야 한다는 견해를 보여 주고 있다. 과학 기술과 지식은 버릴 것이 아니라 수용하여 자양분으로 삼아야 한다는 주장이다.

내용 개괄

박이문의 《예술과 생태》의 2부 '생태'에 수록되어 있는 글이다. 원래 영문으로 작성되어 하버드 대학에서 발표되었고, 《녹색평론》에서 번역해 국내에 소개되었다. 박이문 교수는 피력하고 싶었던 내용을 다음의 세 가지로 요약한다.

첫째, '우리가 무엇을 어떻게 하며 어떻게 살 것인가'는 선택의 문제지만, 그 선택은 세계에 대한 총체적인 인식을 전제하므로 올바른 '세계관'을 가져야 한다.

둘째, 인류가 처한 위기는 근대 문명에 깔려 있는 이원론적 형이상학과 인간 중심적 가치관으로 규정할 수 있는 '서양적' 세계관에서 원인을 찾을 수 있다. 따라서 인류의 미래를 보장하기 위해서는 일원론적 형이상학과 자연 중심적 가치관으로 서술할 수 있는 동양적, 생태학적 세계관으로 전환해야 한다.

셋째, 그렇지만 일부에서 주장하는 바와는 반대로 근대 서양 이성의 유산인 과학적 지식이나 기술의 부정과 포기가 아니라 동양적 · 생태학적 세계관과의 통합을 뜻한다. 간결한 흐름을 유지하면서도 철학자의 긴장감을 늦추지 않는 박이문 선생의 문체와 명쾌한 논리가 단연 돋보이는 글이다.

한 구절 경구

이성은 죽었는가? 합리성은 끝났는가? 근대적 합리성의 위기는 어떻게 극복될 수 있는가? 근대적 합리성의 위기 또는 일반적으로 서양적 합리성이 위기에 직면하여 많은 아시아 사상가들은 아시아 철학이 서양적 합리성에 대한 유일한 대안이라고 생각하고, 다음 세기의 문명을 형성하는 데 아시아가 서구 세계를 대체할 것이라고 믿고 싶어 한다. 그리고 점점 더 많은 서양 사상가들이 이러한 생각에 동조하는 경향이 있다.

문답 하나

서구의 과학 기술과 동양적 인식론의 결합이 적극적으로 실현되기 위해 필요한 태도상의 변화는 무엇인가? 기계적인 결합으로는 궁극적인 발전을 이루어 내기 어렵다는 주장에 대한 자신의 견해를 제시하라.

답변의 길잡이

동양적 인식론은 유기적이고 전체적이며 관계를 중시

한다. 서구의 과학 기술은 분석적이며, 실용적이고, 효율을 강조한다. 어찌 보면 둘은 매우 이질적이다. 서로 다른 환경에서 생성된 두 방식이 갑자기 융합하기란 쉬운 일이 아니다. 전체적인 인식에서 부분에 대한 섬세한 고찰이 필요하며, 개별적인 연구는 전체의 지향을 가질 때 더욱 가치를 가진다. 부분과 전체의 인식과 실천에서 서로의 요소를 적극적으로 반영한다면 점차적일지라도 큰 진전을 이끌 수 있을 것이다.

지은이

박이문 1930~

충남 아산에서 태어나 서울대학교 불문과와 동대학원을 졸업하고 프랑스 소르본느 대학과 미국 남캘리포니아 대학에서 불문학과 철학을 공부했다. 미국, 독일, 일본 등지에서 가르쳤고, 포항공대에서 교양 철학을 가르치기도 했다. 《둥지의 철학》《노장 사상》《이성은 죽지 않았다》 외 다수의 저술이 있다. 빈틈없는 논리와 동서양을 아우르는 철학 세계는 그를 이 시대의 철학자로 자리 잡게 하였다. 그는 《나비의 꿈》이라는 시집을 낸 시인이기도 하다.

<인류의 미래와 동양 사상>

박이문의 글. 새로운 문명의 틀이 서양 사상에서 동양 사상으로 전환된다고 하더라고 서양에서 발전시킨 과학 지식과 기술을 모두 버려서는 안 된다는 저자의 일관된 생각이 다시 강조된 글이다. 어느 쪽에도 휘둘리지 않는 균형 잡힌 시각이 돋보이지만, 절충론의 한계는 늘 사라지지 않는다.

17부

예술

예술은 아름다움을 인식시켜 인간의 정신세계를 고양하는 기능을 한다. 아름다움 추구는 우리 선현인 박제가의 "푸른 산, 흰 구름이 먹고사는 데 기여하지 않지만 사람들은 이것을 사랑한다."는 말에서도 알 수 있듯이 인간의 영혼을 이끄는 매혹적인 요소가 있다. 인간에게는 먹고, 입고, 자는 문제의 해결만으로는 만족하지 못하는 신령한 영혼의 요소가 분명히 있다.

예술은 무궁하고 영원하지만, 예술을 실현하는 예술가는 인간사회를 살아가는 한 사람의 개인으로 존재한다는 것에 문제의 근원이 있다. 예술이란 말 그대로 한 개인의 영혼이 예술적 감흥을 받아 다양한 예술 장르인 문학, 음악, 미술의 형태로 표현하는 것이다. 표현 내용과 방식에는 다양한 수위가 있기 마련이다.

특히 도덕적인 논란이 발생하는 외설 논쟁의 경우 작가와 작품, 작품을 감상하는 대중 사이의 관계는 다양한 스펙트럼으로 나타난다. 작가는 자신의 정신세계를 지극히 정상적으로 드러냈다고 말하지만, 수용하는 대중 입장에서는 충분히 수용하는 사람과 도저히 받아들이지 못하는 사람이 같이 발생한다.

스펜스 튜닉이라는 작가는 수만 명의 자원 봉사자들을 모델로 한 누드 사진으로 유명하다. 해마다 열리는 그의 뉴욕 전시회는 높은 관람료에도 항상 초만원 사례를 이룬다고 한다. 그는 작품들을 찍다가 다양한 곳에서 어려움에 직면한다고 고백한 바 있다. 경찰들이 주변을 둘러싸 경호하며 지원하기도 하지만, 대중 공간에서 신체를 드러내고 사진을 찍었다고 죄인으로 취급받기도 했다. 여러 나라의 다양한 상황은 그의 작품을 두고 논란이 되는 예술이냐, 외설이냐는 논쟁만큼이나 다채롭다.

우리나라에서도 이현세의 《천국의 신화》, 장정일의 《내게 거짓말을 해봐》 등이 외설 작품으로 지목되어 저자가 절필을 선언하거나 영화 상영이 금지되는 등의 논란을 일으키기도 했다. 사회적 도덕의 잣대가 적용된 사례인데, 논란을 두고 예술인들과 일반 시민들 사이의 정서에도 상당한 차이가 있었다. 예술 영역에 대한 사회적 허용의 문제는 그 폭과 관련하여 흥미롭게 검토해 보아야 할 논제임에 틀림없다.

예술 영역의 허용 문제는 표현의 자유와 관련한 자유의 폭을 가늠하는 잣대가 된다는 점에서 중요하다. 따라서 어떠한 이데올로기나 일방적으로 주도되는 일부 계층에 의한 기준 적용보다는 약간의 부작용을 예상하더라도 표현의 자유와 자체적인 수용 능력을 향상시키는 방향으로 정해져야 한다. 표현의 자유는 누리는 사람에게 권리와 책임을 스스로 묻게 해야 하지, 누군가에 의해 강압되어서는 안 되는 기본적인 권익이기 때문이다.

82

예술의 목적은 무엇인가?

톨스토이 《예술이란 무엇인가?》

문제 제기

예술의 목적은 무엇인가? 예술 행위의 의미를 결정짓는 중요한 물음이다. 예술 행위는 이 물음에 답하는 여러 다양한 양상으로 나타나기 마련이다. 즐거움이 목적이라면 오락성과 대중성을 강화해야 하고, 인간의 심오한 내면세계 표현이 목적이라면 철학적 사색의 흔적이 묻어나야 한다. 예술가는 예술의 목적에 대한 저마다의 답변을 바탕으로 자신의 예술 행위를 정당화한다. 예술의 성격이 무엇이고, 누구를 위해 어떠한 측면에서 기여하는 것이 합당한가를 '예술은 무엇인가'라는 질문이 던져 주고 있다. 톨스토이의 《예술은 무엇인가》는 예술에 대한 생각을 담담하게 기술한 책이다. 단순히 예술 평론가의 입장에서 이론적인 구상으로 집필한 것이 아니라, 삶의 실천 방식으로 10년 동안의 고심 끝에 저술한 책이어서 깊은 의미가 있다. 예술이 가지는 기능을 사랑의 실천이라 강조하는 그의 예술론은 예술이 미적인 분야로 국한되는 요즘의 시각에서 보면 새로운 가능성을 열어 준다.

내용 개괄

수많은 명작과 톨스토이즘으로 친숙한 톨스토이가 만년에 내놓은 예술론이다. 1889년에 집필에 착수하여 1897년에야 비로소 완성된 노작이다. 예술에 대한 그의 생각과 후기에 남긴 작품의 일관된 특징을 간파하는 귀중한 의의를 가지는 작품이다. '우리 모두에게 인간의 최고 목적으로 간주되는 사랑의 세계를 건설하는 일이야말로 현대 예술의 사명'이라는 그의 사상이 전편에 무르녹아 있다.

한 구절 경구

현대 예술의 사명은, 인간의 행복은 인간 상호 간의 결합에 있다는 진리를 이성의 영역에서 감정의 영역으로 옮겨, 현재 지배하고 있는 폭력 대신 신의 세계, 다시 말해 우리 모두에게 인간의 최고 목적으로 간주되는 사랑의 세계를 건설하는 일이다.

문답 하나

톨스토이가 말하는 예술의 목적은 무엇인가? 그의 생각이 오늘의 우리에게 의미하는 바는 무엇인지 검토해 보고 가치를 평가하라.

답변의 길잡이

톨스토이의 예술론은 위의 문장에 집약되어 있다. 인간의 행복은 인간들 사이의 유대감을 회복하고 감정적으로 동질감을 가지는 것에서 온다고 믿는다. 예술을 통해 신의 세계, 사랑의 세계를 건설해야 한다고 말한다. 예술이 개인적인 미학 측면에서만 논의되지 말고 풍요로운 사회 건설에 이바지해야 한다는 것이다. 예술의 사회적 효용에 일찍 주목한 대목이 흥미로우며 지금도 여전히 의미 있는 지적이다.

지은이

톨스토이 1828~1910

러시아의 작가이자 사상가. 남러시아의 야스나야 폴랴나에서에서 출생하여 도스토옙스키와 더불어 19세기 러시아 문학을 대표하는 세계적 문호가 되었다. 3대 걸작이라고 칭송되는 《전쟁과 평화》《안나 카레니나》《부활》을 비롯하여 《사람은 무엇으로 사는가》《참회록》《인생론》 등은 사랑의 실천과 헌신이라는 톨스토이즘을 보여 주는 사상적 경향이 짙은 작품들이다. 무정부주의, 인도주의를 기반으로 한 그의 작품들은 한국 근대 문학에도 큰 영향을 끼쳤다.

또 다른 인문 고전

《전쟁과 평화》

톨스토이의 3대 걸작 중 하나. 톨스토이가 젊은 시절에 겪은 전쟁 체험이 잘 묻어나는 작품이다. 문학을 통한 이상 실현이라는 톨스토이의 생각이 잘 반영되어 있다. 전쟁이라는 재앙 속에서 인간성을 지키는 것은 개개인의 성숙이라는 톨스토이의 사상을 확인할 수 있다.

83

예술의 효용은 무엇인가?

정약용 <악론>

문제 제기

예술은 고대에서부터 곧잘 통치 도구로 활용되었다. 찬란하고 정제된 황실 음악이나 거대한 조각과 건축들은 왕실의 위엄을 드높이는 중요한 역할을 했다. 어떠한 음악은 때로 높은 신분이 아니면 즐길 수 없었다. 만약 어기고 즐겼을 때에는 매우 엄한 벌로 다스려졌다. 공자가《논어》에서 제후 신분으로 황제의 음악을 즐긴 권력가들을 비난한 장면은 분수에 넘치는 음악 감상이 매우 심각한 결례였음을 보여 준다. 한편으로 음악을 적절하게 활용하여 좋은 정치를 행한 사례도 적지 않다. 정치의 훌륭함을 당대의 음악을 통해 말하는 동양의 전통은 음악이 정치와 백성의 교화에 매우 적극적인 효용이 있었음을 말해 준다.

정약용의 〈악론樂論〉은 음악이 가지는 정치 교화적 효용에 대한 글이다. 정약용은 "음악이 아니면 성인의 도를 행할 수 없고, 제왕의 통치를 이룰 수 없고, 천지 만물의 정을 조화시킬 수 없다."고까지 주장하며 음악이 가진 의미를 높게 평가했다.

내용 개괄

음악이 갖는 정치 교화적 효용성에 관한 글로, 다산 정약용의 〈악론〉 두 편 가운데 첫 번째이다. 위정자는 음악을 들으면서 정사를 돌아보고 분발하여 잘못된 점을 고치며, 백성들은 음악을 들으면서 성정을 도야하고 항상 평화로운 마음이 깃들도록 한다. 이것이 성인이 음악을 만든 목적이다. 음악은 사람의 감정과 마음이 조화를 이루어 늘 화평하고 온화한 뜻이 충만하게 해 주는 효능을 가지고 있다. 그래서 옛날의 위정자들은 밥을 먹을 때나 움직일 때에 항상 악관樂官이 음악을 연주하게 했고, 백성들도 늘 음악을 가까이하였다.

한 구절 경구

사람은 저절로 선해질 수 없고, 반드시 가르침을 받은 뒤에야 선해지는 것은 무엇 때문인가. 여러 감정들이 서로 부딪쳐 조화를 이루지 못하면 마음도 조화를 이루지 못하고, 마음이 조화를 이루지 못하면 신체도 조화를 잃어 행동이 모두 올바른 법도를 잃게 되기 때문이다. 그래서 성인이 여러 악기의 음을 만들어 아침저녁으로 사람들의 귀에 들려주고 마음속에 넣어 주어 그 혈맥을 움직이게 함으로써 화평하고 온화한 뜻을 발동시키려고 하였던 것이다.

문답 하나

예술은 인간의 정서적 측면에 호소하여 공감을 불러일으키는 것이다. 정서는 개인마다 많은 차이가 있어 개성적이다. 정약용은 음악을 통해 정치를 바로잡아야 한다고 역설하고 있다. 음악의 정치 교화적 효용에 관한 정약용의 예술론을 어떻게 생각하는지 말해 보라.

답변의 길잡이

정서는 개성적이고 사람들의 미적 감각은 모두 다르다. 그럼에도 사람들 모두 공감을 불러일으킬 아름다운 음악이 존재하고, 취향 차이가 있을지언정 음악을 통한 공감 확대가 불가능한 일만은 아니다. 백화점이나 학교 등 사람들이 많은 곳에서 곧잘 음악을 틀어 고객이나 학생들을 통제하는 것을 보면 그 이치를 알 수 있다. 바르고 공감할 만한 음악으로 정서가 함양된다면 바른 정치를 구사하여 백성들의 협조를 구하는 것도 시행할 만하다.

지은이

정약용 1762~1836

조선 후기의 문인이며 학자이자 경세가. 경기도 광주에서 태어나 실학의 거두 이익에게서 학문을 배웠으며, 28세에 벼슬길에 올라 정조의 두터운 신임을 받았다. 천주교와 관련하여 무고를 받아 18년 동안 강진에 유배되었는데, 그의 학문과 사상은 유배 기간 동안 완성되었다. 남긴 저술로 《경세유표經世遺表》《목민심서牧民心書》《흠흠신서欽欽新書》 등이 있다. 경학의 대가로서 역사, 지리, 언어, 의학에 걸친 수백 권의 저술을 남겨 실학의 완성자로 칭송받는다.

또 다른 인문 고전

《악학궤범樂學軌範》

성현. 조선 시대의 궁중 음악 설명서이다. 책의 서문에 있는 음악에 대한 견해는 성리학적 질서가 나라의 근간이 되었던 조선에서 음악이 가지는 의미를 짚어 보는 데 매우 유용하다.

84

예술혼과 현실 사이
황순원 <독 짓는 늙은이>

문제 제기

'인생은 유한하나 예술은 무한하다.'

정해진 삶을 살아야 하는 인생에 대비한 예술의 영원성을 말한 격언이다. 예술가 입장에서 보면 유한한 삶을 사는 예술가의 생명을 던져 예술의 영원성에 의탁하고 싶은 마음을 불러일으킨다. '나의 생애는 여기서 마치지만 나의 예술품은 영원할 것이고, 나의 정신은 예술품과 함께 영원히 전해질 것'이라는 생각이다. 예술 정신이라는 말로 존중되는 예술가들의 고난에 찬 삶은 종종 예술과 인간 현실에서 갈등으로 나타나기도 한다. 예술가 역시 사회를 구성하는 일원이라서 결코 가벼운 문제가 아니다.

〈소나기〉의 작가로 잘 알려져 있는 황순원의 〈독 짓는 늙은이〉는 가장 첨예한 시사점을 던져 준다. 자신의 몸으로 예술에 마지막 헌신을 베푸는 늙은이의 행동이 의미하는 것은 무엇일까? 예술에 대한 마지막 찬사일까, 아니면 자신의 고단한 삶에 대한 탄식과 저항일까? 그것도 아니라면 삶에 대한 항복일까? 예술과 예술가를 새롭게 생각하게 만드는 흥미로운 작품이다.

내용 개괄

장인적 집념과 고뇌에 관한 이야기다. 젊은 아내의 배신과 독 굽기의 실패로 좌절한 노인이 전 생애를 바쳐 온 독 가마 속에서 비장한 최후를 마친다는 줄거리다. 평생 독을 만들며 살아온 송 영감은 늙고 병들었지만 어린 아들 당손과 함께 살기 위해 독을 구워 내기로 한다. 그의 아내는 어린 자식을 버리고 조수와 함께 도망쳐 버렸다. 송 영감은 몸이 좋지 않아 자주 쓰러지면서도 독 짓기를 그만두지 않는다. 앵두나무 집 할머니는 어린 당손의 장래를 생각해서 양자로 보내라고 제의하지만 송 영감은 단호하게 거절한다. 그러다가 새로 만든 독을 가마에 넣고 굽는데, 조수가 만든 독은 터지지 않고 자기가 만든 독만 터진다. 송 영감은 장인으로서의 생명이 다했음을 깨달으며 쓰러진다. 깨어난 송 영감은 앵두나무 집 할머니에게 당손을 데려가게 하고 자신은 독 가마의 불 속으로 들어가 장인으로서 최후를 맞는다.

한 구절 경구

지금 마지막으로 남은 생명이 발산하는 듯 어둑한 속에서도 이상스레 빛나는 송 영감의 눈은 무엇을 찾고 있는 것이었다. 그러다가 열어 제친 결창으로 새어 들어오는 늦가을 맑은 햇빛 속에서 송 영감은 가던 걸음을 멈추었다. 자기가 찾던 것이 예 있다는 듯이. 거기에는 터져 나간 송 영감 자신의 독 조각들이 흩어져 있었다. 송 영감은 조용히 몸을 일으켜 단정히 무릎을 꿇고 앉았다. 이렇게 해서 그 자신이 터져 나간 자기의 독 대신이라도 하려는 것처럼.

문답 하나

송 영감의 마지막 행동은 구차하지도 비겁하지도 않고 오히려 경건하기까지 하다. 예술가의 자세가 일상을 사는 우리들에게 주는 의미가 무엇인지, 송 영감의 행동을 예로 들어 말해 보자.

답변의 길잡이

일상을 사는 모두가 예술가의 삶을 살 수는 없다. 예술가도 하나의 삶의 방식이며, 직업일 뿐이다. 그들의 행위에는 일상을 넘어 인간이 추구해 보고 싶은 깊은 영혼의 한계에 근접하여 정신의 가치를 예술품에 담아 실현한다는 의미가 있다. 누구에게나 신령한 면이 있고, 숭고해지는 순간이 있다. 예술가의 삶과 작품을 통해 우리는 우리 안의 영혼을 만나고 아름다움을 누리게 된다. 죽음이라는 극한 상황 아래 경건해지는 송 영감의 태도에서 예술에 대한 신념과 맑은 응시를 볼 수 있다.

지은이

황순원 1915~2000

소설가. 평안남도 대동 출생. 서정적이고 아름다운 문체로 많은 사랑을 받고 있는 〈소나기〉의 작가로 유명하다. 1931년 〈나의 꿈〉이라는 시로 등단하여 모더니즘 계열의 시를 발표하기도 하였다. 1940년대 이후 단편 소설 집필에 주력해 〈별〉 〈독 짓는 늙은이〉 〈소나기〉 등을 발표하였다. 1955년 장편 《카인의 후예》로 아시아 자유문학상을 수상했다. 섬세하며 간결한 문체와 치밀한 구성으로 인간의 본질을 추구하는 작품을 많이 남겼다.

<소나기>

간결하고 서정적인 황순원의 문체가 잘 표현된 작품. 서울에서 전학 온 소녀와 시골 소년의 아름다운 교제와 소녀의 죽음에 의한 애수가 작품 전편에 나타난다. 작가가 사춘기 소년, 소녀의 마음을 어떻게 표현할 수 있는가를 잘 보여 준다.

85

서양미술사를 읽는 밝은 눈

에른스트 곰브리치 《서양미술사》

문제 제기

미학은 미술의 본질, 목적, 그리고 가치에 대한 철학적 탐구를 포함한다. 그렇다면 미술은 단순히 심미적 즐거움과 감상의 대상으로서의 가치를 넘어서, 사회적·정치적, 그리고 윤리적 메시지를 전달하는 수단으로서 기능할 수 있을까. 미술이 갖는 이중적인 가치—미술작품이 관객에게 제공하는 심미적 경험과 동시에 사회적 대화에 기여할 수 있는 방식—에 대한 논의가 요구된다.

내용 개괄

에른스트 H. 곰브리치의 《서양미술사》는 1950년에 처음 출간되었으며 미술 이론 및 역사 분야에서 가장 인기 있는 입문서 중 하나로 꼽히는 책이다. 곰브리치는 이 책에서 복잡한 미술사를 알기 쉽고 접근하기 편한 언어로 설명하며, 서양 미술의 발전을 종합적으로 개관하였다. 이 책은 미술의 각 시대별 발전 과정을 체계적으로 설명하며, 주요 미술 작품과 그 배경에 대한 깊이 있는 분석을 제공한다. 곰브리치의 이야기는 고대로부터 시작하여 20세기에 이르기까지, 미술이 사회적 · 문화적 · 정치적 맥락 속에서 어떻게 발전해 왔는지를 추적하여, 고대미술, 중세미술, 르네상스 시대, 바로크와 로코코시대, 19세기 미술 순서로 소개하고 있다.

한 구절 경구

1520년경 이탈리아 도시들의 모든 미술 애호가들은 회화가 완성의 극에 달했다는 사실에 의견의 일치를 본 것 같다. 미켈란젤로, 라파엘로, 티치아노, 레오나르도 등은 그전 세대가 이룩하려고 노력했던 모든 것을 실제로 해냈다. 그들에게는 소묘에 있어서 어려운 문제는 하나도 없었으며, 또 주제상의 어떠한 문제도 그들이 감당하기 벅찰 만큼 복잡하다고 여기지 않았던 것 같다. 그들은 아름다움과 조화를 올바르게 결합하는 방법을 보여주었고 당시 사람들은 그들의 작품이 심지어 고대 그리스와 로마의 가장 유명한 조각 작품까지도 능가한다고 생각했다.

문답 하나

다양한 시대의 미술 작품들은 각 시대의 정신과 문화적 가치를 어떻게 반영하고 있으며, 이러한 반영이 현대 미술과 사회에 미치는 영향은 무엇일까.

답변의 길잡이

다양한 시대의 미술 작품들이 그 시대의 정신과 문화적 가치를 반영하는 방식은 매우 다양하며, 이러한 반영은 현대 미술과 사회에 깊은 영향을 미친다. 각 시대의 미술은 그 시대의 사회적·정치적·경제적 상황과 긴밀하게 연결되어 있으며, 미술을 통해 그 시대의 가치관, 이상, 그리고 문제들을 탐구할 수 있다. 이 과정에서 미술은 시대의 정신을 반영하고, 현대 미술과 사회에 끼치는 영향을 이해하는 데 중요한 열쇠가 된다.

전통 미술에서 행해진 다양한 표현 방식과 주제는 현대 미술가들에게 다양한 영감을 제공한다. 이는 미술의 경계를 확장하고 다양한 문화와 이론을 통합하는 현대 미술의 특성으로 이어진다. 현대에는 미술이 사회적, 정치적 이슈를 다루는 중요한 매체로서의 역할이 강화되고 있다. 전통 미술의 현대 사회적 반영을 포함하여 현대에는 미술이 사회 변화를 위한 도구로 사용될 수 있음을 시사한다. 또한 미술을 통해 다양한 시대와 문화의 가치가 전달되며, 이는 교육적·문화적 교류를 촉진한다. 현대 사회에서 미술은 글로벌 문화의 이해와 상호 존중의 중요한 매체가 되었다.

지은이

에른스트 H. 곰브리치 1909~2001

오스트리아 출신으로 영국에서 활동한 세계적으로 유명한 미술사학자이다. 그는 특히 대중적이면서도 학문적으로 깊이 있는 저술로 널리 알려져 있으며, 미술사 분야에서 가장 영향력 있는 인물 중 한 명으로 평가받는다. 곰브리치는 미술을 인간의 시각적 인식과 밀접하게 연결된 현상으로 보았다. 그는 미술 작품을 통해 인간의 인식 과정과 문화적 상징을 탐구하며, 미술사를 단순히 연대기적 사실의 나열이 아닌, 변화하는 인간 경험과 문화의 반영으로 해석했다. 곰브리치는 미술이 단순한 아름다움을 추구하는 것 이상의 의미를 가진다고 보았으며, 이는 그의 저작과 연구에서 일관되게 드러난다.

《이야기 한국미술사》

이태호. 한국미술사의 석학인 저자의 한국 미술통사이다. 교육방송에서 중고등학생들을 대상으로 한 강의가 기반이 된 만큼, 간결하고 명쾌한 문장들로 이루어져 있다. 500여 점이 넘는 도판들은 이 책의 백미라고 할 수 있는데 도판들 중 상당량은 저자가 지난 40여 년 동안 미술사학자로 활동하면서 찍은 사진들이다. '이야기 한국미술사'라는 제목에 걸맞게 술술 읽히는 것은 곰브리치의 《서양미술사》에 비견될 만하다.

86

미술 감상의 지평

최순우 《무량수전 배흘림기둥에 기대서서》

문제 제기

예술 작품 감상은 예술을 바라보는 사람의 정도에 달려 있다. 천년의 비밀을 안고 있는 신라의 고탑이라도 탑의 이면에 담긴 아름다움을 보는 혜안이 없다면 그저 볼품없는 작은 석탑으로 보일 뿐이다. 아름답고 화려한 표현이 예술 작품을 바라보는 절대 기준이라면 무늬도 없고 순백색인 조선 백자는 참 심심한 예술품이다.

한국의 아름다움을 바른 모습으로 알려 주고 깨닫게 해주는《무량수전 배흘림기둥에 기대서서》는 예술 작품 감상의 시각을 열어 주는 책이다. 왜 아름다운 작품인가? 무엇이 작품을 아름답게 느끼도록 하는가? 감상자의 올바른 이해가 없었다면 서산 마애

불이 백제의 미소가 되기는 어려웠을 것이다.

내용 개괄

한국미의 아름다움을 이야기한 에세이를 모은《무량수전 배흘림기둥에 기대서서》는 어느 교양 TV 프로그램에 소개되어 많은 관심을 받기도 했다. 삼국 시대 토기부터 조선 말기 회화에 이르기까지 한국 미술사 전반에 걸친 친절한 입문서이자 안내서이다. '이슬보다 영롱하고 산바람보다 신선한 글'이라는 평가를 받기도 하였다. 회화, 공예, 건축 등 우리 전통 미술 전반을 민족문화 유산의 정수로 풀며 이야기한다. 겨레와 전통문화에 대한 강한 긍지와 자부심을 느끼게 하는 글들이 모여 있다.

한 구절 경구

'고요한 익살의 아름다움'은 한국 미술이 지니는 아름다움의 전부를 말하는 것은 아니다. 다만 우리네의 조형 작품의 일품 속에서 우리는 스스로 마음이 조용해지거나 또는 홀로 실소를 자아내게 해주는 아름다움에 자주 부딪치게 된다는 말이다. 말하자면 우리 미술에 나타난 이러한 '익살과 고요의 아름다움'을 정리해 보면 이것은 '한국미'가 지니는 두드러진 특색의 일면이 될 수 있을 것이라는 생각을 해 보는 것이다.

문답 하나

예술 작품 감상은 아름다움을 느끼는 체험을 통해 우리 삶의 지평과 풍요로움을 증진시키고자 하는 행위이다. 일반적으로 말하는 빛나고 찬란한 아름다움을 말하지 않고 익살과 슬픔을, 담담하고 조용한 것을 아름다움이라고 말하는 미의식은 무엇인가?

답변의 길잡이

그러한 미의식은 더욱 쉽게 예술에 접근하고 생활 속에서 공감하는 기틀이 된다. 예술은 일상과 동떨어진 무엇이 아니라 '그 사회의 서정과 조형미'가 배어 나오는 것이 좋다. 큰 정서적 일치감을 느끼게 하기 때문이다. 우리 민족의 삶에서 익살과 슬픔이 같이 느껴지거나 담담하고 조용한 것이 더 가까운 정서를 예술 작품으로 표현하는 의미가 있다.

지은이

최순우 1916~1984

고고미술학자이자 미술 평론가. 개성 송도고보를 나와 개성박물관 근무 당시 관장이었던 고유섭에게 감화받고 고고미술에 입문했다. 광복 후에 주로 국립 중앙박물관에서 활동했으며, 관장을 역임하기까지 41년 동안 한 우물을 팠다. 주요 저서로《한국미술사》가 있다. 우리 문화 예술에 대한 아름답고 향기로운 글로 후학들에게 많은 영향을 끼쳤다.

또 다른 인문 고전

《옛 그림 읽기의 즐거움》

오주석. 우리 옛 그림을 감상하는 방법과 아름답고 진실한 선조들의 마음을 읽을 수 있는 책. 화가와 그림의 연관성을 짚어 가면서 아홉 분의 그림 11점을 서술하고 있다. '그 사람에 그 그림'이라는 말을 실감할 책이다.

18부

소수자와 인권

소수자 문제는 범위가 매우 넓다. 소수자는 보통 수적으로 소수여서 다수처럼 혜택을 보지 못하고 사회적 약자의 처지에 놓인 사람들을 말한다. 장애인, 성적 소수자, 외국인 노동자, 다문화 가정 등이 대표적이다. 다수와 소수는 상대적 개념인데도 마치 다수가 진리처럼 인식되어 소수의 개별성에 차별을 가하는 것이 문제이다. 사회의 관습과 맞물려 있어 더욱 문제가 된다.

개별 문제로 검토해 보자. 장애인 문제는 아직 현실적으로 미흡한 사회적 시선과 이동권 보장이 쟁점이다. 장애인 보행권이 하나의 사례이다. 맹인 안마사의 생업 문제로 논란이 되었던 취업 문제도 장애인 문제에서 중요한 논점이다. 신체적 장애마저도 정신적 장애처럼 인식하는 비장애인들의 인식은 교정되어야 한다.

성적 소수자 문제는 서로 다른 성적 취향에 대한 인식 전환이 관건이다. 다양성 수용 차원에서 다수와는 다른 성 의식을 수용할 필요가 있다. 점점 목소리를 키워 가는 동성애 문제도 마찬가지다. 동성애자로 살았고 동성애의 가치를 옹호했던 미셸 푸코의 저술들은 동성애와 양성애 어느 한 쪽이 반드시 진리가 아니라고 논증했다. 인권과 사상에 관한 한 진보적이고 관용적이라

평가받는 서구의 여러 나라들에서는 동성애자의 결혼을 합법화하고 동성애자의 인권을 보호하는 등 제도적 장치들을 속속 만들고 있다. 영화 〈왕의 남자〉, 드라마 〈주몽〉에서는 그동안 금기시해 왔던 동성애 코드를 부담 없이 소화했다. 어느 방송인의 커밍아웃이 방송국에서의 퇴출로 이어진 때와는 격세지감이다.

외국인 노동자와 혼혈 가정 문제는 세계화, 국제화되고 있는 한국 현실을 반영한 사회 현상이다. 단일 민족사실 검토할 여지가 있는 인식이지만이라는 민족성을 배경으로 국수주의적인 면모를 보이는 한국 현실을 비판적으로 들여다 봐야 한다.

소수자 문제와 관련하여 정선할 만한 고전은 그리 많이 눈에 띄지 않는다. 사회적 이슈로 떠오른 시기가 얼마 되지 않았다는 사실과도 무관하지 않다. 다원화와 다양화를 지향하는 사회 풍조는 사회적 소수자 문제의 비중을 확대할 것이 분명하다. 현대의 양서도 고전이 될 수 있다는 믿음으로 몇 책을 정선했다.

87

다름에 대한 편견

타하르 벤 젤룬 《인종차별, 야만의 색깔들》

문제 제기

우리나라의 애국가는 '대한 사람 대한으로 길이 보전하세'로 끝을 맺는다. 단일 민족 국가라는 강한 유대 의식이 묻어나는 가사이다. 애국심을 향상시키고 국난 극복에 매우 큰 역할을 하기도 했지만, 동시에 다른 나라와 다른 인종을 향한 배타성을 강하게 포함한다. 국제화, 세계화의 길을 가고 있는 국제 현실을 고려할 때 적극적으로 생각해 볼 일이다. 특히 다문화 가정이 늘어나는 한국 상황은 인종에 배타적인 태도가 충분히 사회적 문제로 이어질 여지를 남기고 있다.

타하르 벤 젤룬의 《인종차별, 야만의 색깔들》은 인종 문제를 쟁점적으로 다룬 책이다. 다른 피부 색깔을 차별하면 왜 나쁜지, 인종주의의 명확한 기준이 무엇인지 알려 준다. 인종에 대한 왜곡과 편견이 종종 코미디 프로그램에서 희화적으로 다루어질 만큼 일상이 되어 버린 지금 다시 점검해 볼 필요가 있다.

내용 개괄

인종은 '다름 혹은 차이'에 불과하다. '인종'은 존재하지 않고 인류만이 존재할 뿐이다. 차이는 존중받지 못하고 차별로 이어지는 경우가 역사적으로 사회적으로 존재했고, 아직도 존재하는 것이 현실이다. 인종주의는 '첫째는 두려움에서, 둘째는 무지에서, 셋째는 어리석음에서 온다'는 교훈이 특히 흥미롭다. 인종주의에 대한 편견과 차별의 문제점을 대화체로 친절하게 알려 준다. 부연되어 있는 진중권의 날카로운 비평은 진지한 시사점이 된다.

"인종주의는 사회적으로 좌절을 맛본 개인이나 집단을 달콤하게 위로해 준다. 개인들을 우월한 인종의 범주로 분류하여 그 인종을 다른 인종 위에 올려놓을 때, 개인은 이 우수한 집단과 자신을 동일시하는 가운데 자기의 개인적 좌절감을 잊어버릴 수가 있지 않은가. 이 때문에 인종주의는 대개 대중의 사회적 불만을 외부로 돌리는 데 사용된다."

한 구절 경구

인간이라는 존재는 늘 안심하고 싶어 하거든. 말하자면, 인간은 자신이 갖고 있는 확신을 불편하게 할 어떤 존재를 그다지 좋아하지 않아. 그래서 새로운 것을 불신하는 경향이 있는 거고, 또 종종 미지의 것들을 두려워하는 거야. 너도 그렇겠지만, 사람은 누구나 어둠 속에 있는 것을 두려워해. 어둠 속에서 무슨 일이 일어날지를 모르거든. 이처럼 우리는 보통 미지의 것들에 대해 보호막이 없다고 느끼게 되고, 그래서 아무런 이유도 없이 끔찍한 일들을 상상하게 되는 거야. 논리적이지 않은 일이지. 때때로, 공포를 불러일으킬 만한 것이 없는데도 우리는 두려워해. 이치에 따라 생각해 보기도 하지만, 우리는 마치 실제로 위협이 존재하는 양 반응하지. 인종주의란 정당하거나 이성적인, 그런 게 아니란다.

문답 하나

히틀러의 유태인 학살에서도 알 수 있듯이 인종주의는 종종 극우 민족주의와 결합하여 아주 심각한 파열음을 낼 때도 있다. 백인에게 친절하고 흑인에게 가혹한 인식도 인종주의에 기인한다. 그렇다면 인종주의의 근본적인 문제는 무엇인가?

답변의 길잡이

인종주의는 인종에 따른 차별을 정당화하는 생각이다. 태어날 때의 피부색에 의해 그 사람이 가진 가치나 처지가 결정되는 것은 합당하지 않다. 피부색은 진면목이 아닐 뿐만 아니라, 사회적으로 노력하고 기여할 가능성을 원천적으로 봉쇄한다는 점에서도 적절하지 않다.

지은이

타하르 벤 젤룬 1944~

1944년 모로코 페스에서 태어나 철학을 공부하고, 프랑스에서 사회심리학 박사 학위를 받았다. 세계적으로 가장 많이 번역된 프랑스어권 작가 중 한 사람이며, '모로코의 양심'으로 불린다. 많은 소설과 에세이, 시, 희곡 등을 발표하면서 현재 파리에서 활동하고 있다. 프랑스의 가장 권위 있는 문학상인 공쿠르상 수상작인 《신성한 밤》을 비롯해 《고독한 은둔》《미래의 기억》《추억도 모르는 사이에》 등의 작품을 남겼다.

《기득권자와 아웃사이더》

노르베르트 엘리아스, 존 스콧슨. 인간 사회에 대한 특별한 통찰력이 돋보인다. 1950년대 영국의 한 지역에서 여러 해 동안 인류학적 현장을 연구한 결과를 일반론으로 확장하여 발표한 책이다. 인종주의는 차별의 원인이라기보다 결과라는 사실을 밝혀낸다.

88

서로 다름을 읽는 문학의 걸작

조너선 스위프트 《걸리버여행기》

문제 제기

《걸리버여행기》는 거인국과 소인국의 일화로 널리 알려진 문학 작품이다. 여행자 걸리버는 다양한 크기와 문화를 가진 사회에서 소수자와 다수자의 역할을 번갈아 경험한다. 이는 현실 세계에서 우리가 소수자를 바라보는 시각에 대한 상대성을 일깨워 준다. 이는 한편으로 소수자의 권리와 인식이 어떻게 다수자의 사회적, 문화적 맥락에 따라 달라질 수 있는지에 대해 생각해 볼 기회를 제공한다.

내용 개괄

《걸리버 여행기》는 조너선 스위프트가 1726년에 출간한 풍자와 모험 소설이다. 이 소설은 4부로 나뉘어 있으며, 각기 다른 독특한 세계를 탐험하는 렘뮈얼 걸리버의 여정을 따른다.

1부에서 걸리버는 릴리퍼트라는 나라에 도착하여 거기 사는 사람들이 자신보다 훨씬 작다는 것을 발견한다. 릴리퍼트인들은 그를 포로로 잡지만, 나중에는 그와 우호적인 관계를 맺는다. 걸리버는 릴리퍼트인들과 그들의 이웃 나라 블레퓨스쿠 사이의 전쟁에서 릴리퍼트를 도와주지만, 결국 그는 자신의 행동으로 릴리퍼트인들의 불신을 사 도망치게 된다.

2부에서 걸리버는 자신보다 거인인 브로브딩낵 사람들이 사는 나라에 도착한다. 그곳에서 그는 처음에는 동물로 여겨지지만, 나중에는 국왕의 관심을 받게 된다. 걸리버는 브로브딩낵 사람들의 생활 방식과 문화를 관찰하며 그들의 풍습과 정치 체계에 대해 비판적인 시각을 갖게 된다.

3부에서 걸리버는 라퓨타, 발니바비, 루그나그, 글럽두브드립, 일본 등 여러 이상한 나라들을 방문한다. 라퓨타는 과학과 이성이 지나치게 발달한 부유하는 섬이며, 거기서 그는 비현실적인 이론과 실험에 몰두하는 사람들을 만난다. 발니바비에서는 죽은 사람들을 부활시킬 수 있는 마법사들을 만나고, 루그나그에서는 죽지 않는 사람들이 사는 고통을 목격한다. 또 글럽두브드립에서는 과거에 죽은 유명 인사들을 만날 수 있는 경험도 한다.

4부에서 걸리버는 말들이 지배하는 나라인 휴이노미들의 나라에 도착한다. 이 곳에서 말들은 이성적이고 평화로운 존재들이고, 야후라 불리는 인간들은 야만적이고 비열한 존재로 여겨진다. 걸리버는 인간 사회의 부패와 도덕적 타락을 깊이 반성하게 되며, 결국 인간을 혐오하게 된다.

소설 전체를 통해 스위프트는 당시 사회, 정치, 인간 본성에 대한 날카로운 비판과 풍자를 제시한다.

한 구절 경구

나의 주인은 호기심이 매우 강한 사람이어서 나를 가르치는 데 많은 시간을 보냈다. 그는 내가 야후임에는 틀림없다고 확신했다. 그렇지만 내가 순하고 예의 바르고 몸이 깨끗한 것에 놀라워했다. 그런 기질은 야후의 것과는 반대되는 것이기 때문이다. 그는 내가 입고 있는 옷에 대해서 가장 의아스러워했고 그것이 나의 몸의 일부라고 생각했다.

문답 하나

《걸리버 여행기》는 다양한 문화와 존재들을 통해 다양성의 가치를 탐구하면서도, 동시에 차별과 소외의 문제를 지적한다. 예를 들어, 걸리버가 휴이노미들의 나라에서 경험한 인간에 대한 혐오는 인간 사회 내의 차별과 편견을 비판적으로 반영한다. 《걸리버 여행기》에서 걸리버는 다양한 크기와 문화를 가진 사회에서 소수자와 다수자의 위치를 번갈아 경험한다. 《걸리버 여행기》는 현대 사회의 소수자 인권 문제에 대해 어떤 시사점을 제공할 수 있을까?

답변의 길잡이

《걸리버 여행기》에서 다루어진 다양한 사회와 문화를 통해 소수자 인권의 존중과 보호가 개인의 존엄성을 유지하고, 사회적 조화와 진보를 이루는 데 필수적임을 보여준다. 소수자가 직면하는 도전과 고난을 이해하고 그들의 권리를 보장하는 것은 모든 인간이 평등하게 존중받아야 한다는 기본적인 원칙에 부합한다. 소수자 인권에 대한 이해와 존중은 단순히 법적 보호를 넘어서, 사회 구성원 각자가 타인을 이해하고 존중하는 태도에서 비롯된다. 이는 궁극적으로 더 포용적이고 공정한 사회로의 변화를 촉진할 수 있다.

지은이

조너선 스위프트 1667~1745

아일랜드 더블린에서 태어난 영국의 사티리스트, 에세이스트, 정치 팸플릿 작가이다. 스위프트는 특히 그의 풍자와 아이러니가 돋보이는 문학 작품으로 유명하며, 사회, 정치, 인간 본성에 대한 예리한 비판으로 널리 인정받는다. 스위프트는 트리니티 칼리지 더블린에서 학업을 마친 후, 잉글랜드로 건너가 정치가이자 작가인 서 로버트 템플 경과 함께 일하면서 문학과 정치에 발을 들였다. 초기에는 종교와 정치에 관한 여러 텍스트를 작성했으며, 이후 사티어와 풍자 장르에서 그의 재능을 발휘하기 시작했다.

스위프트의 다른 주요 작품으로는 종교, 정치, 인간의 욕망과 어리석음을 비판하는 다수의 에세이가 있다. 그중에서도《아일랜드 어린이를 먹자》는 아일랜드의 경제적 어려움을 해결하기 위해 아일랜드 어린이들을 식용으로 제안하는 것처럼 보이는 풍자적 제안을 통해 당시 사회의 비인도적 태도와 무관심을 고발하는 작품으로 유명하다. 스위프트는 그의 작품을 통해 당대 사회에 대한 깊은 비판과 함께 인간 본성의 양면성을 드러내었으며, 그가 남긴 작품은 오늘날에도 여전히 문학과 사상에 큰 영향을 끼치고 있다.

《아담을 기다리며》

마사베크. 임신 중인 아들이 저능아일 것이라는 사실을 알게 된 두 명의 하버드 대학원생의 이야기이다. 임신중절의 수단과 동기와 기회를 모두 무시하고 아기를 낳기로 결정한 그들은 하버드 교수들보다 저능아인 아기가 훌륭한 스승이 될 수 있는 세상에 자신들이 갓난아기로서 '새롭게 태어나게' 되었다. 다운증후군 아이의 임신과 출산 성장기에 대한 진지한 사랑의 임상보고서이다.

89

소수자 문제의 시각
박재동 외 《사이시옷》

문제 제기

명확한 인식을 갖고 문제에 접근해야 대상의 의미를 분명히 하여 논의 전개에 효과적이다. 소수자 문제에서 거론되는 대상은 '소수자'라는 말 자체에서도 알 수 있듯이 사회 내에서 수적으로 소수여야 한다. 그렇다고 국회의원이나 재벌이 사회적으로 소수라고 하여 소수자 문제에 넣어 다루지는 않는다. 그들은 상대적으로 보살피고 고려해 줘야 하는 '사회적 약자'가 아니기 때문이다.

수가 적다는 말은 그만큼 대중적이거나 일반적이지 않다는 뜻이다. 제도적 · 정치적 측면에서는 우선 고려될 대상이 아니다. 장애인들을 위한 편의 시설이 비장애인들보다 턱없이 부족한 이유도 수적인 소수라는 측면에서 기인한다. 성적 소수자에 해당하는 동성애자들과 트랜스젠더는 사회 인식의 측면에서 소수이다. 그들은 대중들이 택하고 있는 성적 취향이나 정체성과 다른 선택을 했다 하여 질시당한다. 외국인 노동자나 다문화 가정의 문제는 민족적인 감정과 수적으로도 소수인 면이 복합되어 나타난 경우이다.

소수자들은 국가 권력에서 배제되어 스스로 자기 정체성을 찾아 존립하도록 방치되는 면이 있다. 다원화되어 가는 오늘의 현실을 반영한다면 그들이 처하고 선택한 상황을 폭넓게 수용하여 공동체 정신을 확대할 필요가 있다. 다양한 형편과 처지가 사회 내에서 받아들여지지 않는다면 그들은 사회와 불화하며 대립과 갈등으로 치달을 수밖에 없다. 다원화된 가치의 확대가 시대의 필연인 것을 고려하면 상당히 큰 의미를 부여할 만하다.

내용 개괄

전작 《십시일반》의 성과를 기반으로 여덟 명의 만화가 작품이 실려 있다. 여타 사람들과 전혀 다를 바가 없지만 다르게 살아가야 하는 사람들의 이야기로 채워져 있다. 비정규직, 동성애자, 장애인의 모습을 진실에 가깝게 있는 그대로 드러냈다. 기발한 상상력으로 성, 학력, 빈부 차별로 얼룩진 지금의 현실을 비틀어 색다른 방면에서 재미를 선사한다. 《십시일반》에서 다루지 않았던 미혼모 등 민감한 사회 현안을 다루는 점도 눈에 띈다.

문답 하나

사회적 소수자는 그 말처럼 사회적으로 다수를 차지하지 않는다. 사회적 문제로 크게 다루어질 가능성이 높지 않다. 그런데도 굳이 사회적 소수자 문제를 공론화하여 다루어야 하는 이유는 무엇인가?

답변의 길잡이

사회적 소수자란 말 그대로 소수여서 사회적으로 약자인 사람이다. 사회적 약자에 관심을 두는 이유는 사회 분열에 대한 염려 때문이다. 프랑스의 경우 이민자들을 차별하다 결국 혼란 사태를 몰고 온 적이 있다. 다원화로 진행하고 있는 우리 사회 분위기도 소수자 문제를 점차 심각하게 다루어야 할 충분한 이유를 제공한다.

또 다른 인문 고전

《십시일반》

사회적 소수자에 대한 따뜻한 시선이 보이는 작품. 여러 편의 단편 만화가 실려 있는데, 글로는 표현하기 어려운 상황을 독특한 만화적 설정으로 표현한 것이 흥미롭다. 이후 이어지는 사회적 약자와 소수자에 대한 만화에 좋은 사례가 된 책이다

90

아름다운 영혼과 신체

장영희 《내 생애 단 한 번》

문제 제기

'장애우'라는 말이 새롭게 떠오르는 현상은 '장애인'이라는 말이 사회적 편견에 노출되어 있거나 적어도 긍정적인 의미로 이해되지 않는다는 인식을 반영하고 있다. '환자'를 '환우'라고 친근하게 부르는 것과 비슷한 개념이다. '비장애인'이라는 말은 '장애인'을 우위에 둔 용어이다. '정상'과 '비정상'을 나누는 '장애'가 아니라, '장애인'과 잠재적 장애인인 '비장애인'으로 나누는 것이다. 매우 적극적인 의미가 담겨 있지만, 현실 용어로는 폭넓게 사용되지 못하고 있다. 장애인을 바라보는 시선에 아직 이해와 배려가 적다는 점을 확인시켜 준다.

장영희의 《내 생애 단 한 번》은 장애 또는 장애인을 위한 투쟁적이고 사회적인 메시지를 담고 있는 내용이 아니다. 글에서 굳이 장애의 편린을 말하지 않았다면 지은이가 장애인이라는 사실을 알 여지는 전혀 없어 보인다. 장애가 일상적인 삶을 훼손하거나 정신세계의 온전함을 뒤흔들지 못함을 보여 준다. 오히려 장애인에 대한 편견을 해소할 수 있는 강한 저력이다. 장애인들에게 가장 큰 장애는 신체적 문제가 아니라 사회의 왜곡된 시선이라고 어느 장애인이 고백했다. 이 책은 장애인을 바라보는 시선에 좋은 대답을 해 준다.

내용 개괄

가난한 할머니를 도와준 제자의 따뜻한 마음에 과감하게 A+를 준다. 영겁의 시간을 거쳐 만난 하나하나의 인연에 감사한다. 불행한 삶에도 나름의 가치와 희망이 있다고 끊임없이 증거한다. 화려한 것보다는 낡고 더러운 것에 애착을 느낀다. 유치한 연애편지 속에서 소박하고 진실된 마음을 읽을 줄 안다. 단편적인 작품 하나하나는 대부분 저자의 생활과 체험에서 우러난 것들이다. 우리가 결코 잊어서는 안 될 삶의 중요한 가치들을 곳곳에서 마주치는 편린들을 통해 '생명의 소중함', '희망', '신뢰'의 메시지로 엮었다.

'이 책을 읽으면 찌들고 일그러진 마음을 맑게 헹군 듯 마음이 맑아지는 것을 느낀다.'는 평가가 책의 성격을 잘 말해 준다. 월간지《샘터》에 연재된 글과 새로운 원고를 모아 묶은 책이다. 2002

년도 '올해의 문장상'을 받을 정도로 글이 깔끔하고 유려하다.

한 구절 경구

물론 이보다 더 중요하고 근본적인 '하필이면'도 있다. 남들은 멀쩡히 잘도 걸어 다니는데 왜 하필이면 나만 목발에 의지해야 하고, 어떤 사람은 펜만 잡으면 멋진 글이 잘도 나오는데 왜 하필이면 나만 이 짤막한 글 하나 쓰면서 머리를 벽에 박아야 하는가. 나는 내가 잘 빠진 육체를 가지지는 못했어도 그런대로 꽤 아름다운 영혼을 가졌다고 생각하지만, 아마 내 아름다운 영혼에는 3억 원은커녕 3백 원도 주는 사람이 없을 것이다. 그러니 어차피 둘 다 못 가지고 태어날 바에야 아름다운 몸뚱이를 갖고 태어날 일이지, 왜 '하필이면' 3백 원도 못 받는 아름다운 영혼을 갖고 태어났는가 말이다. 그래서 '하필이면'이라는 말은 내게 한심하고 슬픈 말이다.

문답 하나

장애인에 대한 시선을 바로잡으려면 우선 고려해야 할 것은 무엇인가? 우리 사회의 편견을 고려하여 자신의 견해를 말해 보라.

답변의 길잡이

신체 문제가 정서와 인격 발달에 직접적인 문제가 되지 않는다는 점을 먼저 이해해야 한다. 어느 분야에든 실질적인 기여를 했다면 정당한 평가가 필요하다. 적어도 실제 능력에 비해 부적절한 평가를 받는 것은 부당하다. 아울러 많은 사람과 관계를 맺고 살아가는 우리의 여건을 고려하면 장애인을 배려하는 태도는 당사자와 함께 가족들도 배려하는 것이다. 궁극적으로 사회 전체에 걸쳐 따뜻한 인간미를 실현하는 행동이다.

지은이

장영희 1952~2009

서강대 교수 역임. 번역가, 수필가, 중고교 영어 교과서 저자로도 잘 알려져 있다.《종이시계》《톰 소여의 모험》 등의 번역서가 있다.《바람과 함께 사라지다》《스칼렛》《살아 있는 갈대》 등은 부친 장왕록 박사와 공역한 책이라 더욱 각별하고 소중하다. 김현승의 시를 번역하여 '한국문학번역상'을 수상했다. 그의 글을 한 편이라도 읽어 보면 "핸디캡을 숨기려고도, 그렇다고 과감하게 드러내려고도 하지 않는 성숙함에서 오랜 문학의 향취가 배어난다."는 박완서의 상찬이 결코 과장된 말이 아니란 것을 알게 된다.

또 다른 인문 고전

《살아온 기적 살아갈 기적》

장영희의 유고 산문집. 암 투병 중에 완성한 원고이지만, 따뜻하고 활기에 넘치는 그녀의 평소 모습이 그대로 녹아 있다. 입원과 퇴원을 반복하면서 짬짬이 글을 손보았으며, 인쇄가 끝난 날에는 이미 의식을 잃어 완성된 책을 보지 못했다고 한다.

19부

국제관계

국제 관계를 움직이는 중요한 두 축은 명분과 실리이다. 명분을 중요시하는 도덕론자들에 의해 질병, 환경, 국제 구호 등의 업무가 수행되기도 하지만 정치와 경제, 특히 무력 분쟁은 대부분 군사적인 힘으로 해결되는 것이 일반적이다.

국제 관계의 단면을 목전에서 가장 잘 보여 준 상황은 미국이 감행한 이라크 침공이다. 2천 년도 더 된 문명의 보고 이라크가 순전히 군사적인 열세로 인해 불과 수백 년 역사에 불과한 미국에게 무참하게 무너졌다. 이라크 침공은 대테러 전쟁과 대량 살상무기의 확산 방지, 독재자에서 민주주의 수호 등을 명분으로 내세웠다. 하지만 미국 지휘부의 심장부에 있던 고위 관료가 스스로 고백한 바가 있다. 이라크의 석유를 안정적으로 공급받고자 했던 미국의 석유업자들과 그들의 경제적 지원을 받은 정치인, 군인들로 형성된 미국 네오콘의 정치적 야망에 불과했다.

전쟁이 끝나고 수 년이 지났어도 미국의 명분은 어느 것도 성취되지 않았다. 그들이 내세운 명분의 허망함과 이기적인 국익 추구의 단면을 여실하게 확인하게 된다. 전쟁을 열렬하게 반대했던 프랑스와 독일도 자국 기업의 이익을 위해 미국 주도의 재건에 동참한 현실을 보면 국제 관계가 철저한 국익과 이해에 좌우

된다는 것을 알 수 있다.
일찌감치 소수 병력만을 파견하면서도 미국과의 관계에서 실리를 획득한 일본과 달리, 한국은 세 번째 규모로 대단위 병력을 파견하고도 명분과 실리 획득에 그다지 성공적이지 못했다. 국제 관계에는 나라 사이의 역학 관계를 효과적으로 활용하는 수준 높은 외교력과 이를 뒷받침할 국력 구비가 필수이다.
명분이 부족한 이라크 침공에 묵시적으로 동의하여 군대를 파병해야 했던 원인은 남북으로 분단된 우리나라의 현실에 있다. 그럼에도 명분 부족은 결국 국제 외교에서 밀리고 실리 획득마저도 어렵게 한다는 점에서 재고할 필요가 있다. 아랍권에서 일어난 반한 분위기는 우리에게 절대 좋을 수 없는 상황이다. 세계 초강대국인 미국과의 우호 관계를 유지한다고 하더라도 일방적이고 영원한 우방은 없다는 국제 관계의 냉정한 현실을 직시해야 한다. 명분에 부합하는 적절한 처신, 실리를 획득하기 위한 외교력 진작, 무엇보다 국력을 신장할 필요가 있다.
문명 충돌의 현상과 극복할 대안을 검토하고 방법상의 다양한 관점을 이해하는 것이 국제 관계를 바라보는 의미 있는 관점이 된다. 세계의 영원한 평화를 구상했던 칸트의 계획이 상당 부분 구현된 유엔에서도 사무총장의 의지보다는 초강대국 미국의 입김이 더욱 강하게 작용하는 오늘의 현실은 냉정한 이성과 뜨거운 가슴이 미래를 열어 가는 필수 불가결한 요소임을 일깨운다.

91

냉전의 흔적

새뮤얼 헌팅턴《문명의 충돌》

문제 제기

문명이 만들어지고 전개된 이래로 세계는 허다한 문명권을 이루고 살아왔다. 문화와 다르게 문명은 원시적인 것에서 인간의 손을 덧입은 채로 존재한다. 토인비는 문명을 중심으로 인류 역사를 개관하기도 했다. 각 문명들은 서로 다른 이질성 때문에 종종 다툼을 벌여 왔다.

새뮤얼 헌팅턴은《문명의 충돌》에서 서구 문명과 이슬람, 이슬람과 아시아 사회의 충돌을 예견했다. 그의 예견은 현재 서구와 이슬람의 충돌이 가장 강하게 나타나는 모습으로 일부 실현되기도 했다. 문명 사이의 충돌은 어느 한 문명의 몰락을 가지고 올 가능성이 크며, 궁극적으로는 모든 문명의 파괴를 가져올 수도 있다.

이미 찬란한 문명을 이룩하였으나 흔적만 남기고 사라진 이집트 문명이나 마야 문명은 선명한 증거이다. 그렇다면 문명 충돌에 대한 탐색은 곧 문명 사이의 화해를 위한 탐색이 될 것이다.

내용 개괄

저자는 미래의 충돌을 '서로 상이한 문명이 서로와 공존하는 길을 모색하지 못해 발생하는 것'으로 이해한다. 세계 질서는 상이한 문명끼리 충돌하는 상황을 모면하기 어려울 것이다. 특히 서구인들이 끼친 엄청난 영향력은 거대한 파괴력으로 인해 많은 여타 문명권들의 저항을 불러올 것이며, 이미 역사를 통해 확인되고 있다. 미국과 이슬람의 대립이 좋은 사례이다.
저자는 서구의 오만함, 이슬람 국가들의 편협함, 중국의 자존심 등이 복합적으로 작용하여 발생하는 충돌이 가장 우려된다고 지적한다. 또한 서구와 비서구, 서구와 이슬람, 이슬람과 아시아가 대립하게 될 것이라고 주장한다. 이슬람과 아시아의 대립은 아직 나타나지 않고 있다. 극한의 냉전 시기에 저술된 이 책은 많은 예언적 성격을 가지고 있으며, 상당 부분이 현실 상황에서 나타나 새롭게 조명받고 있다.

한 구절 경구

새로운 세계에서는 상이한 문명에 속하는 국가들과 집단들의 관계가 우호적이지 않고 대체로 적대적인 경향을 띨 것이다. 그중에서도 특히 갈등이 첨예하게 드러날 것으로 예상되는 관계는 문명 사이의 관계이다. 미시적 차원에서 보면 폭력으로 치달을 가능성이 가장 높은 단층선은 이슬람과 이웃한 정교, 힌두, 아프리카, 서구 크리스트교 문명 사이에 놓여 있다. 거시적 차원에서 보면, 지배적 대립은 서구 대 비서구의 양상으로 나타나겠지만, 가장 격렬한 대립은 이슬람 사회와 아시아 사회, 이슬람 사회와 서구 사회에서 나타날 것이다. 미래의 가장 위험한 충돌은 서구의 오만함, 이슬람의 편협함, 중화의 자존심이 복합적으로 작용하여 발생할 것이다.

Q 문답 하나

문명의 충돌은 불가피한가? 아니면 극복 가능한 시대적·문화적 산물에 불과한가? 새뮤얼 헌팅턴의 문명 충돌 예견을 토대로 자신의 견해를 말해 보라.

A 답변의 길잡이

문명이 역사적으로 충돌한 것은 사실이다. 서로 다른 문명에 대한 이해 부족과 이해하려는 노력 부족으로 말미암은 충돌이 대부분이다. '한 손에는 칼! 한 손에는 코란!'이라는 구호로 대변되는 호전성은 이슬람 문명을 오해한 서구인에서 비롯되었다. 이슬람 문명권의 나라들은 종교적 관용이 어느 문명보다 강하다. 서로의 문명을 이해하려는 노력이 문명의 공존을 낳을 것이다.

지은이

새뮤얼 헌팅턴 1927~2008

예일 대학, 시카고 대학, 하바드 대학에서 정치학을 전공했다. 미국 정치학회 회장을 역임했다. 시사 전문지 《포린 팔러시》 공동 편집인을 지냈고, 카터 행정부에서 국가안전보장회의 안보기획 조정관을 역임했다. 동서 냉전 종식 이후 달라진 세계 정치의 성격을 규명하려는 시도로 '문명 충돌론'을 제기하여 일대 센세이션을 일으켰다.

군사정치학, 비교정치학 분야에서 왕성한 학문 활동을 벌인 그는《제3의 물결》《불협화음의 미국 정치》《군인과 국가》 등의 저서를 집필했다.《역사의 종말》을 쓴 후쿠야마 교수가 한 "그의 지적 세계가 방대하고, 복잡하기 이를 데 없는 현대 세계 정치의 핵심을 파악하고 있다는 점에서 실로 엄청난 업적이다."라는 칭송은 최고의 찬사다.

《제국의 패러독스》

조지프 나이. 미국은 세계에서 어떤 역할을 담당해야 하는가? 미국이 당면한 핵심적인 도전은 무엇인가? 이와 같은 질문에 대답하는 책으로, 미국의 전 국무장관 키신저의 평가가 책의 성격을 단적으로 나타낸다. "《제국의 패러독스》는 세계 모든 나라의 우려를 외면하는 것이 얼마나 위험한 일인가를 시의적절하게 경고해 준 책이다." 지극히 미국적이며 미국을 위한 책이지만, 미국의 영향에서 자유로울 수 없는 우리에게도 적지 않은 시사점을 주는 저작이다.

92

문명의 공존 가능성

하랄트 뮐러 《문명의 공존》

문제 제기

새뮤얼 헌팅턴이 《문명의 충돌》을 저술한 이래 문명 사이의 충돌은 당연하다고 받아들여진 감이 있다. 서로 다른 성격을 띠는 문명인 만큼 충돌 가능성이 높기는 하지만, 서로가 서로를 인정하고 공존하려는 노력을 덜 기울이지는 않았는지 반성해야 한다. 9·11 테러 이후 미국과 이슬람은 서로의 문명을 이해하지 못해서라기보다는 특정한 이익을 획득하려는 세력에 휘둘린 측면이 있다. 서로의 문명에 적대적이면 어느 문명도 진정한 발전을 이룰 수 없다. 공존을 거부한 대부분의 역사에서 확인된 바다. 하랄트 뮐러의 《문명의 공존》은 서로 다른 문명이 공존할 가능성을 확인시켜 준다. 문명이 공존하는 기본적인 자세는 서로 다른 문명을 이해하려는 적극적인 노력이다.

내용 개괄

기본적으로 헌팅턴의 《문명의 충돌》을 반박하는 내용이다. 전쟁의 50퍼센트가 문명 사이의 갈등에서 비롯되었다는 헌팅턴의 주장은 명백한 오류라고 지적한다. 1996년 통계를 보면 '문명의 경계선'에서 발생한 사건은 27건 중 9건뿐이었다. 아울러 충돌 가능성은 점차 낮아지고 있다. 경제 협력을 위한 협정들과 국제적인 비정부 기구의 급속한 증가는 주목할 만한 것이다.
《문명의 충돌》이 인기를 끈 이유는 금융과 통신의 가속화, 대규모 인구 이동 같은 현실의 빠른 변화가 서구인들의 마음에 막연한 불안감을 조성했기 때문이다. 불안감은 실상 다른 문명에 대한 무지에서 비롯된 것이다. 뮐러는 '지금 서구에 필요한 것은 폐쇄가 아닌 개방이며, 다른 문명에 대해 더 많이 배우는 것'이라고 힘주어 말한다.

한 구절 경구

서구 문명의 본질적인 특성 가운데 하나는 주관적인 개인주의이다. 개인은 기독교 공동체와 그 도덕적·의례적 규정에 속해 있었다. 교회 달력이 오늘날에는 상상도 할 수 없는 방식으로 일상의 삶을 규정했다. 이 획일주의에 반대하여 자신의 고유한 개성을 주장하려 했던 '빗나간 자들'은 신속하게 낙인찍혔다. 조르다노 브루노 같은 자연과학자들도 이단, 마녀, 신성 모독자로 판결받고 제거되기까지 했다. 근대 초기에 이루어진 도시화도 이 점에는 별다른 변화를 가져오지 못했다. 인간은 집단 내에 살았다.

문답 하나

서구의 개인주의는 본래적이지 않은 역사적 산물이다. 어느 문명의 절대적인 기준으로 인정되는 문화적인 행태들도 역사 흐름에 따라 변모하는 것이다. 역사적 사실에 대한 고찰이 문명의 공존에 기여할 만한 점은 무엇인지 말해 보라.

답변의 길잡이

다른 문명에게서 받은 인상이 절대적이지는 않다는 사실을 일깨워 준다. 상대 문명은 어떠하다는 편협한 생각을 전환할 중요한 지적이다. 문명의 성격은 고정되어 있지 않다. 서로 적대적이라고 생각했던 문명들이라도 공통점을 찾을 수 있다. 문명 사이의 충돌은 사실 문명의 성격 때문이 아니라 당대를 살아가는 시민들의 포용이 부족해서 생길 확률이 높다. 문명은 충돌할 가능성보다 공존할 여지가 훨씬 많다는 것이다.

지은이

하랄트 뮐러 1949~

독일 프랑크푸르트 대학 국제관계학 교수이자 헤센 평화와갈등 연구소 소장. 헌팅턴의《문명의 충돌》에 나타난 문제점을 조목조목 비판하여 대안 이론을 내세운《문명의 공존》으로 문명 사이의 협력을 촉구했다. 적어도 그에게 헌팅턴은 세계를 '우리'와 '그들', '선'과 '악'으로 나누는 냉전 시대의 이분법에서 한 치도 벗어나지 못했다.

또 다른 인문 고전

《역사의 종말》

프랜시스 후쿠야마. 사회주의 몰락과 함께 자유주의가 궁극적인 승리를 거두어 역사 발전의 끝에 이르렀다고 주장하였다. 냉전 종식으로 역사가 끝난 것이 아니라 새로운 갈등의 양상이 나타나고 있다는 공격을 헌팅턴에게 받았다.

93

문명의 공존을 위한 제언

세예드 모함마드 하타미 《문명의 대화》

문제 제기

문명의 충돌이나 나라 사이의 정쟁을 이해하기 위해서는 당사자들의 입장을 공정하게 경청하거나, 객관적인 위치에 있는 여러 언론이나 전문가들의 견해를 청취하는 것이 합당하다. 이라크 전쟁 당시 우리는 미국 언론인 CNN이나 미국 전문가들의 논평을 바탕으로 판단했다. 객관적인 이해가 현실적으로 상당히 어렵다는 것이다. 이슬람에 대해서는 대체로 그들을 오해한 서구의 시선을 바탕으로 한다. 세계에서 일어나는 모든 일은 이해 당사자들의 육성을 직접 듣고 공정하게 판단해야 한다. 범이슬람 방송인 '알자리라'의 가치는 그래서 좀 더 부각될 필요가 있다.

현명한 이슬람 선생이자 철학자이며 이란의 대통령을 역임하기도 한 세예드 모함마드 하타미의 《문명의 대화》는 매우 의미 있게 읽히는 저작이다. 이 책에서 그는 서구의 강점과 오만을 지적하는 동시에 종교적 독선에 갇혀 있는 이슬람 내부의 급진적 보수에도 강한 비판을 보내고 있다.

내용 개괄

《문명의 대화》라는 제목처럼 문명 사이의 대화를 시도한 책이다. 서구가 그렇게도 비난하는 이슬람 원리주의의 온상인 이란의 대통령에 의해 제기되어 더욱 의미심장하다. 유엔에서 2001년을 '문명 간 대화의 해'로 정한 것은 분명 적지 않은 그의 영향력을 확인해 준다. 그는 문명 간의 대화와 아울러 종교와 문명의 대화를 위해 실천적인 노력을 기울이고 있다. 이란 지도자로서는 드물게 서구 유럽을 두루 방문했고, 교황 바오로 2세와도 만나 지구촌 화해를 진지하게 모색했다.

그는 가진 자의 횡포에 적개심을 불태우기보다는 따뜻한 시선으로 진정한 충고를 하고 있다. 상대의 존엄과 가치를 인정하는 최소한의 틀 안에서 대화와 공존을 모색하자는 것이 핵심이다. 동서의 차이, 이슬람 정신, 종교와 혁명, 전통과 현대 등에 대한 그의 성찰은 이슬람과 서방의 대화에 요긴할 뿐만 아니라 문명을 살아가는 일상에서도 유효하다.

한 구절 경구

대화가 바람직한 것은 그것이 자유와 자유로운 의지를 기초로 하고 있기 때문입니다. 대화에서는 상대에게 어떠한 의견도 강제할 수 없습니다. 대화에서는 상대도 역시 독립된 개인이라는 것을 존중해야 하며, 상대가 갖는 독립된 주의주장과 문화적 독자성을 존중해야 합니다. 그렇게 했을 때에만 고대하는 평화와 안전과 정의의 실현을 향한 예비적인 한 걸음이 되는 것입니다.

문답 하나

대화를 위한 기본적인 자세는 무엇일까? 대화란 자신의 견해를 피력하는 것에서 나아가 궁극적으로 서로의 의사를 확인하고 보다 나은 결론을 도출하려는 적극적인 노력이다. 올바른 대화를 위해 전제되어야 할 가장 중요한 것이 무엇인지 생각해 보자.

답변의 길잡이

저자가 강조한 바와 같이 상대도 독립된 개인이라는 점을 존중해야 한다. 상대가 갖는 독립된 주의주장과 문화적 독자성을 존중해야 한다. 상대에 대한 인정과 존중이 가장 기본적인 전제이다. 상대를 존중하면 곧 상대도 나를 존중해야 한다는 묵시적인 요구가 된다. 상대가 요구를 받아들이는 최소한의 배경이 되는 것이다. 이제까지 문명 간의 대화가 원활하지 못했던 이유도 서로의 독자적인 문화와 사고를 온전하게 인정하지 못했기 때문이다.

지은이

세예드 모함마드 하타미 1943~

이란 야즈드 주 아르다칸의 이슬람교 시아파 성직자 가문에서 태어났다. 그의 부친은 최고 아야톨라였으며, 신실함과 진보적인 견해로 이란 전역의 폭넓은 지지를 받았다. 어려서부터 종교를 공부하였고 대학에서 철학을, 대학원에서 교육학을 전공하였다.

1979년 이슬람 혁명과 함께 국회의원에 당선된 그는 호메이니의 대리자가 되었다. 문화.이슬람 수호 장관, 국립도서관장을 거쳐 1997년에 이란의 대통령이 되어 2002년에 연임하였다. 그는 종교인이자 학자적 양심을 가진 인격자로 평가받는다. 세계인을 향한 평화의 호소문인《문명의 대화》를 통해 세계인의 주목을 받았다.

또 다른 인문 고전

《강대국의 유혹》

로널드 스틸. '냉전 이후의 미국 외교 정책'이라는 부제가 붙어 있다. 초강대국으로 군림하는 미국의 외교 정책이 가진 패러독스와 모순을 파악하는 데 유용한 틀을 제공한다.

94

미국적 패권 전략의 전망

이매뉴얼 월러스틴 《미국 패권의 몰락》

문제 제기

다양한 수사에도 불구하고 국제 관계의 핵심적인 문제가 '힘'에 기초한다는 사실은 새삼 다시 거론할 필요가 없을 만큼 명백한 현실이다. 이라크 전쟁에서 보여 준 미국과 영국의 모습, 그토록 비난하던 프랑스와 독일이 전후에 보여 준 모습 등은 힘이 진리인 국제 관계의 본질을 여지없이 드러냈다. 물론 강력한 힘을 가지고 있다고 국제 관계에서 항상 강자가 되는 것은 아니다. 힘껏 내지른 펀치가 상대방을 제대로 가격하지 못하면 도리어 그 힘에 자신이 다운되고 마는 복서처럼 강력한 힘은 부담이나 부작용으로 되돌아올 수도 있다.

'역사적 자본주의'와 '자본주의의 세계 체제'라는 이론을 열심히 역설하고 있는 이매뉴얼 월러스틴의 《미국 패권의 몰락》은 힘을 적절하게 사용하지 못하여 몰락을 자초한 미국의 한 측면을 신랄하게 비판하고 있다. 그의 표현은 에두름 없이 직접적이고 간결해 더욱 명쾌하다. 한편으로 미국이 가진 자기 비판적 인식이 강대국의 자리를 지킨 힘임을 역설적으로 반증하기도 한다.

내용 개괄

'혼돈의 세계와 미국'이라는 부제가 달려 있다. 꼼꼼한 연구서라기보다는 현실을 직시하고 각 상황에 맞게 자신의 견해를 피력한 논설로 이해하는 편이 합당하다. 단순히 미국의 오늘만을 검토하는 것이 아니라, 과거 궤적에서 얻은 교훈을 바탕으로 분석하고 있어서 통찰의 깊이가 깊다.

미국의 어제와 오늘에 대한 간략한 제언을 시작으로 지구화, 인종 차별주의, 이슬람, 민주주의, 지식인, 미국과 세계, 좌파들의 이론과 실천, 반체제 운동 등 미국을 둘러싼 국내외의 쟁점들을 짚어 주며 이후의 대안을 함께 제시하고 있다. 단숨에 읽히는 논설조의 문체는 책에서 쉽게 손을 떼지 못하게 하는 또 하나의 매력이다.

한 구절 경구

지금의 미국 경제는 상대적으로 취약한 듯하며, 매파의 전략과 관련된 엄청난 군사비를 고려해 볼 때 더욱 그렇다. 게다가 워싱턴은 -이스라엘을 제외하고- 정치적으로 여전히 고립되어 있다. 사실상 어느 나라도 매파의 입장이 이치에 닿는다거나 격려해 줄 가치가 있다고 생각하지 않는다. 다른 나라들은 워싱턴에 바로 맞서기를 두려워하거나 그럴 용의가 없다.

하지만 심지어 그들이 미적거리는 발걸음조차 미국은 상처를 입는다. 그에 대한 미국의 대응은 오만한 팔 비틀기가 고작이다. 오만함은 그 자체로 부정적인 측면이 있다. 최대의 역량을 동원하는 것은 다음번에 사용할 역량을 남겨 놓지 않는다는 뜻이며, 억지로 복종하게 하면 점점 반발만 키울 뿐이다.

문답 하나

미국 패권이 몰락하리라는 당초의 기대와는 달리 여전히 막강한 영향력을 행사하고 있다. 그러나 과거에 비해 미국에 우호적인 나라들이 줄었고, 국제 정세에 밝은 전문가들은 미국의 태도가 많은 적들을 만들어 낸다는 사실에 동의한다. 미국 패권이 몰락한다는 견해와 미국의 패권주의에 대한 자신의 입장을 말해 보자.

답변의 길잡이

미국이 강한 군사력과 자국에게 유리한 경제 제도를 이용해 세계를 상대로 영향력을 넓혀 가는 것에 부정적인 시각이 고양되고 있다. 이미 세계에서 비중을 너무 크게 차지해 버린 미국의 다양한 역할 때문에 몰락이 쉽지만은 않을 것이다. 다만 힘을 바탕으로 한 패권주의는 진정한 평화를 통한 세계의 성장에 기여하지 못하므로 적극적인 문제 제기가 필요하다. 미국의 각성과 자성을 촉구하는 노력과 실질적으로 대항할 다원화된 힘의 존재가 요청된다.

지은이

이매뉴얼 월러스틴 1930~

세계 체제론 분석으로 유명한 미국의 사회학자이자 정치 평론가. 그는 미국 중심의 현 자본주의 세계 체제가 이미 최종 단계인 구조적 위기에 봉착했으며, 현재 우리는 몰락하는 체제와 향후 새롭게 형성될 체제 사이의 혼돈스러운 세상에서 살고 있다고 인식한다. 《자유주의 이후》와 《유토피스틱스》 등의 저술을 통해 체제 안정기가 아닌 이행기에 살고 있는 우리의 의지로 조그마한 실천적 운동을 해야 한다고 역설했다.

또 다른 인문 고전

《신제국주의》

데이비드 하비. 미국의 이라크 침공이 있기 한 달 전인 2003년 2월에 하비 교수가 옥스퍼드 대학에서 강연한 내용들을 서술한 책이다. 미국의 세계 지배에 시의적절한 논의이고, 미국의 제국적 전통을 분석하며, 여전히 유효한 미국식 제국주의를 이해하는 도구가 되어 준다.

95

철학자가 구상한 세계 평화의 이론
임마누엘 칸트《영원한 평화를 위하여》

문제 제기

세계 평화를 이루기 위해 지구상에 있어야 할 것은 무엇일까? 지구상의 인류가 서로 사랑하고 전쟁을 싫어하며 자신의 이익을 기꺼이 타인에게 나누어 준다면 전쟁은 사라질 것이다. 민족이나 인종, 계급의 경계를 넘어 호혜 평등이라는 이상을 가진 시민들로 국가가 이루어져 있다면, 또한 그러한 국가들로 지구 연합체가 형성되어 있다면 전쟁이 발생할 여지는 없다. 과연 그런 때가 있었던가? 지구상에서 벌어지는 전쟁과 살육은 인간의 본성상, 지금의 국제 관계상, 다양한 이익이 격돌하는 인간 사회의 현실상 도저히 사라질 수 없지 아닐까?

칸트는 경험의 한계와 이성의 공허함을 극복하고 철학 체계의 신기원을 이룬 대철학자로 유명하다. 칸트 시절에도 전쟁은 늘 목도되는 인간 현실이었다. 그의 저서《영원한 평화를 위하여》는 철학자가 구상한 '세계 평화론'이라는 점에서 매우 흥미진진하다. 그 흥미가 더욱 실질적인 이유는 칸트가 구상한 국제 연맹이 실제로 창설되었는데 바로 유엔의 전신이기 때문이다.

내용 개괄

철학자의 논의답게 구상을 실현하기 위해 매우 치밀한 전개 방식을 취하고 있다. 물론 어디까지나 구상일 뿐 실례를 들어 논의를 이어가지는 않았다. 일단 그는 국가 사이의 영구 평화를 위한 예비 조건과 확정적 조건을 제시하고, 영구 평화를 보증할 구체적인 방법을 논의한 다음, 영구 평화를 위한 비밀 조건을 제시한다. 적어도 칸트가 제시하는 기본 설정은 합리적인 이성을 가진 시민이 살고 있는 국가이다. 군대는 없고, 정치 형태는 공화정이다.

한 구절 경구

국제법은 자유로운 여러 국가의 연맹을 토대로 해야 할 것이다. 국가로서의 모든 민족은 제각기 한 개인과 같은 것, 곧 그 자연 상태에 있어서 서로 떨어져 존재함으로 해서 이미 서로가 손해를 가하고 있는 것으로 생각해도 좋다. 그러므로 그들은 제각기 자기의 안전 보장을 위하여 거기서 자기들의 권리가 보장될 수 있는 공민적 체제와 비슷한 체제로 들어가는 것을 타인에게 요구할 수 있고 또한 마땅히 요구해야 한다. 우리는 여기서 각 민족이 저마다 하나의 국가를 구성해야 하고 모두가 한 국가로 융합할 수 없는 이상, 여러 민족 상호의 권리를 생각해야 하기 때문이다.

문답 하나

유엔은 전쟁을 종결시키지도, 분쟁을 완전히 해결하지도 못했다. 영구적인 평화를 가져다준 것은 더더욱 아니다. 그 이유는 무엇일까? 국제 관계의 현실을 고려하여 생각해 보자.

답변의 길잡이

국제 평화를 위한 이념에는 동의하지만 자국의 이익에는 철저하기 때문이다. 자국의 이익에 반하는 이념은 거침없이 거절하는 것이 국제 관계의 현실이다. 유엔에서 그토록 침공에 반대했음에도 미국은 이라크를 무력으로 침공했다. 침공 이유가 조작되었다고 드러났으나 철수하지 않았고, 유엔은 강제력을 발휘하지 못했다. 이스라엘은 자국의 이익을 위해 무고한 레바논 주민들에게 공격을 가했다. 유엔은 매우 늦게 미온적으로 대응했을 뿐이다. 모든 지구상의 문제를 해결할 권한이 유엔에게 주어지지 않았기 때문이기도 하며, 더욱 강력한 힘의 우위를 내세우는 나라들이 여럿 존재하기 때문이다. 이념은 눈앞의 이익에 충실한 국제 관계의 현실을 실질적으로 통제하지 못한다.

지은이

임마누엘 칸트 1724~1804

독일의 철학자이자 사상가. 그의 묘비명이 된 《실천이성비판》의 맺음말은 칸트 사상을 집약하고 있다.

"그에 대해서 자주 그리고 계속해서 숙고하면 할수록 점점 더 경탄과 외경으로 마음을 채우는 두 가지 것이 있다. 그것은 내 위의 별이 빛나는 하늘과 내 안의 도덕 법칙이다."

독일의 항구 도시 쾨니히스베르크의 소박한 수공업자의 넷째로 태어났다. 13세와 22세에 양친을 잃고 독학과 가정 교사, 대학 시간 강사로 오랜 시간을 보냈다. 46세에 교수가 되었고 57세에 《순수이성비판》을, 64세에 《실천이성비판》을, 66세에 《판단력비판》을 저술했다. 63세가 되어서야 자기 집을 소유했을 정도로 가난한 삶을 영위했던 칸트는 경제적으로 안정되었을 때 이미 결혼 적령기를 지나 평생을 독신으로 지냈다.

또 다른 인문 고전

《실천이성비판》

"너의 의지의 준칙이 항상 동시에 보편적 법칙 수립의 원리로서 타당할 수 있도록 행위하라."

준엄한 도덕적 행위에 대한 근거를 탐색해 볼 수 있는 칸트의 명저. 인식과 실천, 인간의 행위와 정당성을 다루었다. 일생 동안 단 한 권의 책을 읽어야 할 상황에 놓일 때 권할 만한 책이다. 인간은 왜 존엄한가? 어떻게 하면 그 존엄을 지킬 수 있는가? 답을 알고 싶다면 이 책을 읽어야 한다.

20부

언어와 언론

우리는 언어로 생각을 표현한다. 언어는 그 사람의 생각을 표현해 주는 도구이다. 자신의 생각과 생각을 표현하는 말, 다시 말해 표기 수단이 늘 일치하는 것은 아니다. 조선 시대의 선조들은 지금의 우리들과 같은 방식으로 생각했겠지만 표기는 한자였다. 중세 유럽의 많은 나라들은 자국의 언어 습관대로 생각하면서도 공식적인 표기는 라틴어였다. 생각과 표현을 동시에 추구하는 경향이 우세해지는 오늘날 언문일치의 언어생활에서는 사용하는 말이 정신을 반영한다고 보고 있다.

우리나라의 대표적인 한글학자였던 허웅 선생은 말의 정신은 곧 그 민족의 생각을 표현하는 것으로 보았다. 허웅 선생은 서포 김만중과 슐레겔의 사례를 통해 말과 정신이 매우 밀접한 관계가 있음을 밝혔다. 슐레겔은 '언어는 인간 정신을 그대로 본떠 넣은 것'이라 하였고, 라이프니츠는 '언어는 인간 정신의 가장 좋은 반영'이라 했다. 헤르더도 '우리들은 이제는 말하는 것을 통해서 형성되는 것이다'고 하였다. 헤르더의 사상을 이어받았다고 생각되는 훔볼트는 '언어의 다름이란 것은 소리나 기호의 다름이 아니라 세계관 그 자체의 다름이다.'라고 하였다. 훔볼트의 발언은 언어와 정신이 가지는 밀접한 관계에 대한 가장 선명한 주장이 되었다.

그럼에도 중세의 한국과 유럽처럼 언어와 문자가 이원화된 경우 과연 자신의 생각을 제대로 표현할 수 없는가 하는 의문은 쉽게 사라지지 않는다. 우리의 풍부한 한문학 유산이나 라틴 문학의 만만치 않은 가치는 여전히 빛을 발하고 있다.

언어의 한계와 언어와 언론의 관계를 다룬 두 철학자의 문제제기는 언어란 과연 무엇을 이루어내는 것일 뿐만이 아니라 무엇을 표현하고 전달하는데 어떠한 문제를 일으킬 수 있는가에 대한 심층적인 질문이다.

문장쓰기에 대한 방법론적 검토나 언론에 대한 현대적 이해 역시 언어와 언론을 바라보는 정당한 시각에 대한 성찰로 중요하다. 언어는 다양한 형태로 표현되는 것인데 그 효과적인 방법을 찾을 경우, 나의 의사는 더욱 적절하게 수행될 수 있다. 미디어를 이해하는 정당한 시각의 정립 역시 이러한 필요와 무관하지 않다.

96

언어와 정신의 관계

허웅 <말과 생각>

문제 제기

말은 사람의 생각을 표현해 주는 도구이다. 그렇다면 생각과 말은 완전하게 일치하는가? 조선 시대를 살아갔던 우리 선현들은 지금과 같은 방식으로 생각했겠지만 표기는 한자를 사용했다. 중세 유럽의 많은 나라들도 자국의 언어 습관대로 생각했지만 공식적인 표기는 라틴어로 했다. 무엇을 뜻하는가?

허웅 선생의 〈말과 생각〉은 말과 생각의 관계를 다양한 자료를 바탕으로 검토한 책이다. 정신의 표현이 말이고, 말을 표기하는 것이 문자이다. 말과 문자가 완전하게 일치하지 않을 경우에는 어떻게 할 것인가? 말과 정신에 대한 근본적인 반성에 유용한 문제의식이다.

내용 개괄

'생각과 말이 얼마나 많은 관련을 가질까?'라는 문제의식에서 쓰인 글이다. 허웅 선생은 '말의 정신은 곧 그 민족의 생각을 표현하는 것'이라고 보았다. 나라의 말은 그 나라의 정신에 뿌리를 내리고 자란다. 한 가지 말을 쓰면서 사는 한 나라의 사람들은 누구나 그 나라의 정신에 뿌리를 내리고 자란다는 것이 저자의 확고한 신념이다. 한자를 적대시한 점은 아쉽지만, 민족의 정신적 작용이 말을 통해 확인된다는 '생각과 말의 일치성'을 확인한 점은 미덕이라 하겠다.

한 구절 경구

말과 정신은 서로 밀접한 관계가 있는 것으로 생각된다. 예나 지금의 언어학자나 철학자들 가운데도 이 문제에 대해 긍정적인 의견을 가진 분들이 많다. '사람의 마음이 입으로 나오면 말이 되고, 나온 말에 가락이 붙으면 천지를 움직이고 귀신과도 통할 수 있다'는 것은 사람의 마음이 지극하면 하늘과 통할 수 있듯이 그들은 그렇게 생각하고 있었다, 그 마음이 입 밖으로 나타난 말도 역시 그러한 힘을 가질 수 있다는 뜻으로 풀이된다.

문답 하나

허웅의 글은 언어와 생각이 상당히 밀접한 관계에 있다는 생각을 반영하고 있다. 그렇다면 생각과 언어의 표기 체계가 달랐던 경우를 고려하여 말과 정신이 어떻게 밀접한 관계를 맺고 있는지 말해 보자.

답변의 길잡이

생각을 전달하는 방법에는 구어뿐만 아니라 문어도 있다. 특히 일상적인 말글과 표기가 달랐던 이전의 우리나라는 생각을 표현하는 과정이 한 번 더 굴절되어 생각과 말이 반드시 일치하지는 않았다. 하지만 기본적으로 생각을 전달하는 도구가 언어라는 것은 널리 받아들여지고 있는 통설이다.

지은이

허웅 1918~2004

한글학자. 연희전문을 거쳐 서울대학교에서 국어학을 가르쳤다. 《국어학》《국어음운학》《우리 옛말본》 등의 저술이 있다. 초창기 국어학계를 이끌었던 거목이기도 하다.

또 다른 인문 고전

《국어의 풍경들》

고종석. 국어사전 편집자가 꿈인 저자가 모국어에 얼마나 각별한 애정을 보이는지 알 수 있다. 그의 모국어 사랑은 맹목적이라기보다 다양한 실증 자료를 바탕으로 객관적인 설득력을 담보하고 있다. 일상에서 건져 올린 생생한 사례가 돋보인다. 제목처럼 국어의 주변 풍경을 알려 주는 명작이다.

97

언어의 한계에 대한 고찰

비트겐슈타인 《논리철학논고》

문제 제기

비트겐슈타인은 언어의 한계에 대해 강조하면서, 우리가 표현할 수 있는 것은 어떤 것이 있는지에 대해 의문을 제기한다. 이 관점에서, 언론의 역할은 언어를 통해 현실을 전달하거나 해석하는 것으로, 그러나 언어의 한계를 고려할 때, 언론이 현실을 어떻게 반영하고 전달하는지에 대한 의문을 제기할 수 있다. 또한 언론이 언어의 한계를 인식하고 고려하여 어떻게 정보를 전달해야 하는지에 대한 고찰도 가능하다.

내용 개괄

비트겐슈타인의 《논리철학논고》는 그의 첫 번째 주요 저작으로, 1921년에 출판되었다. 이 책은 언어, 진리, 현실 등의 주제를 다루며, 현대 철학에 큰 영향을 미쳤다. 비트겐슈타인은 이 책에서 언어의 주요 목적은 세계를 설명하는 것이지만 그와 동시에 언어의 한계가 있다고 주장했다. 이는 우리가 언어를 통해 진실을 표현하는데 있어 한계를 가지고, 그 경계를 넘어서면 무의미한 것이 된다는 것을 의미한다.

비트겐슈타인은 언어가 세계를 표현하는 데 어떻게 사용되는지에 대해서도 설명한다. 그는 진리가 언어의 명제가 세계의 사실을 어떻게 나타내는지에 따라 결정된다고 보았다. 또한 그는 사실과 가치의 차이에 대해서도 논의하였다. 사실은 사물에 대한 설명이며, 가치는 우리의 감정, 욕구 등과 관련이 있다.

비트겐슈타인은 윤리학적 주장이 논리적으로 증명되거나 논리적으로 부정될 수 없다고 주장했다. 따라서 윤리적 질문에 대한 답은 철학적인 논리나 근거에 의해 결정되는 것이 아니라, 우리의 개인적인 신념과 가치에 따라 다를 수 있다고 보았다. 비트겐슈타인의 작품은 깊은 철학적 이해와 해석이 필요하며, 이 책은 그의 철학적 사고를 탐구하는 데 중요한 출발점이다.

한 구절 경구

이 책은 그러므로 생각에 한계를 그으려 한다. 또는 차라리 생각이 아니라 사고의 표현의 한계를 그으려 한다. 왜냐하면 생각에 한계를 그으려면 우리는 이 한계의 양쪽 측면을 생각할 수 있어야따라서 우리는 생각될 수 없는 것을 생각할 수 있어야 할 것이기 때문이다. 그러므로 한계는 오직 언어에서만 그어질 수 있을 것이며, 그 한계 건너편에 놓여 있는 것은 단순히 무의미가 될 것이다.

문답 하나

비트겐슈타인의 언어 철학이 현대 언론 활동에 어떤 영향을 미치는지 설명하고, 그의 작품에서 강조하는 '언어의 한계' 개념이 언론의 역할과 기능에 어떻게 적용되는지 논의해 보자.

답변의 길잡이

비트겐슈타인의 언어 철학은 현대 언론 활동에 중요한 영향을 미친다. 그의 작품에서 강조하는 '언어의 한계' 개념은 언론의 역할과 기능에 적용된다. 비트겐슈타인은 언어의 한계가 있음을 강조하며, 언어는 현실을 완벽하게 표현할 수 없다고 주장한다. 이러한 관점에서 언론은 언어를 통해 정보를 전달하고 현실을 해석하는 데 한계가 있음을 이해해야 한다. 비트겐슈타인은 언어가 현실을 표현하는 데 사용되는 도구라 보았다.

그러나 언어의 한계로 인해 모든 것을 완벽하게 표현하거나 이해할 수 없다고 주장한다. 이는 언론이 현실을 보도하고 정보를 전달할 때도 적용된다. 언론은 언어를 통해 사건과 현상을 전달하지만, 그것이 언어의 한계로 인해 완전하게 이루어지지는 않는다. 따라서 언론이 정보를 전달하는 데 있어서도 그 한계를 고려하고, 의사소통의 한계를 인식해야 한다.

현대 언론이 언어의 한계를 이해하고 대응하는 한 가지 방법은 정확성과 투명성을 강조하는 것이다. 비트겐슈타인은 언어가 현실을 완벽하게 표현할 수 없다고 주장했기 때문에, 언론이 보도하는 내용이나 정보는 항상 언어의 한계를 인정하고, 가능한 한 정확하고 명확하게 전달되어야 한다. 또한 언론이 정보를 제공할 때 언어의 사용 방식을 신중하게 선택하여, 오해나 혼란을 최소화해야 한다. 다양성과 다의성을 존중하는 것 또한 또 다른 대응 방법이 될 수 있다.

비트겐슈타인은 언어가 다양한 해석을 가질 수 있음을 강조했다. 따라서 언론이 보도하는 정보가 다양한 관점을 반영하고, 다양한 시각과 의견을 수용하는 것이 중요하다. 이를 통해 언론은 더 많은 사람들에게 의미 있는 정보를 제공할 수 있고, 다양성과 포용성을 증진시킬 수 있다.

지은이

루트비히 비트겐슈타인 1889~1951

20세기 초반에 활동한 오스트리아의 철학자로 분석철학의 중요한 인물 중 한 명이다. 비트겐슈타인은 1889년에 오스트리아의 빈Vienna 에서 태어났으며, 철학을 전공하고 우수한 논리학자로 인정받았다. 비트겐슈타인은 첫 번째 저작인 《논리철학논고》를 통해 철학의 기초적 문제를 탐구하였다. 이 책은 언어와 진리에 대한 철학적인 접근을 다루며, 언어의 한계에 관한 개념을 강조하여 많은 주목을 받았다. 그는 언어가 현실을 표현할 때 언어의 한계에 부딪힌다고 믿었다.

그 후 비트겐슈타인은 이전의 철학적 견해를 반성하고, 그의 두 번째 주요 저작인 《철학적 탐구》를 통해 언어와 의미에 대한 새로운 접근을 제시했다. 이 책에서 그는 언어 사용의 다양성을 강조하면서, 언어의 사용이 의미를 형성하는 과정을 살펴보았다. 그의 접근은 '언어게임'이라고 불리는 표현을 통해 다양한 상황에서의 언어 사용을 이해하려는 시도로 나타났다. 비트겐슈타인의 철학은 언어 철학, 의미론, 철학의 기초, 인식론 등 다양한 분야에서 영향력을 행사했다. 비트겐슈타인은 1951년에 영국에서 병으로 세상을 떠났지만, 그의 작품은 여전히 철학계에서 중요한 위치를 차지하고 있다.

또 다른 인문 고전

《훈민정음 연구》

강신항. 훈민정음 연구의 권위자인 저자가 당시의 사회적 배경, 다양한 논란, 국어사적 가치, 우리 문화로서의 의미 등 다양한 방면에서 훈민정음의 진면목을 밝힌 명저이다. 아직까지 그의 연구 성과를 넘어서는 훈민정음 연구는 나오지 않았다.

98

언어와 언론의 관계에 대한 철학적 문제들

버트란트 러셀 《철학의 문제들》

문제 제기

언어는 우리의 생각과 감정을 표현하는 데 사용된다. 하지만 때로는 언어가 오해나 갈등을 일으키기도 한다. 예를 들어, 인종차별이나 성차별과 같은 문제에 대해 사용되는 언어는 상처를 주거나 갈등을 조장할 수 있다. 또한 언어의 사용 방법에 따라 정보의 신뢰도가 변하기도 한다. 따라서 우리는 언어를 사용할 때 상대방의 감정과 관점을 고려하고 존중하는 것이 중요하다.

한편 언론은 우리에게 다양한 정보를 제공한다. 하지만 때로는 언론이 왜곡된 정보나 선입견을 전달하기도 한다. 특히 소셜미디어와 같은 플랫폼에서는 가짜 뉴스나 유해한 정보가 쉽게 퍼져나갈 수 있다. 따라서 우리는 언론에서 제공되는 정보를 비판적으로 검토하고 신뢰할 수 있는 소스를 찾아야 한다.
이처럼 언어와 언론은 우리의 일상생활에서 떼려야 뗄 수 없는 존재이다. 그러나 이 둘은 단순한 '친구'나 '적'이 아니다. 올바르게 사용된다면 우리에게 많은 도움이 되지만, 잘못 사용되거나 오용된다면 우리에게 해를 끼칠 수도 있다. 따라서 우리는 항상 언어와 언론을 올바르게 사용하고 그들의 영향을 적절히 이해하는 것이 중요하다.

내용 개괄

버트런드 러셀의 《철학의 문제들》은 철학의 기초적인 문제들을 다루는 책으로, 1912년에 출간되었다. 이 책은 철학의 핵심 주제들을 이해하기 쉽게 설명하고 분석하며, 철학에 대한 입문서로 널리 읽혔다. 이 책은 15개의 장으로 이루어져있다.
첫째, Appearance and Reality 외형과 현실 에서는 러셀은 외부 세계를 인식하는 방식과 실제 세계의 차이를 탐구한다. 인간의 인식과 경험이 어떻게 현실을 왜곡시키는지에 대해 논의한다.
둘째, The Existence of Matter 물질의 존재 에서는 러셀이 물질의 존재에 대한 다양한 이론을 검토하고, 물질이 실재하는지에 대한 의문을 탐구한다.
셋째, The Nature of Matter and The Nature of Mind 물질의 본성과 마음의 본성 에서는 러셀이 물질과 정신의 본질에 대한 의문을 탐구하며, 인식론과 관련된 기본적인 문제를 다룬다.

넷째, Idealism 이상주의 에서는 러셀이 이상주의에 대해 논의하고, 이 이론이 우리의 인식과 현실에 어떻게 영향을 미치는지에 대해 탐구한다.

다섯째, Knowledge by Acquaintance and Knowledge by Description 인식에 의한 지식과 묘사에 의한 지식 에서는 러셀이 지식의 두 가지 형태에 대해 설명하고, 각각의 특징과 한계에 대해 논의한다.

여섯째, On Induction 인덕션에 관하여 에서는 러셀이 인덕션의 문제에 대해 다루며, 인덕션의 타당성과 관련된 의문을 제기하고, 이에 대한 해결책을 제시한다.

일곱째, On Our Knowledge of General Principles 일반 원리에 대한 우리의 지식에 관하여 에서는 러셀이 우리의 일반적인 원리에 대한 지식에 대해 다루며, 이러한 원리가 어떻게 형성되고 검증되는지를 탐구한다.

여덟째, How A Priori Knowledge is Possible 사전적 지식이 어떻게 가능한가 에서는 러셀이 사전적 지식의 가능성에 대해 논의하고, 사전적 지식이 어떻게 인식되는지를 설명한다.

아홉째, The World of Universals 보편적 세계 에서는 러셀이 보편적 세계에 대해 다루며, 개별 사물과 보편적 개념의 관계를 탐구한다.

열째, On Our Knowledge of Universals 보편적 지식에 관하여 에서는 러셀이 보편적 지식에 대한 우리의 이해에 대해 논의하며, 이러한 지식이 어떻게 형성되고 확장되는지를 탐구한다.

열한 번째, Knowledge, Error, and Probable Opinion 지식, 오류, 그리고 가능성 있는 의견 에서는 러셀이 지식, 오류 및 가능성 있는 의견에 대해 다루며, 각각의 특징과 한계에 대해 논의한다. 열두 번째, Truth and Falsehood 진실과 거짓 에서는 러셀이 진실과 거짓의 개념을 탐구하며, 어떻게 진실을 식별하고 평가하는지를 설명한다. 열세 번째, Knowledge by Acquaintance and Knowledge by Description Revisited 인식에 의한 지식과 묘사에 의한 지식 재탐색 에서는 러셀이 앞서 다룬 지식의 형태에 대해 재탐색하고, 추가적인 개념을 제공한다.

열네 번째, On the Value of Philosophy 철학의 가치에 관하여 에서는 러셀이 철학의 가치에 대해 논의하며, 철학이 우리의 사고와 삶을 어떻게 향상시킬 수 있는지를 설명한다.

마지막 장 Conclusion 결론 에서는 책의 주요 주제와 결론을 요약하고, 독자들에게 마지막으로 남길 생각을 제시한다.

한 구절 경구

이 장에서 우리는 그 의미가 무엇이든지간에 물질과 같은 것이 존재하는가에 대한 의문부터 제기함으로써 시작하기로 하자. 어떤 내재적인 본성을 지니면서, 내가 보지 않더라도 계속 존재하는 책상이란 있는가? 아니면 책상이란 단지 나의 상상의 산물이거나 매우 긴 꿈속의 대상에 불과한 것인가? 이런 물음들은 매우 중요하다. 만약 대상들의 독립적인 실재를 확신할 수 없다면 우리는 다른 사람들의 신체의 독립적인 실재를 확신할 수 없게 되고, 더 나아가 다른 사람의 정신의 실재까지도 확신할 수 없게 된다.

문답 하나

러셀이 '철학의 문제들'에서 다루는 주제 중 하나를 선택하여, 언어와 언론의 관계와 연관하여 논의해 보자.

답변의 길잡이

'Knowledge by Acquaintance and Knowledge by Description' 장에서는 러셀이 지식의 두 가지 형태에 대해 다룹니다. 이를 바탕으로, 언어와 언론이 지식의 형성과 전달에 어떻게 영향을 미치는지를 탐구할 수 있다. 언어를 통해 우리는 직접적인 경험과 간접적인 정보를 습득하며, 이러한 형태의 지식은 언론을 통해 전파된다. 그러나 언어와 언론은 정보의 왜곡이나 오인을 일으킬 수 있으며, 이는 인식의 형성과 지식의 신뢰성에 영향을 미친다.

또한 러셀이 강조하는 것처럼, 지식의 형성에 있어서는 명확하고 일관된 언어 사용이 중요하며, 이는 언론의 역할과 관련이 있을 수 있다. 따라서 언어와 언론의 관계를 통해 지식의 형성과 전달에 대한 문제를 탐구할 수 있다.

지은이

버트런드 러셀 1872~1970

영국의 철학자, 논리학자, 수학자, 사회학자, 작가로서 다재다능한 학자였다. 그의 업적은 철학, 수학, 사회학 등 다양한 분야에 걸쳐 있다. 러셀은 1872년 영국 웨일스의 랜카셔에서 태어났다. 그는 케임브리지 대학에서 철학을 공부했으며, 수학자 알프레드 노스 화이트헤드와 함께 현대 수학과 철학에 큰 영향을 미치는 작품을 발표했다. 러셀은 논리주의와 분석철학의 주요 인물 중 하나로 알려져 있다. 그의 대표작으로는《논리주의와 이상주의》가 있다. 이 외에도《철학의 문제들》과《왜 나는 기독교인이 아닌가》등 다양한 철학적, 정치적 주제를 다룬 책들이 있다.

또한 러셀은 인류의 평화와 자유를 위한 운동가로도 활동했다. 그는 '세계 평화를 위한 자유연합'의 중심 인물이었고, 이로써 1950년 노벨 평화상을 수상하게 되었다. 러셀은 1970년 2월 2일에 영국에서 97세의 나이로 세상을 떠났지만, 그의 저작과 업적은 현재도 철학과 학문의 분야에서 많은 영향을 끼치고 있다.

《언어와 민족 문화》

강신항. 언어와 민족의 문화가 맺는 관계를 다룬 글이다. 교과서에 실린 적도 있다. 살아 있는 현대의 생생한 언어를 수용하여 국어의 생명을 새롭게 하자는 것이 핵심적인 주장이다. 언어가 곧 민족이라는 국어학자로서의 강한 사명감과 문제의식이 느껴지는 글이다.

99

문장에 대한 밝은 생각

이태준 《문장강화》

문제 제기

말은 생각을 표현하는 도구이다. 생각나는 대로 말을 하면 가장 소박한 자기표현이 된다. 단순히 의사를 표현하는 데서 그치지 않고 상대방을 설득하거나 행동 변화를 가져오게 하는 역할을 기대할 때가 있다. 이때는 말을 좀 더 조리 있게 해야 해서 문장의 수사가 필요하다. 물론 감정을 효과적으로 표현하기 위해서라도 말을 꾸미는 기술이 필요하다. 일회성 표현으로 사라지는 음성 언어와는 달리 오랫동안 남는 문자 언어는 더욱 조탁의 필요가 절실해진다.

상허 이태준의 《문장강화》는 문장 쓰기에 대한 책이다. 이론서라기보다는 실전적인 사례와 간략한 해설을 통한 명문장 강의라고 하는 편이 적합하다. 각각의 문장과 언어의 관계, 문장의 종류별 특징과 문장 쓰기의 요령, 퇴고, 표현법, 문체의 변화, 고전문과 현대문에 이르는 문장의 전환 등 문장 쓰기에 대한 핵심적인 사항들이 간결하면서도 설득력 있게 전개되어 흥미롭다.

내용 개괄

이태준은 작가적 명성에서 시인 정지용과 쌍벽을 이루는 명문장가이다. 문장 공부에 의미 깊은 신문학 20년의 성과를 모아 구체적인 예를 들어 가며 문장 쓰기에 대한 견해를 밝혔다. '무엇은 어떠해야 한다.'라는 교설적이고 이론적인 면에 그치지 않았다. 구체적인 지문을 먼저 제시한 다음 핵심적인 내용을 넌지시 알려 주는 방법에서 저자의 연륜이 돋보인다.
'문장 작법의 새 의의'부터 '문장의 고전과 현대'에 이르기까지 총 9강으로 구성되어 있다. 자신이 주관하던 잡지 《문장》 창간호부터 9회에 걸쳐 연재된 내용으로, 1940년 문장사에서 단행본으로 출간하였다. 글쓰기에 대한 실전적인 가르침이 지금도 여전히 유효하다. 글이 더욱 흥미롭게 읽히는 것은 뽑힌 내용의 탁월함과도 관련이 깊다.

한 구절 경구

언어는 이미 존재한 것이다. 기성의 단어들이요, 기성의 토들이다. 그러기 때문에 생전 처음으로 부딪쳐 보는 생각이나 감정을, 이미 경험한 단어나 토로는 만족할 수 없다는 것이 성립될 수 있는 이론이다. 회화에서처럼 제 감정대로 선이나 색채를 절대의 경지에서 그어 버릴 수는 없지만 제삼자에게 통해질 수 있는 한에서는 새로운 용어와 새로운 문체에의 의도는 필연적으로 요구되고 있다.

문답 하나

이태준이 제기한 문제의식, 다시 말해 위에서 한 말이 가지는 의의가 무엇인지 말해 보라.

답변의 길잡이

기존에 존재하는 언어로는 새로운 생각이나 감정을 표현하지 못한다는 말에는 원칙적으로 동의할 수밖에 없다. 판에 박은 표현이 진부함으로 떨어지고 마는 것은 필연이다. 그러나 문체나 언어의 사용은 항상 재인식과 재활용을 반복해 왔다. 항상 새로운 것만을 추구하여 기이하고 편벽된 문체를 구사하다 보면 어느새 과거의 전일하고 순정한 문체에 향수를 느끼게 되고 만다. 재발견을 통해 언어를 되살려 쓰는 인식이 필요하다. 되살린 과거의 언어는 새로운 언어요, 이미 예전의 그 언어가 아니라고 한다면 당연히 수긍해야 할 것이다.

지은이

이태준 1904~?

강원도 철원에서 태어나 휘문고보에 입학하여 습작을 했다. 1925년에 단편 〈오몽녀〉를 발표하며 작품 활동을 시작했다.《개벽》《조선중앙일보》등에서 일한 바 있고, 구인회 활동을 하였다. 1939년부터 3년 동안《문장》을 주관했고, 해방 공간에서는 조선문학가동맹에서 활동했다. 단편집《해방 전후》《달밤》등이 대표적이며, 장편으로《청춘무성》《사상의 월야》등이 있다.

또 다른 인문 고전

《지용문장독본》

정지용의 문장 독본. 서문에 나온 다음의 내용이 특히 눈길을 끈다.
"남들이 시인 시인 하는 말이 너는 못난이 못난이 하는 소리같이 좋지 않다. 나도 산문을 쓰면 쓴다. 태준만치 쓰면 쓴다고 변명으로 산문 쓰기 연습으로 시험한 것이 책으로 한 권은 된다."

100

현대 언론과 미디어의 속성

마셜 매클루언 《미디어의 이해》

문제 제기

광고는 예술일까? 마셜 매클루언은 '광고는 20세기의 가장 위대한 예술 형식'이라고 말했다. 광고가 종합 예술로 인정받는 이유는 종합 예술을 구현할 매체의 특성을 구비하고 있기 때문이다. 물론 그 바탕에는 고도의 테크놀로지를 마음껏 구사하는 자본력이 있다. 그렇다고 광고 본연의 임무를 예술이라고 생각한다면 오해다. 광고는 마케팅이 유일한 목적이다.

광고에는 사회 구성원의 공통된 감성을 자극하는 힘이 존재하고, 공통의 지향점을 향한 실천을 촉구한다. 긍정적일 경우도 있지만 종종 부작용을 낳기도 한다. 큰 영향력을 고려할 때 부작용에 대한 검토는 반드시 요청되는 것이다.

매클루언의 《미디어의 이해》는 미디어가 가진 특성과 힘을 현실감 있게 전해 준다. 저술된 지 상당한 세월이 흘렀으나 여전히 미디어와 광고에 대한 고전적인 저술로 가치를 인정받고 있다.

내용 개괄

제목 그대로 미디어를 이해하기 위한 개론서이다. 일반적인 이론 전개에 그치지 않고 다양한 사례를 반영하여 미디어를 이해하기 위한 접근을 돕고 있다. 대중 영상 매체로 TV와 광고, 만화를 소개하고 그 이면적 속성을 분석하였다. 미디어가 가진 강력한 영향력의 근원이 어디인지, 대중들은 미디어에 어떻게 반응하는지를 잘 보여 준다.

한 구절 경구

확실히 광고의 위력은 강력하다. 미국과 같은 다인종, 다민족 국가가 세계에서 가장 통합력이 뛰어난 국가 중의 하나라고 하는 놀라운 사실은 광고의 위력에 대해 좀 더 경건해질 필요가 있음을 시사해 준다. 광고는 사람들을 통합시키는 힘을 갖고 있다. 미국에 이민의 물결이 들이닥치던 시절 사회적 갈등은 매우 심각했다. 다른 인종과 민족에 속하는 사람들의 독특한 의상과 라이프스타일에 대한 상호 간의 거부감은 정치적 · 경제적인 문제로까지 비화되었다. 그런 문화적 격차를 해소시켜 준 건 바로 광고였다.

문답 하나

대중 사회에서 미디어의 위력은 새삼 말할 것 없이 중요하게 부각되고 있다. 그중 광고의 영향력은 앞의 글에서 제시된 바와 같이 절대적이다. 문화적 격차를 줄여 주는 기능은 광고가 가진 미덕이지만, 현대 사회에서 광고는 적지 않은 문제점을 가지고 있다. 구체적인 사례를 하나 들어 자신의 견해를 말해 보자.

답변의 길잡이

유명 연예인처럼 아름다워지려는 소비자의 욕구를 자극하는 화장품 광고나 부의 과시로 보이는 각종 명품의 소비를 재촉하는 광고는 필요 이상의 소비를 조장하는 측면이 있다. 물론 소비자의 각성이 중요한 일이기는 하나, 광고를 통한 대중 심리의 조장도 무시할 수 없는 문제다. 광고 자체가 가진 과장과 사실 왜곡 등도 광고가 지닌 문제점으로 지적된다.

지은이

마셜 매클루언 1911~1980

캐나다 앨버타 주에서 태어났다. 대학에서 기계공학을 전공하다 곧 영문학과로 과를 바꾸었다. 영국 케임브리지 대학에서 12년 동안 르네상스 영문학을 전공했다. 이후 미국과 캐나다의 여러 대학에서 대학 교수로 재직했다. 영문학자로 출발한 매클루언은 커뮤니케이션 이론가, 문명 비평가, 현대 사상가로 유명하다.

또 다른 인문 고전

《Law of Media》

미디어와 관련한 새로운 매체들이 확장시켜 주는 것은 무엇인가? 사용이 고도화되어 한계에 이를 때 어떠한 반전의 가능성을 가졌는가? 이 문제들에 결코 단순하지 않은 대답을 준다. 매클루언의 사후에 발표되어 새로운 매체들에 대한 이해의 실마리를 제공한다.